読むほどに立ち上げたくなる！
立ち上がりたくなる！

起業メンタル大全

立花岳志

自由国民社

は じ め に

　数多くの本の中から本書を手に取っていただきありがとうございます。本書は、組織で働く生き方から独立・起業して自分らしく働く生き方にシフトしたい方のために書きました。

　私は立花岳志と申します。2022年11月現在で独立・起業して11年7ヶ月になります。2011年4月に17年間勤務した翻訳会社を退職して独立・起業をしました。

　ブログを中心とした個人による情報発信を核に、ブログの広告収益、書籍の出版、セミナーや講座の企画と登壇、個人・法人向けのコンサルティング、心理カウンセリング、イベントの企画と主催などを仕事にしています。

　本書が私にとって8冊目の書籍となります。
　17年間の会社員時代と独立・起業してからの11年7ヶ月を振り返ると、考え方や価値観が180度変わりました。

　会社員時代の自分は本当の自分を生きることができていなかった。仕事は一生懸命していたし会社からも評価されていましたが、生きている実感がない日々を送っていました。「自分の人生こんなはずではない」というもどかしさと、でもどうしたら良いのかが分からないというジレンマの中で悶々と暮らしていました。

　そんな私の人生を変えたきっかけはブログを始めたことでした。2008年12月に独自ドメインを取得してブログをスタートさせました。もっと

もブログ開設当初から独立・起業を目指していたわけではなく、「自分が一番好きなこと」をする習慣を持とうと思って始めたに過ぎませんでした。

ただ当時既に「ブログがブレイクして出版した成功者がいる」程度の噂は聞いていました。

ひょっとしたらブログが私の人生を劇的に変えてくれるかもしれない、という根拠のない期待と自信があったことを今でも覚えています。

会社の仕事をしつつ、ブログを書き続けて少しずつアクセスが伸びて、当時黎明期だったTwitterを通じてブロガー仲間がたくさんできました。年齢が一回り以上若いブロガー仲間たちと切磋琢磨し夢を語っているうちに、私は独立して出版し、自分の名前で仕事をしたいと本気で考えるようになりました。そして東日本大震災の直後、日本中が大混乱の中で私はブロガーとして独立・起業しました。独立を達成した私は「圧倒的な自由」が嬉しくて背中に羽根が生えたようでした。

市場（マーケット）という大海原にひとり漕ぎ出すのだと思うと武者震いとともにガッツが湧いてきました。

その後7冊の本を出版しブログやメルマガでの発信を続ける一方、ブログ講座や独立・起業を目指す人向けの講座や個人向けコンサルティングによって私と同じ夢を見る人たちを何千人もサポートしてきました。

私は独立してから一度も「会社員に戻りたい」と感じたことはありません。起業家としての生き方こそが、自分の生き方だと断言できます。

私の塾や講座の卒業生の多くが今では独立・起業し、中にはブロガーやユーチューバー、出版して著者になった人も多くいます。この本には私自

3

身が独立・起業して試行錯誤しながら確立してきた「起業家に必要なメンタル」を網羅的に書きました。

　分厚いこの本は、起業家として、そして心理カウンセラーとしての知識と経験、そして私が講座で受講生に指導してきたコンテンツが凝縮されています。大躍進のときも苦しい時期も経験してきた私だからこそ伝えられるリアルな一冊になったと自負しています。

　さあ、私と一緒にマーケットという大海原に向かって大冒険の旅に出発しましょう。

立花岳志

4章 起業は 毎日の行動の積み重ね 205

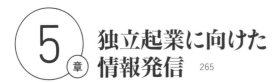

5章 独立起業に向けた情報発信 265

⑧章 起業すれば人生は変わる　411

1章

自分でビジネスを
立ち上げる働き方
――起業とは?

01 そもそも 「起業」とは何か

　この本を手にとられている方は、これから「起業」したいと思っているでしょう。ということは、今は組織にお勤めか、学生の方ということかと想像します。まずは、皆さんに、そもそも「起業」とは何かというお話をしたいと思います。

　大別すると、働き方には2種類あります。

　1つ目が、企業や役所などの組織に属し、労働力を提供する見返りとして給与を受け取る働き方です。そしてもう1つが、既存の組織に属するのではなく、自分でビジネスを立ち上げる働き方。

　自らがビジネスを立ち上げることを「起業」といいます。

　20世紀まではほとんどの人が組織に属して働く選択をしてきました。

　組織に属さず働くという選択肢が、当時は今ほどは与えられていなかったのです。

　私は両親とも組織に属さない働き方をしていた家で生まれました。

　父も母もプロのミュージシャンだったのです。

　20世紀には、組織に属さず働けたのは、私の両親のような芸術家やデザイナーなど、ごく限られた分野の「専門家」と、後は自らが会社を立ち上げて働く「起業家」、それに商店などを経営する人たち、農業、漁業に従事する人たちなどでした。

　当時は独立・起業を支援する仕組みが整っておらず、組織に属さず働くことはハードルが高かったのです。また、20世紀は多くの企業が「終身

雇用制度」と「年功序列」を維持しており、組織に属し定年まで働けば安泰、という考え方が浸透していました。

金融制度も今と違い、預貯金の金利が今よりはるかに高く、銀行にお金を預けておけば利息でお金が増え、退職金と年金を合わせると、定年後も食べていけました。

日本は戦後の焼け野原から復興し、人々は物質的な豊かさを追求して、「家や物を買うために働く」ことが当然の時代。

長かった高度経済成長期が終わり、石油ショックを経て、日本はあのバブル経済期へと突入していきます。

私はバブル経済期には大学生でした。

私の周りの大学生たちは、「どんな仕事をするか」よりも「どれぐらい有名な会社に入るか」「どれぐらいブランド力のある大組織に就職するか」「どれだけ給料が高い会社を選ぶか」を優先して就職活動をしていました。

少なくとも私の周りには、起業を目指す人はいませんでした。

当時は、組織に属さず働くというのは、ごく限られた人の、どちらかといえばマイナーな選択肢だったのです。

その後時代が移り、バブルが崩壊し、日本は長い不況の時代に突入します。多くの会社が倒産し、デフレが続いて給料は上がらず、終身雇用制度も事実上崩壊していきます。

定年まで会社に勤め、住宅ローンで家を買い、退職金と利息で増えた貯金、それに年金で定年後も豊かに暮らすという「昭和の勝ちパターン」が崩壊したのです。

それと同時に「情報革命」が起こり、インターネットが世界をつないだことで、我々の働き方が大きく変化し始めました。

　今まではできなかったような働き方、お金の稼ぎ方が次々生み出され、「組織に属さず働く」という選択肢が増えていきました。

　それに伴い、「生きていくために働く」「我慢して働く」ことへの疑問が生まれ、「やりがい」「好きなことを仕事にする」ことへの憧れが広がっていきます。

　私は2008年にサラリーマンの傍らブログをスタートさせました。

　コツコツ書き続けたブログにアフィリエイト広告を張り、広告収入を得ることでブログを「収益化」したのが、僕の「起業」の始まりでした。

　20世紀には「ブログ」も存在しなかったですし、もちろん「アフィリエイト」もありませんでした。会社員が副業でブログを収益化する、というビジネスモデルが存在しなかったのです。

　その後2011年に勤務先の会社を退職し、僕はフリーランスの「プロブロガー」として独立しました。

　ブログをスタートしてわずか2年4ヶ月で、僕は趣味として始めたブログを仕事にして起業することができたのです。独立当初の僕のビジネスの柱は、**ブログからの広告報酬と自主企画のセミナーによる売り上げ**でした。

　自主企画のセミナーは、自分でセミナー企画を考え、ブログとSNSで告知をし集客、自分で会議室を予約し、当日は自らが登壇し講演を行うスタイルです。お申し込み用サイト、PayPalなどの決済サービスを使い、誰も中間に入らずお客様と直接取引をするのです。

　セミナーの内容も自ら企画し、受講料も自分で設定、会議室の広さやグレードも自分の裁量で決めることができます。

ブログ「No Second Life」 https://www.ttcbn.net/

このようなビジネスモデルも、インターネットが世界をつなぐ前には絶対不可能でした。

私が独立したのは2011年ですが、その後個人がビジネスを行う支援をする商品やサービスは充実し続けています。ビジネスの可能性が高まるにつれ、多くの人が起業を目指すようになりました。

雇われない生き方、誰かに命令されずに、自らビジネスを創造していく生き方が誰にでもできるようになったのです。

「起業」というと、大きなオフィスビルや工場や店舗、それにたくさんの従業員が必要、と考える人もいると思います。しかし現代における起業には、オフィスも工場も従業員も必要ありません。

必要なのはインターネットとパソコン、スマホ、そしてあなたのアイデアだけです。

ビジネスを支援するツールは無限に用意されています。

起業に必要なもの

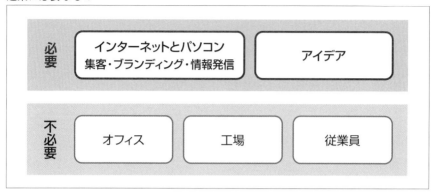

　後は、あなたが「市場（マーケット）」という大海原に漕ぎ出す勇気と
決意、続ける力があればOK。小さく始めて大きく育てることができる時
代になったのです。

02 起業することの メリット、デメリットって何?

どんなことにもメリットとデメリットがあります。

起業することにも、優れている面と、それ相応のリスクがあります。

それぞれを見ていきたいと思います。

私が考える起業の最大のメリットは、すべてを自らのコントロール下に置くことができることです。

組織で勤めることは、すなわち歯車として働くことを意味します。

組織の中で働くことが悪いことだと言っているのではありません。

どちらの生き方が、より自分らしいか、充実しているかの問題だと思います。

組織の中で働く場合、指揮命令系統があり、それに従って仕事をする必要があります。

自分がやりたい仕事をできるとは限りません。

部署の異動や転勤なども発生します。

その点、起業した場合、自分が指令塔となり、自ら仕事を創造することができます。

会社名、会社の所在地、行うビジネスの内容、すべてを自分で決めていくことができます。

何曜日に働こうが、何時から働こうが、逆に休もうが、人に迷惑をかけない限り自由自在です。

私は朝型人間なので、毎朝5時頃には起き、5時半から仕事をスタート

させます。

　早朝の集中力が高い時間帯に難易度の高い執筆や企画を行い、徐々に簡単な仕事へと移していきます。

　10時半頃まで仕事をしたら、運動の時間を1時間から1時間半ほど確保します。

　筋トレとランニングが日課で、ランニングを終えてシャワーを浴びたらランチタイム。

　ランチの後は難易度が低い執筆を行う日、セミナーや個人コンサルなど対面の仕事の日があります。対面の仕事も今はオンライン化しているので、移動の時間や会場設営の手間がなくなりました。セミナーや個人コンサルがない日は、早ければ14時頃、遅い日でも16時には仕事は終了です。

　仕事を終えた後は買い物に行ったり読書したり、趣味の料理を作ったりしてゆったり過ごします。

　20時頃にはお風呂に入りリラックスして、21時前後には寝てしまいます。

　21時に眠れば、たっぷり8時間眠っても自然に5時前後には目覚めます。

　私はもう10年以上目覚まし時計を使わず、自然に目が覚めるまで眠る生活です。

　仲間や友達と食事に行くのも、平日の昼から午後が多くなりました。

　夜の会食は翌日に影響が出るので、減らしています。

　平日の午後は、お店はどこも空いていてゆったり過ごせます。

　ハッピーアワーなどを設定しているお店もあり、リーズナブルに楽しめるのも利点です。

　時間の自由だけでなく、場所の自由も大きなメリットです。私の仕事のうち、執筆の仕事はパソコンとインターネットがあればどこでも行うこと

ができます。

　2022年現在私は鎌倉の海沿いの町に住んでいます。鎌倉駅から東京まで横須賀線で約1時間。

　東京までの移動中は、横須賀線が私のオフィスになります。

　東京に行くときは用事を集中させるようにしています。

　用件と用件の間の隙間時間はカフェで執筆します。

　コロナ以降地方への出張はすっかり減りましたが、以前は日本中を移動しながら車中で仕事をしていました。自分が働きたい時間に働き、行きたいときに行きたい場所に行ける自由。

　すべてが自らのコントロール下にあるからこそできる働き方です。

　仕事の内容も自分で決めることができます。今私はこの本の原稿を執筆していますが、それは私が「今日は本の原稿を書く仕事からスタートさせよう」と決めたからです。

　もっと言えば、私自身が「起業メンタル大全という本を書こう」と自由国民社とタッグを組んで出版することに決めたから、原稿を書いているのです。どんな内容のビジネスをするかを「事業ドメイン」といいますが、事業ドメインを決めるのも自分です。

　誰かから強制されて、いやいや仕事をする必要はありません。

　自分が「やる」と決めたことを仕事としてやることができるのも、起業の大きなメリットです。

　さらに、起業のメリットは「自由」だけではありません。

　組織で働く場合、自分の収入を自分で決めることはできません。

起業ですべてをコントロール下に置くことができる

どんなに頑張っても、上司が評価してくれなければ収入は上がりません。また、どの組織にも給与の規定があり、その規定以上に収入が上がることはないのです。

一方、起業した場合、論理的には収入は青天井、無限大になる可能性があります。

もちろん現実には無限大というわけにはいかないのですが、大ヒット商品が生まれれば、会社員では絶対得られない高額の収入を得ることができます。

ビジネスの結果利益が出たら、その使い道も自己裁量で決めることができます。

いくつかメリットを挙げましたが、起業のメリットの多くは自己裁量が圧倒的に増すということです。一方、起業のデメリット、リスクは、自己裁量のトレードオフ、つまりすべてが自己責任になるということです。

自己責任をデメリットと取るか、自己裁量を得るための当然の代償と取るかは人それぞれでしょう。まず、**最大のリスクは、安定収入がなくなることです。**

　収入が論理的に無限大になる代わりに、まったく売れなければ収入はゼロになります。

　時間で拘束されることがなくなる代わり、どんなに長く働いても売れなければ収入になりません。

　週末だから休みという概念もなくなりますし、もちろん有給休暇もなし。

　僕は大晦日も元日も執筆や動画収録の仕事は続けます。今この原稿を書いているのは日曜日の朝9時ですが、「日曜日だから仕事をしない」という意識はなくなります。

　会社員時代は、「出勤しているときが仕事時間で、それ以外はプライベート時間」とはっきり分かれていました。起業すれば「ライフスタイル＝ワークスタイル」となります。

　仕事とプライベートが分離せず、融合していくのです。目覚めている時間は常に生活の時間であり、同時に仕事の時間という感覚になります。

　その状態を「最高」と感じる人もいれば、「そんなの嫌だ」と否定的に思う人もいるはず。

　自己裁量で自由であり、その代わりすべてが自己責任。
　それが嫌な人は、起業には向かないかもしれません。

　逆に、その状態にワクワクする人は起業に向いている人です。
　自らの力と意志で「マーケット（市場）」という大海原に、一緒に進んでいきましょう。

03 起業にもいろいろある？夫婦で起業？ 自分で起業？友人と起業？

　起業するスタイルは様々、人それぞれです。

　自分ひとりで起業することもできますし、夫婦で１つのビジネスに取り組むことも、友人と一緒に仕事を始めることも可能です。特に2020年のコロナ以降は、ビジネスのオンライン化がますます加速し、遠隔地で離れた人同士でも、Zoomなどを駆使してオンラインでつながってビジネスを行うことが容易になっています。

　起業をひとりですることにはメリットとデメリットがあります。

　メリットはなんといっても、すべてを自分ひとりで決めることができること。

　私自身２回会社を作っていますが、２度目の現在は完全にひとりでビジネスを行っています。

　ひとりですべてをコントロールできるため、意見の衝突や考え方の相違により企画が頓挫したり、会社の方向性が迷走したりすることはありません。

　自分が「こうしよう」と決めれば、すぐに行動に移せる俊敏性を持つことができるのも強みです。

　私のように書籍の執筆や講演活動、ブログやYouTube、メルマガ等での情報発信など、クリエイティブな活動をビジネスにする場合、ひとりでの起業が強みとなりやすいでしょう。

ひとりでの起業の強みとして、人件費がかからないことも挙げられます。

自分ひとりが食べていければ良いわけですから、起業に対するハードルが下がります。

人件費以外にも、オフィスがいらなかったり、就業規則等が不要だったりと、余計なコストをかけずビジネスを展開することができるのもメリットでしょう。

一方、ひとり起業にはデメリットもあります。

まず、すべてを自分で決められるということは、一方で「相談相手がいない」ことを意味します。 ビジネスパートナーと意見をぶつけ、議論をしながら企画を作り上げたり、プロジェクトを遂行するといった進め方はできないということです。

常に自分で決断し、行動することが苦痛という人には、ひとり起業は当然向きません。

また、ひとり起業の場合、自分の限界がビジネスの限界に直結してしまいます。

思いつく企画やアイデアもそうですし、実務として作業を行うときも、自分の許容量を超える作業はできません。仕事量が増えてきたとき、うまく外部パートナーとアライアンスを組むなどの対策を講じ、「人を雇わずビジネスを拡大する方法」を早い段階から模索しておく必要があります。

仕事のボリュームの問題よりも、「頭脳が１つしかない」ことがひとりビジネスの限界になりやすいと私は考えます。

誰かとアイデアを出し合い議論を深めることができないので、私は「早朝ひとり合宿」を行い、自分と自分で会議をすることをルーチンにしています。

ひとり起業のメリット・デメリット

メリット	デメリット
・意見の衝突や考え方の相違なく意思決定できる ・意思決定が早くできる ・人件費がかからない ・オフィスがいらない	・相談相手がいない ・自分の能力の限界がビジネスの限界に

　ひとり合宿とは、特定の議題についてノートに思いつくことを書き出し続けることで、自分の頭脳にあるアイデアをすべて可視化する作業です。

　我々は頭の中で議論を深めることは、脳の構造的にできません。
　たとえば、ある企画に対し10個のアイデアがあったとします。

　10個のアイデアを頭の中ですべて記憶しつつ、具体的な商品やサービスに磨いていくことは不可能です。アイデアをすべて書き出し、「言語化」「視覚化」することが何より大切になります。

　また、私は定期的に外部のコンサルタントさんに、ビジネスの方向性やビジョンなどを相談する機会を作っています。
　自分ひとりで考えていると、どうしても視野が狭くなりがち。
　他人の頭脳を借りることで、まったく違う視点からの発想を得ることがあるのです。
　このように、ひとり起業は、圧倒的に自由であるメリットがある一方、ひとりの限界があるため、いかに外部の力をうまく使い、限界を超えていくかという発想が大切になります。

　一方、夫婦や友人とともに起業するスタイルもあります。

　夫婦や友人とともに起業するメリットは、ともに進む同志がいる、ということです。

　古くから、多くの優れた企業が、2名での創業からスタートしています。

　パッと思いつくだけでも、「2人のスティーブ」で創業したアップル、グーグル、ヒューレット & パッカード、盛田昭夫氏と井深大氏によって設立されたソニーなどが挙げられます。

　夫婦や友人と起業すれば、日々いろんなことを相談し、議論を深めながら進めることが可能です。

　お互いの強みや特性を活かせば、1 + 1 = 2ではなく、4倍、8倍の力を発揮することができると感じます。

　私は1回目の起業の際は、独立して3年間フリーランスで活動した後、当時の妻と2人で会社を設立しました。異なるアイデアを持ち寄り深め、多数の企画を実現させました。

　私ひとりでは思いつかないようなアイデアも多数あり、誰かと一緒に仕事をする価値を大いに感じました。一方、夫婦や友人と仕事を始める場合、

夫婦や友人とともに起業するメリット・デメリット

メリット	デメリット
・ともに進む同志がいる ・お互いの強みや特性を活かせば4倍、8倍の力を発揮することができる	・考えが異なり、衝突してしまう可能性も

気をつけなければいけないことがあります。

　それは、お互いの役割を必ず明確にしてから起業することです。
　一緒に起業しようと考えるくらい仲が良いのだと思いますが、だからこそ、２人の役割は明確にすべきです。性格や強みが異なる２人の方がうまくいき、似通っていると衝突してしまうケースも出てくるでしょう。法人化する場合は、どちらが代表権を持つのか、上下関係はどうするかなど、しっかり取り決めておきましょう。

　特に夫婦で起業する場合、夫婦仲が悪くなるとビジネスもうまくいかなくなります。
　私が１回目の起業で設立した会社を離れたのは、共同経営していた元妻との離婚が理由でした。
　２人で会社を設立した当初は、まさか離婚することになるなど考えず、互いの立場や役割を曖昧にしたままスタートしてしまいました。

　個人と法人は別人格であるということを肝に銘じ、しっかり立場と役割を決めてからスタートすることが大切です。

04　副業〜起業とは？

　今勤めている会社や組織をいきなり辞めて、完全に独立・起業するのではなく、最初は「副業」としてスタートするという方法もあります。

　というよりも、**私は最初は副業からスタートし、会社勤めをしながらビジネスを少しずつ育て、自信を持てたタイミングで会社を辞める形がベストと考えています。**

　もちろん、会社を辞めずに本業と副業という形で継続することも可能です。なぜ私が副業からのスタートをオススメするかというと、ビジネスは始めてみないと分からないからです。「絵に描いた餅」という表現がありますが、会社勤めをしながら描いた独立後のビジネスモデルの大半は使い物になりません。

　まだビジネスをスタートしていない状態で描くビジョンは「仮説」にしか過ぎません。

　仮説をいくつも並べたり、仮説の上に仮説を立てたりしても、それは現実にはなっていないわけです。たとえ10個のビジネスのアイデアを立てたとしても、実際にやってみるとそのうちの1つから芽が出れば上出来、というくらいの確率です。

　もちろん、長くビジネスを続けていくと成功する確率は上がっていきますが、起業していない状態でのアイデアは、いわば初心者、素人の当てずっぽうのアイデア。

　いきなり大成功となる確率は、残念ながら低いでしょう。

また、サラリーマンを辞めてしまうと安定収入が途絶えます。

　収入源がなくなってしまった状態で、ゼロからビジネスを始め、自分や家族が安心して食べていける状態になるまで、精神的に追い込まれて焦った状態が続きます。

　焦りがあると、冷静・客観的な判断ができなくなり、短期的な視野で「すぐ稼げるビジネス」に飛びついてしまいがち。
　ビジネスはしっかりと基盤を作り、ビジネスモデルの全体像を描いてからスタートすることが肝要ですが、視野が狭くなり焦った状態では、じっくりと長期的なビジョンを描くことが難しくなります。

　その点副業でスタートすれば、時間の制約は大きくなりますが、勤務先からの収入を得ながら自分のビジネスをスタートできます。
　小さく始め、大きく育てるのが起業の鉄則です。

　やってみると、想像していたのと違う、ということが数多く発生します。
　たくさん試行錯誤をして、PDCAサイクルを回して日々改善をしながら、ビジネスを育てていきます。
　そして、ある程度ビジネスが軌道に乗り、勢いが出てきたところで「えいやっ！！」と、独立への壁を越えるようにバンジージャンプするのです。

　長く組織に勤めた人ほど、そして組織で成功してきた人ほど、独立の壁は高く聳えます。安定した収入がなくなり、会社の名刺に刷られていた肩書もなくなります。部下も、気軽に相談できる上司や同僚もいなくなり、すべてをひとりで進めなければならなくなるのです。
　「起業したいなぁ」と夢見ていたときの憧れの状態では「理想郷」のように見えていた景色が、突然真冬のツンドラ、氷河の中に放り出されるよ

独立と違い、本業があり、安定収入が入ってくるので、精神的にも楽です。

副業をすることで、自分のビジネスアイデアと現実の乖離を知ることができます。

MAIN JOB　SIDE JOB

うな、心細く不安な情景に一変します。

　ただでさえ起業は不安なものなのに、独立するまでまったくビジネスを進めていなかったらどうなるでしょう。

　芽が出るかどうか分からない企画を抱え、丸裸で放り出されるのはリスキーです。

　オススメは、副業で芽が出たビジネスが軌道に乗り始め勢いが出て、「もう会社に行っている場合じゃない」「会社に行く時間がもったいない」くらいのメンタリティーになったときに独立をすること。

　既にビジネスがある程度育っているので、独立と同時に「平日の日中を思う存分ビジネスに使える」という喜びとともにロケットスタートができます。

　私自身、2008年12月にブログをスタートさせ、「プロブロガー」として独立したのは2011年4月1日でした。つまり、2年4ヶ月間は「副業ブロガー」だったわけです。

　もっとも私の場合は そんなにカッコの良いものではありませんでした。

　ブログを始めた時点では、自分がプロのブロガーとして独立できるとは

思っていなかったのです。

　「ブログから成功して、本を出版したりセミナーを開催したりして大活躍している人が存在する」くらいの情報しか持っていませんでした。

　その状態からコツコツとブログを更新し続け、ブロガー仲間ができていきました。

　その中には既にある程度大きな金額を稼ぐ収益化ブロガーがいたりして、広告の張り方を教えてもらったり、アクセスアップの方法をみんなで飲みながら議論したり。

　会社員を続けていたので、「すぐに稼げるようにならないと死んでしまう」という焦りはなく、楽しみながら続けられました。そして、ブログを始めて1年4ヶ月ほど経った頃、衝撃的な出会いが訪れます。ある会合で、バリバリのプロブロガーの方と食事をご一緒することになったのです。しかも席が隣でした。

　その方は私と年齢がほぼ一緒で、奥さんとお子さんをブログからの収益だけで養い、外車に乗り、年に何回も海外旅行に出かけていました。それまでも「プロブロガー」の存在は噂では聞いていましたが、実際お会いしてその方のライフスタイルを聞き、僕は完全にロックオン状態に入りました。スイッチが入ったのです。

　もう1つ大きな出会いがありました。

　当時私は40歳でした。

　一緒に成長を競い合っていたブロガー仲間は、僕よりも一回り以上下の若者たちばかりでした。

　ブログをスタートした当初は、iPhoneやMacなどのガジェット系のブロガーが周囲に多く、多くの人たちはアフィリエイト広告などで収益化するビジネスモデルでした。

　私も彼らと同じく、広告収益で食べていくモデルをイメージしていたのですが、ある日別のグループのブロガーたちとの交流会があったのです。

　別のグループのブロガーは、「ライフハック」のブログを書く若者たちでした。

　ライフハックとは、仕事や日々の生活をより良く、より楽しくするための小さな工夫をしよう、という活動です。

　ライフハック・ブロガーは、「仕事や生活の効率化のためにiPhoneやMacを活用する」という視点でガジェットを捉えており、iPhoneブロガーたちと共通点があったのです。

　それまで私が属していたガジェット・ブロガーたちは、どちらかというとマニアックで、ゲーマーなども多く、ブログは匿名で書き、自分は前に出ず黒子のように振る舞う人が多かったのです。

　一方ライフハック・ブロガーたちは上昇志向が強く、ブログも実名・顔出しで書き、セミナーなどを積極的に受講する一方、自分たちで勉強会イベントなども開催していました。

　そのライフハック・ブロガーの若者たちの中から、商業出版を実現する人が続出し始めたのです。その事実は特に大きな衝撃を与えました。

　私にとって出版は夢のまた夢、遠いものだと思っていました。

　その遠い夢を、次々と仲間が実現し始めたのです。しかも、自分より13歳から18歳も年下の若者たちがです。

　プロブロガーとの出会い、ライフハック・ブロガーたちの出版。

この2つの出会いが私を完全に変えました。

「独立・起業して、プロブロガーとなり、さらに出版して著者にもなる」
「セミナーや講座を開催し、自分のノウハウを多くの人に伝える講師にもなる」

そのような形で、今の私のビジネスモデルの原型が出来上がっていきました。
そして、ブログ開始から2年4ヶ月後の2011年4月に私は独立を果たすことになります。

「もう会社に行っている場合じゃない」「会社に行く時間がもったいない」と思いつつも、勤務先の社長に退職の意向を伝えるまでは身体が真っ二つに張り裂けそうなほど悩みました。

「悩んだ」というのは正確な表現ではありません。「決断できずに躊躇しまくっていた」というのが正確な表現でしょう。
勤務先で私は社長の右腕のポジションで、肩書も「シニアマネージャー・業務統括」となっていました。
小さな会社でしたが、数十人の部下を抱え、責任もある立場でしたし、社長からは「次期社長になってほしい」とも言われていました。
仕事と責任を投げ出すことへの躊躇、安定収入がなくなる恐怖、一度飛び出してしまえば二度と戻れないことへの恐れなどが、決断する勇気を鈍らせていました。
しかし、ブロガーとして自由に生きる、情報発信をして、自分のメッセージを多くの人に届けたいという思い、そして「今独立しなかったら二度とチャンスはない」という危機感も後押ししてくれ、私はバンジージャンプを果たし、「向こう側」から「こちら側」へと移動できたのです。

　もし私が、ブログを始めた時点で独立することを選んだらどうなっていたでしょう。

　途方に暮れ、焦り、とても気持ち良くブログを書くことなんて、できなかったと思います。

　ビジネスは始めてみないと分かりません。

　ぜひ副業からスタートすることをオススメします。

1章　自分でビジネスを立ち上げる働き方──起業とは？

05 最近はやりのFIREとは何が違うのか?

あなたはFIREという言葉を聞いたことがあるでしょうか?

最近あちこちでこの単語を聞く機会が増えてきています。

FIREとは、Financial Independence（経済的自立）Retire Early（早期退職）の頭文字を取ったものです。

読んで字のごとく、「経済的自立を達成し、早期退職する」ことを指します。

では、「経済的自立」とはどういう意味でしょうか。

経済的自立とは、「資産所得」が「生活費」を上回っている状態を指します。

我々が得る収入には、「労働所得」と「資産所得」の2種類があります。

労働所得とは、我々が働いて得る収入のことです。

組織に勤めている人たちの「給与所得」や、フリーランスや経営者の人の「事業所得」が労働所得です。労働所得は、働かないと得られないため、労働所得しかない人は働くことを止められません。毎月働いたお金の中から生活費を支払う、という状態です。

一方で、「資産所得」は、自らが働くのではなく、資産を働かせることによって得られる収入です。 資産所得には、「配当・利子所得」と「不動産所得」があります。

配当・利子所得とは、貯蓄や投資の配当や利子から得られる所得を指します。また、不動産所得は、土地や建物を所有している人が、人に貸したり売却したりして得る所得です。

労働所得と資産所得の違い

労働所得　働いて得る収入

・ビジネスパーソン「給与所得」
・フリーランスや経営者「事業所得」

資産所得　資産を働かせることによって
　　　　　　　得られる収入

・**配当・利子所得**　貯蓄や投資の配当や利子から
　得られる所得
・**不動産所得**　土地や建物を所有している人が、
　人に貸したり売却したりして得る所得

　資産所得を得るためには、一定額以上の投資をしていたり、人に貸したり売ったりするための土地や建物など不動産を所有している必要があります。資産所得は所有している金融商品や不動産の規模が大きくなれば、それに連れて増えていきます。

　たとえば、家賃10万円の賃貸用マンションを一部屋所有していれば、毎月10万円の資産所得を得ることができます。

　その状態から10万円の賃貸用マンションをもう二部屋買い足せば、毎月の資産所得は30万円になります。

　仮にその人の毎月の生活費が25万円だとしましょう。

　生活するのに25万円かかる人が、毎月30万円の資産所得を得られれば、5万円のプラスになります。つまり、その人は労働所得がない状態でも毎月の収支がプラスということです。

　今回は簡単に説明するため、不動産取得や賃貸に出すための諸費用など

は考慮せず説明していますが、ざっくりいうと、これがFinancial Independence、「経済的自立」や「経済的自由」と言われる状態です。

　経済的自立を果たした人が、労働所得を得るのをやめる、つまり「早期退職」して自由に生きる、というのがRetire Early、「早期退職」ということです。
　経済的自立をした人が全員早期退職をするとは限りません。
　この２つのキーワードは必ずセットなわけではなく、一人ひとりの判断により、ケースバイケースです。

　では、経済的自立は誰にでも簡単に達成できるのでしょうか。残念ながら、誰にでも簡単、とはいきません。しかし、長期的ビジョンを持ち「長期・分散・積み立て」投資などで投資額を増やしていくことができれば、達成は不可能ではありません。日本の銀行預金は超低金利政策が続いており、定期預金の利率は0.002％です。

　銀行にお金を預けても資産はまったく増えません。**それに対して2004年から2020年までの17年間の平均リターンは、世界株式、米国株式のインデックスファンドに分散投資した場合、ともに8％となっています。**

　保守的に見てリターンを6％と見積もっても、100万円を30年間運用すると、574万円以上と、５倍以上に増えるのです。^{＊1} 早期退職をするかどうかは別として、経済的自立を目指す人は増えています。生活費を節約し、余分な支出を避け、残ったお金を投資に回していくことで、投資額を増やしていくのです。

　そして、FIREと独立・起業の関係についてですが、無関係という人もいるでしょうし、多いに関係があるという人もいると思います。

　会社員として勤めていて、十分な給与所得を得られ、FIREを達成する金額を投資に回せる人にとっては、独立・起業は魅力的ではないかもしれません。

　会社員のメリットとして、安定した給与所得が得られる人が多いでしょう。

　給与面だけから見たら、そのまま会社員で安定した給与を得て、FIREを達成するのが効率的でしょう。

　一方、独立・企業はリスクを伴いますが、論理的には収入をどんどん増やすことができます。会社員として受け取る給与を大きく上回る収入を得ることが可能です。

　より多くのお金を稼ぎ、稼いだお金を投資に回し、経済的自立を達成する。

　そういった意味で独立・起業とFIREを結びつけて考え、行動する人は一定以上いると思います。

　私自身も、目標は「経済的自立」です。

　ただし、私は「早期退職」はまったく目指していません。

　これについては後ほど、別の項目で説明したいと思います。

　結論としては、FIREは「早く働かなくて良い状態になること」で、独立・起業は「FIREに効率よく向かうための、1つの方法」という関係性といえるでしょう。

＊1　中野晴啓氏著、『最新版 つみたてNISAはこの9本から選びなさい』（ダイヤモンド社）p28参照

06 FIREはオススメ?

　さて、前項で紹介したFIREについて興味を持っている方も多いと思うので、FIREについての個人的見解を書いておきます。私は、FIREは部分的にオススメであり、残りはオススメしません。

　具体的には、「**経済的自立**」の部分はオススメします。しかし「**早期退職**」の部分はオススメしません。

　1つずつ説明していきましょう。

　日本は世界第3位の経済大国ですが、それでもほとんどの人が「食べるため、生きていくために働いている」のが現状です。平均寿命が伸び、「人生100年時代」と言われて久しく、私の周りでは「100年どころか120年生きる時代になる」と言っている人が多くなっています。

　私自身も、120歳まで現役で健康バリバリで生きるつもりで人生計画を立てています。

　先日友人の1人がついに「私は130歳まで生きるつもりです」と言っていて、さらに記録を更新しました。

　ただ、人間の寿命はどんどん長くなっているのに、社会のシステムは追いついていません。

　具体的に言うと、多くの会社は今でも60歳定年制のままです。

　再雇用制度があっても65歳でほとんどの人が仕事を失います。

　定年退職した後は、シニア向けの仕事で働くか貯蓄を切り崩したり、年金を頼りに生きていくことになります。

　しかし、このライフスタイルは、もともと「**人生は長くても80年**」と

言われていた時代に国が設計した「余生の過ごし方」です。

　我々の人生は80年から100年へと、20年も伸びているのに、老後のお金を得るための仕組みがないのです。つまり、65歳から100歳まで35年間も、「長生きするほどお金がなくなる恐怖・不安」と闘いながら生きることになってしまいます。

　本来長生きすることは幸せなことのはずですが、そのように不安に包まれ、萎縮しながら生きる長生きが、幸せといえるでしょうか。

　この「長生きリスク」を根本から解決してくれるのが「経済的自立」です。

　前項でも説明しましたが、経済的自立とは、資本所得が生活費を上回っている状態です。

　つまり、生活費が尽きる不安や心配がなくなることを意味します。

　人生の早い段階で経済的自立を確立するメリットは、「食べていくために働く」仕事のスタイルから決別しやすいことです。我々は多かれ少なかれ、「お金を得るために嫌な仕事も我慢している」状態にあるのではないかと思います。満員の通勤電車で出勤し、上司の意向に従いやりたくない仕事をしているという人。もしあなたがその状態として、「なぜ嫌なのに

経済的自立

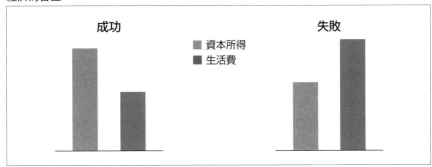

その仕事をしているんですか?」と質問されたらなんと答えますか? ほとんどの人が「生活していくため」「生きていくため」「食べていくため」と答えるのではないでしょうか。

労働所得しかない人、または資本所得が生活費を上回っていない人は、働くのをやめると収入が途絶え、生活していくことができなくなります。だから、嫌な仕事でも我慢して続けている。

そして、仕事を続けても、60歳や65歳になると定年退職を迎え、その後は足りない年金と貯蓄を切り崩し、不安に包まれながら生きる。しかし、経済的自立を得たなら、この状態を脱することができるのです。私自身も経済的自立を1つのゴールと捉えて仕事をしています。

経済的自立を果たし、「食べていくために働く」状態から脱出することは理想的な状態と考えます。

次に「Retire Early、早期退職」をオススメしない理由について説明しましょう。

人間は働くのをやめると、社会との関わりが切れます。

会社を定年で退職した人が、行く場所がなく自宅でゴロゴロしているのを、家族がうっとうしく感じるという話をよく聞きます。

せっかく自由を得たのだから、好きなことに没頭すれば良いと思うかもしれませんが、多くの人が獲得した自由を活用できていません。**目的がない自由は、ある意味で苦痛なのです。**

私の周りには経済的自立を果たしている友人がたくさんいます。

彼らのほぼ全員が経済的自立を達成した後も、生き生きと働き続けています。

　働くということは、誰かに喜んでもらう、社会に対して貢献することを意味します。

　「働くのが嫌だ」「仕事は1日でも早く辞めたい」と感じている人は、「仕事とは『やらされるものだ』」と捉えているのだと推測します。

　もし、現段階であなたが仕事をそのように捉えているなら、その状態で独立・起業することはオススメしません。なぜかというと、起業をするためには、あなた自身があなたの仕事を作り出すことが不可欠だからです。「自分が企画した仕事を自分がすることが嫌だ」という状態を想像してみてください。

　たとえば、私が自分で書きたいと思って企画した本の原稿を書くことが「嫌で嫌で仕方がない」としたら、あなたはそんな本を読みたいと思うでしょうか。もちろん人間誰しも気分が乗らない日や仕事が進まないときはあるものです。

　しかし、根本的に「自分が作った会社が嫌い」とか「自分が扱っている商品やサービスを嫌悪する」という状態では、良いビジネスが行えるはずがありません。

　僕の周りで経済的自立を達成した人たちは、「食べていくために働く」という鎖から解き放たれています。その結果、彼らは「世の中をもっと良くする」ことや、「社会に貢献する」ことと、「自分が好きなこと」「やっていて楽しいこと」をリンクさせ、「もっと稼ぐ」ことで、自分もより豊かになり、社会に貢献し、多くの人に喜ばれる生き方を選択しています。

　経済的自立を果たしている私の友人の1人は、稼ぐ目的を「納税です」と言い切ります。

たくさん稼ぐということは、たくさん税金を納めることになります。

たくさん税金を納めれば、それだけ国が豊かになる。
国に対する貢献が、自分の豊かさと直結しているという考え方なんですね。
私自身は、まだとてもその境地には至りませんが、スケール感が違うと感心しました。

私自身、2011年に41歳でサラリーマンを卒業し、起業しました。
独立するまでは17年間スーツを着て会社に行く働き方をしていたので、独立前は「独立したらしばらくは毎日遊び倒してやろう」とワクワクしていました。
私の場合、独立後はブロガーとしての働き方だったので、24時間、365日が自由となったのです。
確かに独立した最初の日は、自由が嬉しすぎて興奮して過ごしていました。

平日の昼間からランニングをしたり、スーパーに買い物に行ったり、自宅でビールを飲んだりもできるのです。既にフリーランスになっていた友人がお祝いしてくれ、2人で平日の昼からお店でビールを飲んで乾杯したりして、自由を謳歌しました。

しかし、そんな興奮状態は1週間も続きませんでした。
周囲の人たちは皆忙しそうに働いています。

僕だけが社会から取り残されたような不安が押し寄せてきて、ひとりで自由にしていることが楽しくなくなっていきました。同じ友達と何度も昼から飲みに行くわけにもいきません。

　自分が人生の落伍者になってしまったような気持ちに襲われ、「何でも いいから仕事をしよう」と思い始めました。仕事をしていると、自分が社 会と関わっていることが確認でき、安心できたのです。

　私の場合は経済的自立を果たしたわけではなく、単に独立して自由にな っただけですが、社会とのリンクが切れてしまうことは、それまで経験し たことがない不安を呼び起こしました。
　経済的自立を獲得するまで、嫌な仕事をやっていたとするなら、嫌な仕 事を辞めるのは構わないと思います。しかし、完全に働くことをやめてし まうことはオススメしません。

　食べていくために働かなくて良くなったなら、好きなことを仕事にし、 自由を楽しみながらさらに稼ぎ、さらに豊かになっていく選択が良いと私 は考えます。

07 FIREの メリット・デメリット

　ここで、私が考えるFIREのメリット・デメリットと、そしてあるべき FIREの姿について考えてみたいと思います。繰り返しになりますが、私 は経済的自立には賛成ですが、早期退職には反対の立場です。

　理由は前項で書いたとおりです。

　なので、メリット・デメリットに関しても、経済的自立の部分と早期退 職の部分が異なる見解となります。

　経済的自立を果たした人は、毎月の生活費が資本所得で賄える状態です。

　しかし、それはあくまで論理値、つまり数字の上での話です。

　経済的自立を達成したからといって、それまでの仕事を辞め、労働所得 をなくしてしまうとどうなるでしょう。**労働所得がなくなれば、生活費は 投資資産を切り崩して賄うしかありません。**

　資産を切り崩せば、複利の効果が薄れてしまいます。

　また、もし仕事を辞めてしまった後で、暴落相場が発生し、投資所得が 生活費を下回ってしまったらどうなるでしょうか。

　もし仕事を完全に辞めてしまっていたら、慌てて労働所得を得ようとし ても、すぐに仕事が見つかるとは限りません。

　さらに、突発的に大きな支出が発生するなど、生活費以外でお金が必要 になったときも、投資所得で賄えなければ、積み立てた元本を切り崩す必 要が生じます。

　元本が目減りすれば投資所得も減ってしまうため、再び積み立て投資を

行うなら、もう一度働かなければなりません。前項では仕事を辞めることにより社会とのコネクションがなくなることをデメリットとしましたが、それだけではなく、**一旦仕事を完全にやめた人が復帰することが難しい点**も、「早期退職」のデメリットと感じます。

FIRE達成に向かう道筋に関しても、様々な意見があるようです。

極端に生活費を切り詰め、全額を投資に振り分けることで1日も早く経済的自立を達成しよう、という考え方もあるようです。

そのスタイルが合っている人には良いのでしょうが、私には少々窮屈に感じます。

私が窮屈に感じる理由は、「**未来の生活だけを優先し、今をひたすら我慢する生活**」は、人生を謳歌することにならないと感じるからです。

今やりたいことを一切やらず、我慢をし続けることが本当に良いことなのかというと、私は疑問に感じます。では、どのような状態が望ましいのでしょうか。

私が思う理想の姿はこのような形です。

独立・起業して、自らのビジネスを構築し、労働所得を最大化する努力をしていく。

労働所得を最大化しつつ、生活防衛資金を一定額貯蓄する。その上で、月々の収入の20％程度を長期・分散・積み立てによるドルコスト平均法の投資に充てる。そして、残りの80％のお金で、生活費を賄いつつ、人生を楽しむお金にもし、自己投資にも使っていく。

このような形が私が描くベストです。

ポイントは、ビジネスを大きくしていくことで、自分の収入を拡大させていくこと。

積み立て額は金額で決めるのではなく、収入に対する比率で決めておく

こと。

　月々の収入が30万円であれば、投資額は6万円になります。

　ビジネスが成長し、収入が300万円になれば、投資額も増えて60万円となり、10倍の規模にすることが可能なわけです。

　実際私は2011年の独立後、サラリーマン時代最後の年の年収から、年収を8年間で7倍に拡大することができました。要は、ビジネスでたくさん稼ぐことができるようになれば、無理に節約して我慢する生活をしなくても、投資に向けるお金を増やすことが可能ということです。

　しかし一方で、たくさん稼いでも、全部を使い切ってしまえばお金は増えていきません。よくプロスポーツ選手などが、短期間に何億円ものお金を稼げたのに、全部使ってしまい引退後困る、という話を聞きます。

　これは「Hedonic Treadmill（ヘドニック・トレッドミル）」と呼ばれる現象です。

　日本語では「快楽順応」と呼びますが、たくさん稼ぐとたくさんお金を使うことができるので、「使う快楽」に脳が負けてしまい、稼ぐ金額が増えるのに伴い使う金額も増やしてしまうことです。資本主義の世界では、あらゆる企業が「お金を使わせよう」と牙を剝いています。

　「ちょっと贅沢」「自分へのご褒美」「ワンランク上の生活」「エグゼクティブなあなたへ」など、甘い言葉と「優越感」を与えることで、お金を使わせようとするのです。

　人間誰しも見栄を張る部分がありますが、優越感を刺激され、見栄にお金を使い始めるとキリがありません。そのような状況にならないよう、稼いだ金額の一定の比率は常に投資に向けることをマイルールとするのです。

08 働き方の違いとは？ ライスワーク／ライクワーク／ライフワーク

「仕事とは辛くて苦しいものだ」と定義している人は、潜在意識が総動員で「辛くて苦しい仕事」を引き寄せます。

一方で、「仕事とはやりたいこと、夢を収益化して実現させる、ワクワク・ドキドキするものだ」と定義している人もいます。

仕事を「楽しい、ワクワクする、夢が実現する」と捉えている人にとって、仕事とは「好きなことの実現」であり、辛くも苦しくもありません。

もし、あなたが今の仕事は「つまらない」「苦しい」「やりがいがない」と感じているなら、**あなたにとって今の仕事は「ライスワーク」**です。

ライスワークの「ライス」とは「お米」のこと。

つまりライスワークとは「食べていくために、ある意味我慢して働いている」仕事のことを指します。

こういう言い方をすると、ライスワークが悪いことのように聞こえるかもしれません。

しかし、ほんの少し前までは、ほとんどの人にとって仕事とは、食べていくためにするものでした。会社員も、農家も、漁師も、皆生きていくため、食べていくために働くのが当然という時代が長かったのです。

ごく限られた、特殊な才能を持つ人だけが、自分の才能や能力を発揮する特別な仕事につくことができました。プロのスポーツ選手、歌手や俳優、音楽家や作詞・作曲家、画家やデザイナー、作家・脚本家など。

20世紀においては、ライスワークが当たり前で、「ライクワーク」や「ライフワーク」という定義すら存在しませんでした。

　21世紀に入りインターネットが世界をつなぎ、働き方の多様性が一気に高まりました。組織に属さず1人で働くワークスタイルの可能性が一気に高まったのです。
　ネット上の様々なツールやサービスが、あらゆるビジネスをマネタイズ（収益化）する可能性の扉を開いたのです。たとえば、私のビジネスの1つである「ブログ」について考えてみましょう。

　私は読書をしたら、その本をブログとYouTubeで書評という形で紹介することを習慣にしています。ブログ記事とYouTube動画には、アマゾンなどネットショップへのリンクを張っています。私の書評を読んだ読者が「この本を買いたい」と思ったとき、ショップへのリンクは読者にとって便利だからです。

　私のブログからのアマゾンや楽天ブックスへのリンクは、「アフィリエイト」リンクとなっています。アフィリエイトリンクは、私のIDが組み込まれたリンクです。
　私のブログのリンクを経由して商品が購入されると、商品価格の数パーセントの「広告報酬」が私に支払われます。つまり、私にとって本を読み、書評を書くことは収益化されたビジネスなのです。私にとって本を読むことは「楽しみ・趣味」でもあり、「学び」でもあり、ビジネスに必要な知識を得るという意味では「自己投資」ともいえます。その上で、私にとって読書をして書評を書くことは、直接お金を得る「ビジネス」でもあるのです。

　私は自分の働き方を、「ライクワーク」であり同時に「ライフワーク」

であると捉えています。

「ライクワーク」とは、好きなことを仕事にするという意味です。

「好きなことを仕事に」というと、「趣味をそのまま仕事にする」と捉える人が多いようです。しかし、私は「好きを仕事に」はもっと広く解釈するべきと感じています。

私の解釈では、「好き」の中には「情熱があること」「使命感を感じること」「健全な違和感を感じること」も含みます。

私自身の例でいうと、会社員時代に自分が営業担当として新規開拓した顧客から巨大なプロジェクトの依頼を受けたことがありました。

会社の売り上げが数倍に跳ね上がるようなビックプロジェクトで、私は体中が震えるほどの喜びを感じました。プロジェクトが始まると、社員は総動員となり、制作スタッフは連日深夜残業となりました。本来の私の仕事は営業ですから、自分の仕事が終わったら帰れば良いのですが、私は制作スタッフと並んで毎晩深夜まで制作の仕事に加わっていました。自分から進んで加わったのです。

当時勤めていた会社の給与体系では、営業である私は営業手当がつく代わりに、残業手当はつきませんでした。

つまり、隣に座っている制作スタッフは残業手当をもらえるのに対し、私はタダ働きをしていたわけです。でも私はそんなことは一切気にしていませんでした。

お客様からの信頼を得ること、プロジェクトをしっかり立ち上げ、そのまま大口顧客へと育てることがそのときの最優先課題と捉えていました。プロジェクトがうまく立ち上がり、会社の売り上げが数倍になれば、その時点で私は会社から評価される。会社から評価されれば、残業代分くらい

の給与は後から受け取れるようになるだろう。

　私はそのように考え、自ら進んで毎晩深夜までタダ働きを続けました。

　その結果、プロジェクトは無事完遂され、その後も顧客からの大量注文が継続する形となり、見事大口顧客になったのです。

　ある日私は勤務先の社長から呼ばれ社長室に行きました。全社員で私だけに、特別ボーナスが支給されたのです。大口顧客の一本釣り、そしてプロジェクトが立ち上がるまでの孤軍奮闘、プロジェクトが立ち上がった後のタダ働きを厭わない献身的な働き方が高く評価されたのです。

　当時の私は組織で働くサラリーマンでした。

　しかし、私は働いているときに「いやいややっている」とか「食べるために仕方なく働いている」と考えたことは一度もありませんでした。

　全身から情熱が溢れ出し、「何が何でもこの仕事を成功させる」と鬼気迫る思いで取り組んでいました。**私にとってこのプロジェクトは「ライスワーク」「ライフワーク」「ライクワーク」の分類が不可能です。**

　ただ、1ついえることは、当時の私の仕事は「自分でお膳立てしたものではない、会社という器の中で与えられた役割の中でMAXな業績を上げたこと」でした。

　しかるべきタイミングで私が勤務先の仕事を卒業し、自らビジネスを立ち上げたのは、「器自体を自分の手で作り上げたい」という思いに駆られたからです。

　私は強く思います。

　「今の仕事がつまらないから独立・起業しよう」という考えの人は、起業してもうまくいきません。

　会社に勤めたなら、与えられた仕事をやり尽くし、吸収できることをすべて吸収し、「もうやるべきことは全部やり遂げた」という状態まで持っ

働き方の違い

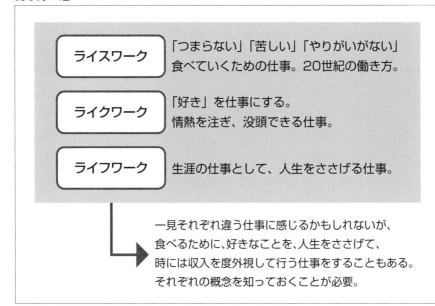

ていくことが大切です。

　もちろん会社や上司との相性もあります。

　相性が悪い組織に無理に勤め続ける必要はないでしょう。

　しかし、目の前にある仕事が嫌だからと、逃げる形で起業しても、きっとあなたは起業からも逃げるでしょう。

　会社勤めであれば、逃げの姿勢、消極的態度、いやいや働くスタイルでも、給与はもらえます。しかし起業したなら、やる気がなければ収入がないというシンプルな世界になります。起業をするなら、「好きなことを仕事に」を考えると同時に、「心から情熱を持ってその仕事を続けられるか」を考えることが大切です。

09 起業とは？ ライクワーク？ ライフワーク？

大別して起業には2つのパターンがあるように思います。

1つは、先に「起業したい」という思いがあり、後からどのような事業を行うか決めていく形。そしてもう1つは、先にやりたいことが決まっていて、そのやりたいことを実現するために起業をするというパターンです。

一概にどちらが良い、どちらが優れていると決めることは難しいかもしれませんが、私は後者の形の方がスムーズにいくのではないかと感じます。

前者の形だと、起業したいけれどやりたいことは決まっていない、という状態からスタートすることになります。ビジネスというのは、一度始めたらできる限り長く続けたいものです。

頭で戦略を考え、「こうすれば儲かる」と計算しても、実際に動き出すとそのとおりにはいかないものです。

軌道修正をしつつ、試行錯誤をして改善し、少しずつ形が作られていきます。

事業を長く継続させ、発展し続けていくためには、戦略も大切ですがそれ以上に情熱が何よりも必要です。

もちろん「お金を稼ぐ」ことに対する情熱だけでもビジネスはできます。

しかし、お金を稼ぐこと以上に、自分が行っているビジネスを愛し、自分の商品やサービスを大切に感じている人の方が、成功する確率は圧倒的に高くなります。

たとえば、飲食業を行うとして、自らが自分のお店を開くという方法と、

大手飲食店チェーンのフランチャイズでオーナーになるという方法があります。

　もしあなたが、自分の手でゼロからお店を作り上げ、自らキッチンに立ち、自分が目指す理想の料理を作ってお客様に提供したいと考えるなら、自らのお店を開く方が、より自分らしく輝けるでしょう。

　それは、先に「やりたいこと」があって、そのやりたいことをビジネス化するという流れです。一方で、大手飲食店チェーンのフランチャイズオーナーとなる場合、お店のデザインやメニューなどを勝手に変えることはできません。

　マニュアルに従って調理をし、接客を行う。

　お客様も、あなたのお店に通っているという認識は持ちません。

　あくまでも、チェーンのお店に行っている、と思っているだけです。

　大手チェーンの看板で集客をすることができますから、お客様を獲得するのは独立店舗より楽かもしれません。

　しかし、自分自身のオリジナルの料理を作りたい、自分だけのお店を開きたいという願いがあったとしても、その願いは叶いません（もちろん、経営上の方針からフランチャイジーになることを選ぶという選択肢もあるでしょう。その場合には一概にフランチャイズを選ぶということが、「稼ぐ」ことを目的にしているわけではないということはここで断っておきます）。

　お金を稼ぐことがビジネスの目的の1つではあるので、もちろん「一番儲かりそうなことを仕事にする」ことは悪いことではありません。

　ただ、私はせっかく一度きりの人生で独立・企業を目指すなら、21世紀ならではの、「自分らしさ」を仕事と結びつける形が望ましいと感じています。

どのような形で「自分らしさ」を発揮できるでしょうか。

私は、以下の３つのかけ算で自分らしさがビジネス化できると考えます。

1. 好きなこと
2. 得意なこと
3. お金が儲かること

まず、好きなことは長く続けることができます。

私は26歳のときにインターネットと出合い、ブログの前身となるテキスト日記をネット上に書き始めました。書き始めたのが1996年ですから、もう四半世紀以上ネット上に文章を書き続けていますが、飽きることはまったくありません。

むしろ、書けば書くほど楽しくなり、もっと書きたいと日々思って暮らしています。

それだけ続けられる理由は、私が書くことが大好きだからです。

次に得意かどうかというのも大切な視点です。

どんなに好きなことでも、得意でなければお金を稼ぐことはできません。

私は文章を書くことで直接的にお金を得るようになったのはブログの広告収入を得るようになった40歳からです。

しかし、小学生の頃から作文が得意で、いつも先生に褒められていました。

大学は英文科に進み、卒論は英語で276ページも書き、教授に驚かれ、私だけ特別に論文を黒の革製本してもらい、大学の図書館に収蔵されました。

大学卒業後は　翻訳者を目指したのですが、やりたいことは他言語に文

章を変換する業務ではなく、自分の書きたい文章を書くことと気づき、翻訳者への道を断念。

　せっかく学んだ英語と翻訳を活かしたくて、翻訳会社に営業担当として就職しました。

　勤め先でも文章がうまいと褒められ、会社案内やホームページ、それにパンフレットやカタログなどの文書を任せられるなど、常に文章を書く仕事に触れ続けてきました。

　20代後半から30代前半にかけては小説を書くことに没頭していました。

　小説家を目指したのですが、残念ながら新人賞は取れませんでした。

　しかし、4本書いた長編小説のうちの1本は新人賞の二次審査まで残り、紙面に名前とタイトルが掲載されました。このような下地があった上で、ブログをスタートさせたのです。

　自分でもずっと文章書くのは得意という自覚があり、さらにブログを続けることで文章力を磨いていきました。

　得意であることは大切です。

　そしてビジネスをするからには、お金が儲かる分野であることが大切です。

　1996年に私がインターネットテキスト日記を書き始めた頃には、まだアフィリエイト広告など、インターネットでお金を稼ぐ仕組みはありませんでした。

　従って当時は、いくらネット上に文章を書いてもお金を稼ぐ手段にはなりませんでした。21世紀になりブログという仕組みが生まれ、それに伴い様々なネット上のビジネスツールが生まれていきました。

　アフィリエイトやGoogleのアドセンス広告などが現れ、ブログを直接収益化することができるようになったのです。

また、アマゾンがビジネスを拡大し、Kindleが生まれたことにより、出版社を介さず自力だけで電子書籍をアマゾンで販売できるようになりました。

　日本でもnoteというブログサービスが誕生し、自分のブログに値段をつけて有料で記事を販売できるようになるなど、「文章を売る」方法はどんどん増え続けています。

　このように、好きなこと、得意なこと、儲かることの3つの条件を満たしていることを仕事にするとうまくいきます。好きなことであるから「ライクワーク」であり、一生続けることなので「ライフワーク」でもある。

　先ほど説明したとおり、私はネット上に文章書き始めて25年以上になりますが、その間に数え切れないほどの人が現れては消えていきました。

　消えていった多くの人たちは、「好き」や「得意」よりも、戦略を優先していたように見えました。ブログで言えば、「こういう記事を書けばたくさん読まれる」「この分野の記事はアフィリエイトで儲けられる」と考えてブログのジャンルや書く記事を選んでいた人たちは、ずっと続けることは困難です。

　半年、1年くらいの期間なら、戦略に基づいた文章を書き続けることができるでしょう。しかし、好きでもなく得意でもなく、情熱もない場合、「同じことを25年続けてください」と言われたら、どんな気持ちになるでしょう。

　好きではないことを何十年も続けるのはつらいものです。

　ましてや、本当に好きで情熱を注いでいる人たちがライバルとして林立しているのですから、勝負し続けることが難しい。食べるために働く「ライスワーク」なら、独立・起業せず、組織に勤務した方が安定した収入を

理想の仕事

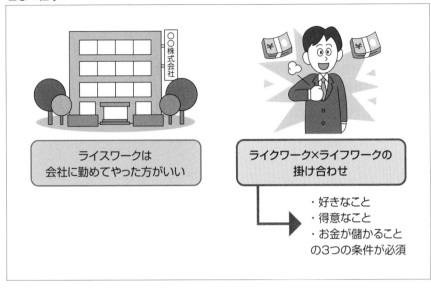

得られてメリットが大きいかもしれません。

　私は「ライクワーク」と「ライフワーク」の掛け合わせが仕事になるのがベストと考えます。

10 最近はやりの「ひとり社長」とは

　ひとり社長とは、言葉のとおり、従業員を雇わずに、ひとりで起業するスタイルを指します。20世紀までは、起業といえば、できるだけ組織を大きくしていくことが良いとされてきました。また、当時は今のようにインターネットが発達していなかったため、ひとり社長でできることが限られており、ひとりで起業するメリットが、ほとんどありませんでした。

　しかし、21世紀になり流れが大きく変わりました。

インターネットと情報端末の発達により、「組織に属さない働き方」が可能になり、大きな潮流となってきているのです。

組織から飛び出して自由に生き、働くワークスタイル・ライフスタイルが可能となりました。

　ひとり社長は自分ひとりでビジネスを行っていきます。

　ひとりで行うビジネスですから、オフィスも必要ありません。

　従業員がいないので、人件費もかかりません。自分ひとりでビジネスを設計し、商品やサービスを開発し、販売していきます。

　すべてを自分ひとりで行うため、インターネットを駆使し、様々な自動化サービスを活用する必要があります。

　また、従業員を雇う代わりに、外部のスタッフとチームを組んだり、ネットワークを構築し、アライアンスとして働くこともあります。

ひとり社長の最大のメリットは、すべてを自由に設計できることです。

　従業員がいませんから、働く時間や稼働する曜日など、すべて自分の思うままに決めることができます。

ひとり社長のメリット

・**オフィス必要なし**…自宅やコワーキングスペースなどで仕事する

・**人件費なし**…従業員を雇わない

・**商品開発はひとりで行う**…インターネット、アプリの利用が必須

・**外注**…ひとりでできないことはお金を払って企業やフリーランスに発注

移動しながら働くことも、カフェなどで働くことも完全に自由です。

ひとり社長が向く業種は、ひとりでビジネスが行える分野となります。

工場を稼働させたり、多くのスタッフが必要な仕事は当然ですが向きません。

私自身もひとり社長ですが、行っているビジネスは執筆、講演・セミナーや講座の企画・運営と登壇、コンサルティング・カウンセリング、イベント企画と運営など、ひとりで行えるものばかりです。

大規模なイベントやセミナー等の開催時には、外部スタッフにサポートに来てもらうことがありますが、日常の業務はひとりで行います。

専門的な分野の仕事は、外注していきます。

たとえば税務に関しては税理士さん、高度なデザインなどはイラストレーターさん、名刺やレターヘッドなどは印刷会社さんという感じです。

ひとり会社を成長させていくポイントは、いかに自分が働かなくても売り上げが上がる仕組みを作るかだと考えています。

従業員がいませんから、社長の限界が会社の限界になります。

たとえば1対1の面談形式のコンサルティングやカウンセリングだけをビジネスにした場合、1日にこなせる面談時間の限界が、そのまま会社の限界になってしまいます。

そこで、自分が持っているノウハウを書籍にして出版すれば、数万人の人に一気に届けることができるようになります。

　ブログを書いてアフィリエイトリンクを張っておけば、ブログ経由で商品やサービスを買ってくれる人が現れ、自動でお金が入ってくる仕組みが作れます。

　1対1ではなく、多くの人数を集めるセミナーを開催すれば、1対多で売り上げを作ることができます。

　開催したセミナーを動画に収録してダウンロード販売すれば、自分が講演していないときにも売り上げを上げる仕組みになります。

　このような形でレバレッジをかけ、社長がフル回転しない状態で売り上

ひとり社長の稼ぎ方

げを上げる仕組みを構築しないといけません。なぜなら、ひとり社長は自分自身が商品となる必要があるため、社長は常に進化し続けていないといけないからです。

　そのため、日々をすべてアウトプットで埋め尽くすことは避けなければなりません。

　自らが学び、進化していくことで、アウトプットも進化していくことができます。

ひとり社長の弱点は、肉体も頭脳も１つしかないことです。

　社員同士で議論してアイデアを出し合ったり、お互いが知らないことを教え合ったりすることができません。

　だからこそ、社長は積極的に読書やセミナーなど、学ぶ機会を作り、自らを進化させ続けることが大切です。

　また、ひとり社長は健康管理も重要な仕事になります。

　ひとりではなくても健康管理は重要ですが、ひとり社長は自分が寝込んでしまったら仕事が止まってしまいます。

　自分が働いていなくても売り上げが上がる仕組みを作ることも大切ですが、毎日エネルギーに溢れ、精力的に活動できるような体調を維持することが不可欠です。

　ひとり社長はメリットもデメリットも、「ひとりであること」に集約されます。

　ひとりだからこそのメリットもあり、同時にひとりであることがデメリットにもなるわけです。

20世紀型のピラミッド型のヒエラルキーが古くなり、21世紀はひとり

社長同士のネットワーク型社会へと変化していくと言われています。

　私自身、2011年に独立して以来、一度も従業員を雇いたいと思ったことはありません。経営者と従業員の関係性を、私は持ちたいと思わないのです。

　AIがますます発達し、個人が使いこなせるツールが増えれば増えるほど、ひとり社長にできることが増え、ひとり社長は増えていくでしょう。

11 年功序列、終身雇用はもうありえないって本当？

　日本では第二次世界大戦後の高度経済成長期から、ほとんどの企業が年功序列・終身雇用制度を採用してきました。

　もっとも、終身雇用制度は日本だけの仕組みではなく、欧米の企業も多くが採用していた仕組みであったのです。

　しかし、資本主義の総本山ともいうべきアメリカで、先に年功序列・終身雇用制度は崩壊していきました。

　多くの会社が終身雇用制を廃止する中でも雇用の維持を堅持していた米ヒューレット・パッカード社も、ついに終身雇用制の取りやめを表明してもうずいぶん長い期間が経ちます。

　日本でも、長引く不況とデフレにより大企業でさえ終身雇用制を維持するのが難しくなってきています。

　2019年には日本の大企業の代表格であるトヨタ自動車の社長が、「終身

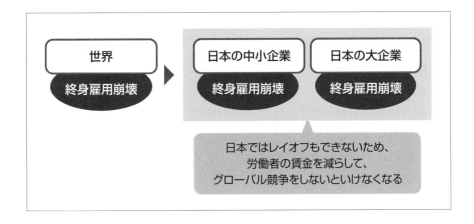

雇用制度を維持していくのは難しい局面に入っている」と発言し、大きな話題になりました。

　世界の潮流が終身雇用制度を廃止する流れになっている中、日本だけが終身雇用制度を維持することは難しいでしょう。

　では、終身雇用制度がなくなると、我々はどうなるでしょうか。

　新入社員として入社し、年齢が上がるにつれ役職がつき、給料が上がっていく。

　この仕組みが年功序列ですよね。

　そして定年退職まで勤めあげ、退職金を受け取って定年退職する。

　入社してから定年退職まで勤務し続ける前提で働くのが終身雇用制度。

　そして、日本は法制度で従業員を簡単には解雇できない仕組みになっています。

　今後法制度がどのように変わっていくかは分かりませんが、アメリカのような簡単に従業員を解雇する仕組みにはならないような気がしています。

　するとどうなるかというと、まず年功序列制度がなし崩しに廃止されていくのではないでしょうか。今までは年齢が上がれば何らかの役職がつき、その分給料が上がっていました。本来組織はピラミッド型になっており、上の役職のポジションの数は少なくなるはずです。

　しかし、今の日本企業は年功序列で、上の役職につかない人にも名目だけの役職を与え、その分給料を上げてきていました。

　つまり、本来組織には必要ない役職を与え、その分高い給料を払ってきたのです。

　それらの名目だけの役職を廃止すれば、その分人件費を下げることができます。

　逆に従業員の立場からすると、年齢が上がっても給料が上がらないという状態になります。役職がつかなければ、定年退職時の退職金の額も減ることになります。

　また、役職手当や退職金額などを定めた社内の規定を改訂して減額することも想定されますし、実際既に減額している企業も出ているようです。

　上がらない給料のまま我慢して働くか、足りない分を副業などで稼ぐ、もしくは見切りをつけ転職する、または独立・起業するという選択が出てくるでしょう。

　いずれにしても、企業が従業員の雇用を一生守り続けることは、世界的な潮流からすると、もう無理というのが現実だと考えます。

　このような潮流は雇用の流動性を高めることにつながります。
　多くの人が人生の途中で「職を変える」ことが、ある意味当たり前になっていくということです。アメリカでは仕事を変えながら自らをステップアップさせていくサクセスストーリーが一般的です。

　日本では大手の企業を退職したら、格下の会社にしか転職できない、というイメージがあります。しかし今後は、そういった転職に関するネガティブなイメージはなくなっていくと考えます。

　転職によりステップアップできる人、逆に雇用を打ち切られたり給料を下げられたりする人に、二極化していくと考えられます。

欧米諸国は日本と比べ格差が大きいと言われますが、ビジネスがグローバル化された現代では、日本だけ格差がない社会を維持することは難しいのです。これからはビジネスパーソン一人ひとりが、自らのライフプランを考え、自分の働き方、稼ぎ方を考えて、人生の舵取りをすることが求められる時代です。

　最近では大企業でも、副業を推奨するなど、働き方は大きく変化しようとしています。
　「独立・起業なんて私には関係ない」と考えず、自らの価値を高めるために学び続け、「人材市場における自分の価値」を最大化することが必要な時代です。

　すぐに独立・起業するつもりがなくても、自分が今の勤め先を辞めるとなったら、どのような働き方を選択するかをシミュレーションすることから始めましょう。

12 会社員でいるべきかどうか迷ったら？10年後まで考えよう

04項でも説明しましたが、会社員から何も準備をせず、いきなり独立・起業するスタイルはオススメしません。会社員として給料をもらいながら働くワークスタイルと、独立・起業後では、価値観が大きく変わります。

価値観の激変、そしてビジネスが軌道に乗るまでのバッファとなる期間を考慮するべきです。会社員として給料をもらいながら、週末や早朝・夜の時間帯を中心に副業という形で小さくビジネスをスタートしましょう。

その際会社に副業禁止規定がないかどうか、確認する必要があります。

副業禁止規定がなければ問題なくスタートできますが、副業禁止規定があった場合どうするか、判断に迷うところです。

風通しが良い組織なら、上司に相談してみるという手もありますが、独立が前提の副業の場合、会社は良い顔をしない可能性が高いです。

その場合は覚悟を決めて、会社に隠れてスタートするしかないでしょう。「どうせ近いうちに退職するのだ。バレたらそのとき考えよう」くらいの覚悟が必要です。私の場合は、会社に副業禁止規定はなかったのですが、立場が社長の右腕でポジションが「シニアマネージャー・業務統括」と、社員のお手本になるべき立場だったため、会社には隠れて副業をしていました。

副業といっても私の場合はブログを書くこと、後は非営利の勉強会の運営スタッフと登壇だったので、「副業」っぽく見えなかったかもしれません。

しかし、隠れているつもりでも実はバレていて、送別会のときに社長から社員向けに「立花のブログ「No Second Life」を宜しくね」と発表されてしまいました（笑）。

私が起業を副業からスタートするのをオススメするのには、もう1つ理由があります。
それは、本人の適性の問題です。私は2013年から独立・起業を支援する連続講座を開催してきています。

その講座で何百人もの独立・起業を目指す人たちを指導してきましたが、独立・起業がうまくいく人と、うまくいかない人の最大の違いは「向き・不向き」です。

会社という組織から飛び出し、自分ひとりで舵取りをしながらビジネスを進めることにワクワクするタイプの人は起業に向いています。組織の枠組みがむしろうっとうしい、自由が嬉しい、自らのビジネスを実現できることがワクワクする、お金を稼げることが楽しくて仕方がない。そういったタイプの人は起業するとぐんぐんと伸びていきます。

一方、独立・起業には向かない人もいます。
いえ、むしろ独立・起業には向かない人の方が数は圧倒的に多いのです。
向かない人は、組織の後ろ盾がなくなると、不安に感じ萎縮してしまうタイプの人です。安定した給料や社会保険、会社の名刺に書かれた肩書、上司や組織が守ってくれる安心感。そういったものがあった方が、安定して力を発揮でき、組織の中で縁の下の力持ちとして実力が出せる人も多いのです。
これは、どちらが良いとか悪いではありません。

起業に向いているかどうかの見極め

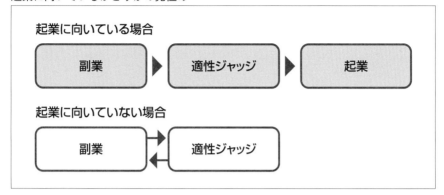

　一人ひとりの適性の問題で、得意・不得意の問題です。

　組織に守られて力を発揮するタイプの人が、憧れや勢いだけで独立し、その後苦しむ姿をたくさん見てきました。本人が独立・起業したけれど向いていないことが分かったことを、「チャレンジした結果、自分の適性が分かった」と納得しているなら、それも1つの財産かもしれません。

　しかし、もし本人が条件の良い大企業や役所などに勤めていて、勢いで退職して独立していた場合、「向いていなかった」と判明しても、元のポジションに戻ることは不可能です。

　日本の大企業は終身雇用制度が崩れてきていても、中途採用には消極的です。

　役所も中途で入れるポジションは非常に限定されています。

　一旦組織を飛び出してしまうと、後戻りができなくなるケースが多い。

　だからこそ、最初は副業でスタートし、自分が独立・起業に向いているのか、適性を確かめる時間を取ってほしいのです。

独立・起業が向かなかったとしても、サイドビジネス、週末起業なら不安にならず続けられるかもしれません。副業としてビジネスをスタートし、10年後自分がどうなっていたいか、ビジョンを描いてみるのも良いでしょう。

　会社を飛び出し、自らのビジネスを育て、収入を大きく上げ、やがて法人化し、自ら社長として活躍する姿がありありと描けるようなら、あなたに適性があるかもしれません。

　逆に、会社を飛び出した後、安定しない収入、脆弱な社会保障、限られた人間関係、規模の小さい仕事で上がらない年収など、あまり良いイメージができず、不安が強いなら、独立・起業に向いていない可能性があります。

13 会社員でいることの メリット、デメリットって何?

会社員にはどのようなメリットがあるでしょうか。

1つ目のメリットとして、仕事を教えてもらう機会があること。

入社すれば先輩や上司が仕事を教えてくれます。

右も左も分からない状態から1つ1つ仕事を覚えていくのに、教育システムが出来上がっているのは組織で働く大きなメリットです。

他部門に異動したり、転職した場合も、改めて新しい仕事を覚えるのに教育が行われます。教育を受けている間も給料をもらえるわけですから、お金をもらいつつ、学ぶことができます。

独立・起業した場合は、すべて自ら学ばなければなりません。

本を読んだりセミナーを受講したり、能動的・自発的に学ばないと、誰も何も教えてくれません。そして、自腹を切って費用を支払わないと学ぶことができません。

給料をもらいつつ学べる機会が用意されているのは、会社員でいる大きなメリットです。

次に、ひとりではできない大きなスケールの仕事ができるのも、組織で働く重要なメリットです。 10人のチームであれば、1人で行う規模より10倍どころか、100倍規模の仕事が行えます。また、営業や広報、経理など多くの部門が連携し、それぞれの専門スキルを活かして組織が運営されていきます。

お金に関しても、会社のお金を使い、個人ではできない大きなビジネスにチャレンジすることが可能です。

もちろん社内で企画を通したり、上司にプレゼンを行ったりという手間はかかります。

　しかし、自分の懐を痛めることなく、会社のお金で新規プロジェクトを立ち上げたり、新商品の開発を行ったりすることが可能です。

　起業した場合は、自分の懐にないお金は使いようがありませんから、自分の手持ちのお金の範囲でチャレンジするか、融資を受けたり投資してもらったり、金策を自ら行わなくてはなりません。

　上司や会社が守ってくれるというのも会社員として働く大きな恩恵です。
　たとえばあなたが仕事でミスをして上司に叱責されることがあったとします。
　上司に叱られるのは嫌なことですが、逆にいえば上司に叱られて終わりなのです。
　上司があなたのミスを吸収して訂正し、他部門やお客様に迷惑がかからないようにあなたを守ってくれたのです。

　しかし、独立・起業していた場合、あなたのミスはそのまま取引先やお客様に迷惑をかけてしまうことになります。守ってくれるバッファ的存在がないので、お客様から叱責されたり、取引がなくなったりする可能性があります。

　そして、待遇面でも、会社員は何重にも保護されている立場です。
　有給休暇があり、お金をもらいながら休むことができます。
　多くの人は、毎月保障された金額の給与を受け取ることができ、賞与ももらえます。
　健康診断を受けられたり、雇用保険に加入できたり、財形貯蓄やストックオプションの制度もあったりします。

それらの安定した待遇は独立・起業するとすべてなくなります。

自分で設定していくことは可能ですが、誰かがお膳立てしてくれることはありません。

独立・起業すると、すべてが自己責任になるのです。

一方、会社員でいることのデメリットは、メリットの裏返しとなります。

組織に守ってもらうということは、組織の意向に従って働くことを意味します。

あなたがどんなに素晴らしいアイデアだと思っても、上司を説得できなければその仕事をスタートすることはできません。

あなたが企画の仕事をしたいと願っても、会社から営業の仕事を命じられれば、その命令に従う必要があります。

働く場所や時間も自分で決めることはできません。

書類の手続きが煩雑だと感じても、勝手にルールを変えてはいけません。

自宅で仕事をしたいと思っても、勤務先に通勤しなければならない人がほとんどでしょう。

仕事が終わっても、定時までは帰れないという人もいるでしょう。

仕方なく接待をしなければならない夜もあるでしょうし、残業をする羽目になることも多い。

そしてどんなに大きな成果を上げても、給与規定以上にアップすることはありません。

どんなに自分では頑張って成果を上げたと思っても、会社から評価されなければ給料は上がりません。組織に属して働くということは、組織の意向に従って働くことを強いられることです。働き方、暮らし方を自由に設

会社員のメリットとデメリット

会社員のメリット	会社員のデメリット
・仕事を教えてもらえる ・大きなスケールの仕事ができる ・失敗しても、上司や会社が守って 　くれる ・待遇面では厚くカバーされている 　（有給休暇、給与・賞与の保証など）	・組織の意向を最優先に働かなく 　てはならない ・働く場所や時間を選べない ・会社の評価が上がらないければ 　給料も上がらない ・どんなに会社で利益をもたらして 　も規定以上に給料は上がらない

普段仕事をしていると、ビジネスパーソンであることのメリット・デメリットを考えません。起業をしようと考える際に、一旦書き出してみましょう。ここでは一般論を書きましたが、自社の特徴などもメリット・デメリットに絡んでくるでしょう。選択をする前に一度振り返りましょう。

計することができないのです。

　その代わり、組織はあなたが仕事を覚えるための教育の場を用意したり、様々な保障をしたりと、あなたの仕事と生活を支えるサポートをしてくれます。そして組織の一員として働くことは、その組織のスケールに合わせ、1人ではできない大きな規模と金額の仕事を行えるという恩恵を受けられます。たとえば最新の自動車を設計したり、巨大タンカーを製造する、新幹線を運転するなどの仕事は、絶対に1人ではできない仕事です。

　会社員でいることのメリットが大きいと感じる人、デメリットが大きいと思う人は、それぞれです。

14 起業は 転職の前? 転職経験後?

　起業する前に転職をした方が良いか、転職は必要ないかについても、様々な考え方があると思います。絶対という正解はありませんが、私の考えを述べたいと思います。

　起業前に転職をする必要は必ずしもないと思いますが、最低でも2つのジャンルの仕事を経験しておいた方が良いと感じます。

　特に、会社員時代に「**営業職**」を経験したことがある人とない人で、起業後の成功の比率がかなり変わってきます。
　起業したら、営業は避けて通ることができません。

　自分が扱う商品・サービスを買っていただかないことには売り上げになりませんから、商品・サービスを売り込むことは絶対に不可避なのです。

　もちろん、今はインターネットを駆使して営業活動を自動化し、自らが電話やはがきなどで売り込むことをしないビジネスモデルも可能です。
　私自身、起業して2022年4月で11年になりましたが、電話やDMなどの直接的営業は一度もしたことがありません。
　ネットを通じて多くの人に私と私のビジネスを届け、商品やサービスを告知・募集をして多くの方に「知ってもらい」「興味を持ってもらい」、購入していただくのです。

　しかし、直接的な営業活動をするかどうかは別として、「**営業の仕組み**」

「**お客様に購入してもらうプロセス**」などを熟知している必要があります。

　そういった意味で、営業活動を仕事として行った経験がある人は、独立・起業の際に有利になる傾向があります。
　また、営業の仕事を経験した人は、「**売り上げから逆算する考え方**」が嫌でも身に付きます。

　これも起業後には絶対に身に付けなければならない考え方です。

　起業してから初めて売り上げに対する考え方を学ぶより、会社員時代にノルマや売り上げ目標の達成に苦しんだり、試行錯誤したりした経験がある人が有利になります。

　私はこれまで独立・起業したい人を多くサポートしてきました。
　営業経験がまったくない人は、優れた技術やスキルを持ち、素晴らしいビジネスモデルを論理的には構築できても、なかなかビジネスが立ち上がらないことが多いのです。
　そういった人たちは、まったく知らない人に自分の商品やサービスを告知し購入してもらうことに対して躊躇し、全力で告知をすることができません。
　特にひとりビジネスで、商品やサービスに「定価」がない仕事の場合が要注意です。
　コーチングやカウンセリング、セミナー・講座・レッスン等は、主催する本人が価格を決定することができます。

　営業経験がない人は、自分に価格をつけることが怖くてできず、極端に安い値段で販売したり、無料でボランティア的に開催してしまったりします。

　そのような事態を避けるためにも、営業職の経験があることが望ましいのです。

　また、**最低でも2つの仕事を経験した方が良い理由は、独立後にはすべての仕事を自分で管理・実践する必要があるからです。**

　そして、会社員時代にできるだけ複数の仕事に関わっておいた方が良いのは、独立後に必ず役に立つからです。

　私は17年間翻訳を扱う会社で働いた後独立しました。

　仕事としては営業担当から営業マネージャーになり、その後シニアマネージャー・業務統括という立場になりました。

　部門としては営業からのスタートでしたが、小さい会社だったので、ありとあらゆることを経験できました。

　会社のホームページの立ち上げとメンテナンス、サーバやパソコンの導入、業務用データベースの構築・管理、会社案内のデザインやキャッチコピーのライティング、販促用のカタログの制作・外注管理、そして売上目標の設定や人事・採用など、幅広い業務を経験しました。

　また、起業した後に「どんなことをビジネスにするのか」「自分の強みはどこにあるのか」を考えるときに、自分の経験値が高いほど有利なのは言うまでもありません。

　リクルート出身で著作が多数の藤原和博さんは、「クレジットの三角形を構築せよ」と論じています。

　これからの時代、多くの仕事がAIに置き換わっていき、誰にでもできる仕事しかできない人の仕事は減っていくことが予想されます。それに対し、「100万人に1人の「希少性」を持った人」は、オンリーワンの存在

となり、仕事に困ることはありません。

　「100万人に１人の希少性なんて自分にはない」と思うかもしれませんが、「クレジットの三角形」の考え方を採用すると、多くの人が100万人に１人の存在になれるのです。その方法は、人生で３つの専門性を身に付けることで手に入るのです。
　多くの人は20歳前後から社会人としてのキャリアをスタートさせるでしょう。
　20代で最初のキャリアをスタートさせたら、その部門で必死に働き、１万時間を費やしその分野で「100人に１人」の存在になります。

　次に30代で２つめのキャリアに移行し、その分野でも１万時間をかけて「100人に１人」の存在を目指す。これで２つの専門性を持つ、100×100＝1万人に１人の存在になったわけです。

　さらに、40代で、過去の２つのキャリアから、できるだけ大きく離れた、周囲が「エッ！！」と驚くようなキャリアチェンジをします。まさにジャンプです。

　そして３つ目のキャリアでまた１万時間を投入し、100人に１人の存在になる。

　１つ目と２つ目のキャリアが三角形の底辺に、そして３つ目の大ジャンプが三角形の頂点になるのです。
　３つ目のキャリアが、先の２つのキャリアから離れていれば離れているほど三角形の面積が大きくなり、希少性が高くなるのです。

　これで、100×100×100＝100万人に１人の希少性を身に付けた存在に

なるというわけです。

　藤原さんはリクルート営業が１つ目のキャリア、リクルート流マネジメントが２つ目のキャリア、そして公立中学校の校長先生という大ジャンプを行い、「クレジットの大三角形」を構築したのです。

　今では「教育改革実践家」という、唯一無二の肩書を持ち、日本中から引っ張りだことなっています。

　私の大三角形は、「翻訳会社の営業」が１つ目のキャリア、「翻訳会社のマネジメント」が２つ目のキャリア、そして「プロブロガー」で大ジャンプ、まさに周囲が「エッ！！」と驚くキャリアチェンジを果たしました。ですから、会社員時代は、できるだけ多くの仕事を経験しておいた方が良いと私は考えます。
　どんな仕事も、独立した後に必ず役に立ちます。

三角形のクレジット

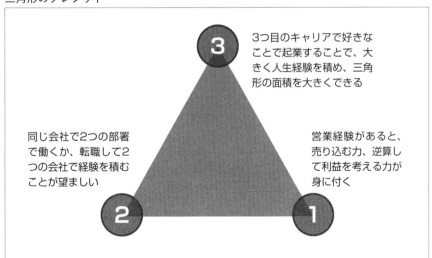

3つ目のキャリアで好きなことで起業することで、大きく人生経験を積め、三角形の面積を大きくできる

同じ会社で2つの部署で働くか、転職して2つの会社で経験を積むことが望ましい

営業経験があると、売り込む力、逆算して利益を考える力が身に付く

1章　自分でビジネスを立ち上げる働き方──起業とは？

本業に関係ない、などと言って仕事を断ってはもったいないのです。

　私自身、機械が好きだったこともありますが、営業の本職とは関係のないサーバの構築やホームページの立ち上げ、さらには翻訳会社でのDTP業務の経験などが、すべて独立後に活きています。

　会社を変わる転職が必要とは思いませんが、社会人経験を十分に積んでから起業した方が成功の確率は高くなるのではないかと思います。

15 法人化する? 個人事業主?

　独立・起業するとき、大別して2つの形態から、どちらかを選ぶことができます。

　1つが「個人事業主」としての働き方、もう1つが「法人化」して会社を作って働く方法です。

　それぞれに特徴とメリット、デメリットがありますが、私は身軽な個人事業主としてのスタートをオススメします。

　個人事業主としてビジネスをスタートする場合、所轄の税務署に「開業届」を提出するだけで手続きは完了します。費用もかかりません。

　開業届というと、準備が大変かと想像する人もいるかもしれませんが、極めて簡単な書類です。提出も形式的で、5分もかからず終了します。

　それ以外はビジネスを始めるのに必要な書類や手続きはありません。

　一方、法人を設立するとなると、個人事業主のようにはいきません。

　法人には「法人格」という、人格が必要になります。

　我々人間には一人ひとり「人格」がありますが、法人にも同様に「人格」が与えられるのです。法人を設立する場合は、たとえひとり企業であっても、個人と分離した、新しい「法人格」が発生することを意味します。分かりやすくいうと、法人は社長が交代しても存続することを前提として設立されるため、設立者個人とは切り離して運営される前提になっているということです。

81

会社は公的な存在として設立されるのです。

そのため、会社を設立するためには、定款を作成し公証人の認証を受け、法務局に登記する手続きが必要となります。

手続きをスムーズに行うため、専門家である行政書士に委託することもあります。

行政書士に支払う費用、公証人の認証にかかる費用、登記の際の印紙代、法人用の印鑑などの費用が発生します。

法人には合同会社と株式会社がありますが、設立費用は合同会社で10万円強、株式会社で25万円以上がかかります。

また、法人は設立後も毎年決算を行う必要があるほか、社名や事業内容が変更になったり、移転したときなども、毎回定款を改訂する必要があり、その都度費用がかかります。さらに、個人事業主は赤字の場合税金は発生しませんが、法人の場合赤字でも7万円の法人税を払わなければなりません。

個人事業主なら、ビジネスを維持・運営していく手続きにかかる費用はほとんどありません。年に1回の確定申告も、今はクラウド会計ソフトを活用すれば自分で行うことができます。

Freeeというクラウド家計ソフトは個人事業主向けのスタンダードプランで年額26,000円程度（2022年4月現在）です。法人の決算はほとんどの場合税理士にお願いする形になり、費用は安くても10万円以上かかります（会社の規模や税理士事務所によって金額は大きく変わります）。

開業当初は売り上げも不安定でできるだけコストは抑えたいでしょう。**なのでスタートは個人事業主で身軽に、というのが私の考えです。**

　では、**個人事業主から法人化するタイミングはどんなときでしょうか。**

　私は、法人化のタイミングには、売上面と社会的な信用面の2つからタイミングを見ることが大切と考えます。

　個人事業主は、売り上げが1,000万円を超えた2年後から消費税を支払う義務が発生します。

　法人は設立後2年間消費税の支払いが免除されますので、個人での売り上げが1,000万円を超えたタイミングで法人化すると、2年間消費税を支払わなくて済みます。

　ビジネスが軌道に乗ると売り上げが伸びますが、売り上げが伸びれば必要となる経費も大きくなっていき、お金の動きが激しくなります。

　銀行などから融資を受けたい場合、個人事業主より法人の方が融資を受けやすくなります。

　また、取引先が法人の場合、「個人事業主とは取引をしない」会社もあり、社会的信用の面では法人が有利となります。さらに、売り上げが大きくなっていくと、個人事業主より法人の方が税金面で優遇される、つまり節税効果が大きくなります。

　それらを考慮すると、売り上げが1,000万円を超え続けるメドが立った時点で法人化を検討すれば良いのではないかと思います。

　私自身は2011年4月に個人事業主として独立し、3年強個人としてビジネスを行った後、2014年6月に最初の株式会社を設立しました。このときは行政書士に委託せず、定款の作成、公証人の認証、法務局への登記もすべて自分で行いました。

　すべてを自分で行った理由は、先に起業していた友人が「自分でやると、

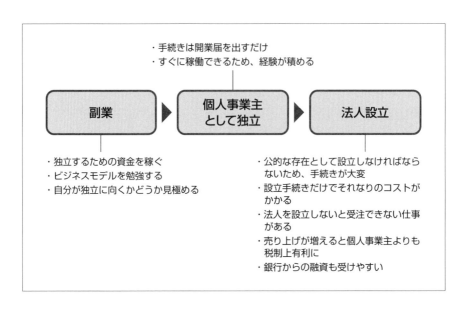

大変だけど仕組みが全部分かるから勉強になるよ。できないほど大変ではないからトライしてみたら？」とアドバイスしてくれたからです。

　実際すべてを自分でやってみて思ったことは、「予想したほど大変ではない」でした。

　2014年当時でも定款のテンプレートはネット上から無料でダウンロードできましたし、書き方もたくさんネットから学ぶことができました。
　ネットにあった無料情報と、会社設立に関する本を1冊購入し熟読しただけで、手続きはスムーズに進みました。大規模な会社を設立する場合は別として、ひとりビジネスで起業するなら、定款を手作りしたり、公証人役場に自ら出向いたり、高額の収入印紙を買ってビックリしたりという経験も、学びとなり、楽しめるのではないかと思います。

　私は2019年に最初の会社を離婚に伴い元パートナーに譲渡し、個人事

業主に戻りました。そして2021年に2社目の株式会社を設立しましたが、その際は行政書士さんに委託しての設立を選びました。

　「前回とは違う経験をしたい」と思って委託したのですが、ほとんどすべての手続きを行政書士さんが行ってくれるので、楽すぎてあっけなかったことをよく覚えています。

1章　自分でビジネスを立ち上げる働き方──起業とは？

16 誰にでもできるけど、ほとんどの人がやらないのはなぜなのか?

独立・起業は誰にでもできることです。

完全な起業でなく、週末起業や副業なども含めれば、さらにハードルは低くなるでしょう。

しかし、日本では起業する人の数は、とても少ないのが現状です。

中小企業庁の調査によると、2015年の日本の開業率は5.2%であるのに対して英国は14.3%、フランス12.4%と大きく差が出ています。

開業率の国際比較

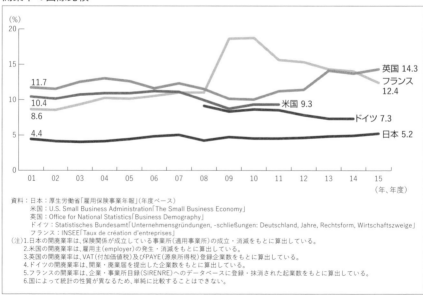

資料：日本：厚生労働省「雇用保険事業年報」(年度ベース)
　　　米国：U.S. Small Business Administration「The Small Business Economy」
　　　英国：Office for National Statistics「Business Demography」
　　　ドイツ：Statistisches Bundesamt「Unternehmensgründungen, -schließungen: Deutschland, Jahre, Rechtsform, Wirtschaftszweige」
　　　フランス：INSEE「Taux de création d'entreprises」
(注)1.日本の開廃業率は、保険関係が成立している事業所(適用事業所)の成立・消滅をもとに算出している。
　　 2.米国の開廃業率は、雇用主(employer)の発生・消滅をもとに算出している。
　　 3.英国の開廃業率は、VAT(付加価値税)及びPAYE(源泉所得税)登録企業数をもとに算出している。
　　 4.ドイツの開廃業率は、開業・廃業届を提出した企業数をもとに算出している。
　　 5.フランスの開業率は、企業・事業所目録(SIRENRE)へのデータベースに登録・抹消された起業数をもとに算出している。
　　 6.国によって統計の性質が異なるため、単純に比較することはできない。

(参照) 中小企業庁　https://www.chusho.meti.go.jp/pamflet/hakusyo/H29/h29/html/b2_1_1_2.html

起業無関心者の割合の推移

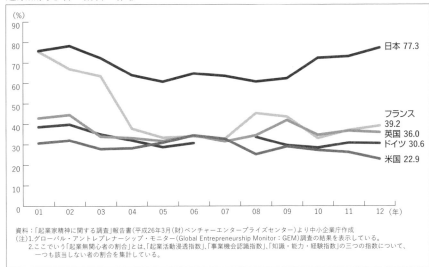

資料：「起業家精神に関する調査」報告書（平成26年3月（財）ベンチャーエンタープライズセンター）より中小企業庁作成
（注）1.グローバル・アントレプレナーシップ・モニター(Global Entrepreneurship Monitor：GEM)調査の結果を表示している。
　　　2.ここでいう「起業無関心者の割合」とは、「起業活動浸透指数」、「事業機会認識指数」、「知識・能力・経験指数」の三つの指数について、
　　　　一つも該当しない者の割合を集計している。

（参照）中小企業庁　https://www.chusho.meti.go.jp/pamflet/hakusyo/H29/h29/html/b2_1_1_2.html

　また、同じ調査では、「起業に無関心」と答えた人の比率は米国が22.9％、英国36％、フランス39.2％なのに対して日本はなんと77.3％と、3/4もの人が起業に無関心と答えたとのこと。

　なぜ日本ではここまで起業に後ろ向きなのか。
　私は2つの理由があるのではないかと考えます。

　1つは日本の教育の問題。
　欧米、特にヨーロッパでは子供の頃からお金について学び、高校や大学でも「自分の力で考える」ことを中心に学んでいきます。
　その結果、自分の力で仕事をする、つまり起業マインドが発達しやすいのではないかと推測します。

　ヨーロッパの人たちは自主独立意識が強い。

1章　自分でビジネスを立ち上げる働き方──起業とは？

自分の個性を大切にし、他人と同じであることを嫌う傾向があります。そのため、自ら起業する方向に進むのだと思います。

　一方、日本の戦後教育は詰め込み・暗記優先で、「考える」教育はされてきていません。また、同調圧力が強く「みんなと同じであること」「命令や指示に従うこと」が美徳とされてきました。私は大学時代に第二外国語でフランス語を学んだことがきっかけで、フランス語教室に通っていた時期がありました。

　その教室の先生はフランス人だったのですが、彼が日本とフランスの文化の違いをこんなふうに教えてくれたことをよく覚えています。

　「歩行者の信号が赤信号だけど目の前の車道は狭く、車は１台も来ない。そのとき、日本人はルールを守って立ち止まっている人がほとんどで、信号を無視して渡る人は非難される。一方フランスでは、車が来ないのにぼーっと立ち止まっている人はほとんどおらず、みんな『自分の判断』で『安全』と思ったらさっさと渡る。そして、ルールを守ってぽーっと立っている人間を『間抜けでのろま』と馬鹿にする。たとえルールがあっても、ルールより自分の価値観や判断が優先する、というのがフランス人の考え方だ」という話でした。

　日本人の子供たちはルールに従うことを教え込まれ、自分の考えを表明するより、ひたすら暗記してテストで良い点を取ることが「頭が良いこと」と教えられて育ちます。
　一方、欧米の子供たちは「自分の意見や考えをはっきり述べる」ことが何より大切で、意見がない人は「存在しないのと同じ」と考えて育つ。

　日本には「出る杭は打たれる」という言葉があります。
　「皆と違うことをして目立つと叩かれる」という意味です。起業してビ

ジネスを成功させるためには、他の人とは異なる、オリジナリティーが求められます。

　一言で言えば、「皆と違うことをして目立たないと食べていけない」ということです。

　子供の頃から考えることを学ばず、他人と同じことをし、ひたすら暗記をして大人になった日本人に、突然「みんなと違うことをして目立て」と言われても、どうしていいか分からないというのが実情ではないでしょうか。

日本人に起業マインドが根付かないもう1つの理由は、高度経済成長期からバブル経済の時期までの日本人の成功モデルが「エリート　サラリーマン」だったからではないかと思います。

　戦後の日本は焼け野原からの復興、そして高度経済成長期に大きな発展を遂げたわけですが、その成長を牽引していたのは大企業と、そこに勤めるサラリーマンでした。

　「1億総中流」という言葉が生まれ、終身雇用制度と年功序列、そして高い銀行金利に支えられ、「立派な会社に勤め、出世して定年まで勤めあげる」ことが良いこととされてきました。今の現役世代の親たちは、まさにその世代を生きた人たちなのです。

　子供は親の価値観の影響下に置かれ育ちます。

　私の同世代の人でも、フリーランスや経営者の親を持つ人は、自然と同じようにフリーランスや経営者になっています。一方公務員や会社員の家庭で育った友達は、同じように公務員やサラリーマンになっている人が圧倒的に多いです。

もともと独立・起業マインドが育ちにくい教育をされている上、多くの家庭が親がサラリーマンという環境だと、なかなか起業マインドが育たないのではないかと考えます。私はというと、両親はともにミュージシャンでフリーランス、そして母方の祖母は音楽教室とミュージシャン向けの貸しスタジオの経営をしていました。

　両親は私が小学生の頃に、西麻布の交差点近くにピアノバーを開業し、経営を始めました。父方の祖父は日本画家で、自宅の一部を大学生向けの下宿にして貸し出し、やはり大家さん業を行っていました。

　両親も祖父母も皆個人事業主で、会社員や公務員は1人もいませんでした。
　そのような環境で育ったので、自然と独立・起業に対しての備えができていたのかもしれません。

　しかし、人間は後天的に学ぶことができる生き物です。
　家庭環境が起業マインド豊かでなくても、本人が「起業したい」思うなら、学んで成長することで、起業は実現できると思います。

　20世紀と比べ21世紀は圧倒的に起業しやすい環境になっています。
　起業したいけれど踏ん切りがつかない、という方は、もったいないので、ぜひチャレンジしてほしいと思います。

2章

起業に
必要なものとは？

17 好きなことは どうやって探す？

　「まだ好きなことが見つかっていないけれど、好きなことを仕事にしたい」という方は、まず何でもいいので試しにやってみることが大切です。

　何も実行しておらず頭の中だけでイメージしている段階と、毎日実際に実行している段階は、明らかに異なります。

　いくら好きなことだと思っていても、来る日も来る日も繰り返し同じことを続けることが嫌にならないか、やってみないと分かりません。

　たとえば、私は料理を作ることが好きですし、食べることも同じぐらい大好きですが、調理人を目指そうと思ったことはありません。

　なぜなら、プロの調理人になれば、「自分が食べたいもの」を「食べたいときに作る」のではなく、「お客様からのオーダーの品を毎日一定のクオリティーで作り、提供し続ける」ことが仕事になるからです。

　たとえ「今日は胃がもたれているからあっさりしたものが作りたいな」と思ったとしても、お客様から「トンカツ」のオーダーがあったら、きちんといつもどおりのクオリティーで提供するのがプロの仕事です。

　私にはとてもプロの調理人は勤まらないと思い、自分や家族、仲間のために料理を振る舞う程度にとどめています。

　好きなことを見つけるにあたっては、いくつかポイントがあります。
　1つは、好きなことと儲かることの間に「ブリッジ」をかけられるかを

探りながらやってみること。

　いくら好きなことでも、お金を稼ぐことがまったくできない分野では、仕事にすることができません。

　しかし、現代はあらゆることがネットと接続することによりキャッシュポイントを生み、ビジネスができる可能性もあるのです。

　先ほどの料理の例でいうと、僕と似たようなスタンスの人は、料理教室を開いたり、会員制にして特定の日だけオープンする、クローズドなスペースで、お客様と一緒に自分も食事やワインを楽しみつつ、料金をもらって料理をビジネスにしている人がいます。

　自分がこれからやろうとしていることは、どうやってお金儲け、すなわちビジネスになるのか。周囲に同じことを既にビジネス化している人がいるなら、その人をお手本にすると良いでしょう。

　お手本になるような人がいないなら、それはビジネスにすることが難しいか、まったくのブルーオーシャンかの、どちらかです。

　「これかな？」と当たりをつけたら、とにかく動き出し、走りながら考えるくらいでちょうど良いでしょう。

　2つ目は、好きなことは「見つける」ものではなく、「出会う」ものだと僕は思っています。なので、1つのことにこだわったりせず、興味を引くことに次々と手を出してみることをオススメします。

　どちらかと言うと、1つのことだけで起業に到達するのは難しいかもしれません。

　収入源は複数あり、多角化されていた方が望ましい。

その点から考えても、興味があること、やってみたいことは、複数を同時に追求しながら進んで構わないし、むしろその方が望ましいのです。

　私の場合、会社員をやりながらブロガーとして独立したいと願うようになりました。
　当初イメージできていたキャッシュポイントは、ブログからの広告収入だけでした。
　ブログからの広告収入は、大別するとアフィリエイト広告と、クリック連動型広告になります。
　アフィリエイト広告はApple、Amazon、楽天、バリューコマース、リンクシェアなど複数社と契約していました。
　そしてクリック連動型広告はGoogleのアドセンスです。
　正直僕は、これだけでは収入源の分散が不十分で、多角化が足りないと感じました。

　また、自分のビジネスモデルとしても、ブログだけで活動するのではなく、より広い分野で活動したいと願うようになっていきました。
　そこで、書籍の出版、自主企画セミナーの開催、個人コンサルティングなどをビジネスに追加し、独立後はそれらの活動も視野に入れることにしました。

　ブログだけをビジネスにするなら、人前に出て登壇する機会もないでしょうが、セミナーを開催するなら、「書く」に加え「話す」も仕事になります。

　また、同じ「書く」仕事でも、ブログは「ネット」でのビジネスですが、出版は紙、つまりリアル世界でのビジネスですし、出版社や書店など、多くの方と関わる大きな仕事になります。

　ブログを始めた当初に、そこまでのイメージはとてもできていませんでした。

　実際ブログをスタートさせ、副業として少しずつ売り上げが立つようになり、ブログ仲間も増えていく過程で、既に出版している人がいたり、セミナーを開催している人がいたりして、情報を得たり刺激を受けたりしつつ、徐々に自分の「好きなこと」「やりたいこと」が拡大していったのです。

　今、時代は変化が激しいので、1つのビジネスモデルに固執していると、あっという間に変化の波に置いていかれます。

好きなことで稼ぐ

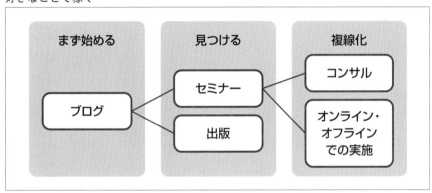

18 好きなことで稼ぐには どうすればいい?

　好きなことで稼ぐには、大きく分けて2つの方法があると思います。

　1つは、既に出来上がっているビジネスのプラットフォームを活用して稼げるようになる、という方法です。

　もう1つは、自らの「好きなこと」をオリジナルの商品やサービスとして開発し、それをネット上で様々な形で販売するという方法。

　前者の方が難易度が低く、後者の方が難易度が高くなります。

　それぞれ説明していきましょう。

　たとえば「文章を書くのが好き」と感じる人がいて、「文章を書くことでお金を稼ぎたい」と考えたとします。

　今はインターネット上に、文章をお金に変えるツールやサービスがたくさん用意されています。

　僕がブログをスタートし、収益化を考えたときに最初に取り組んだのが「アフィリエイト広告」でした。

　アマゾンのアフィリエイト広告サービスにアカウント登録をし、アフィリエイトの申請を行います。

　アマゾン側で審査が行われ、審査に合格すると、自分のブログで商品やサービスを販売できるようになります。

　後はブログに記事を書き、その記事に該当する商品のアフィリエイトリンクを埋め込めば、読者が購入してくれると広告報酬が僕のもとに入ることになります。

　具体的には、書評記事を書き、その本へのアフィリエイトリンクを記事

内に埋め込むことで、書評記事を読んでくれた読者の方がアマゾンへのリンクをクリックして本を購入してくれると、購入代金の数％が僕の広告報酬として後日支払われることになります。アフィリエイト広告はアマゾンだけでなく、様々な企業が広告を提供しています。

　アマゾンや楽天のように自社でアフィリエイト部門を持つ企業は少なく、多くの企業は「アフィリエイト・サービス・プロバイダー（以下「ASP」と呼びます）」と契約し、ASPがブロガーと契約する形になっています。
　このような形で、既に出来上がっている「稼ぐ仕組み」を活用すれば、「好きなこと」と「稼ぐ」を接続することが、比較的簡単にできます。

　アフィリエイト広告以外にも、「文章を書く」と「稼ぐ」をつなぐ方法はたくさんあります。
　たとえば、ブログサービスの「note」では、ブログ記事を有料で販売することができます。
　私もnoteに有料の継続課金マガジンを作り、有料コンテンツの公開を続けています。
　noteでは、記事の途中までを無料で読んでもらい、後半を有料にすることができるので、前半を呼んでもらって気に入った人が料金を支払うという形も可能です。
　1記事あたり100円〜10,000円まで価格設定が可能です。毎月500円のプレミアム料金を支払うと、私のような継続課金マガジンを設定できるようになるほか、有料記事の価格設定が50,000円までに上限がアップします。

　有料記事は売り上げの10％（継続課金マガジンは20％）がnoteの手数料となり、残りの90％が著者の売り上げとなる点にも注目です。書籍の場合の印税は、著者が8〜10％で残りが出版社という比率が一般的です。

しかしnoteの場合は90％が著者の収入になるので、書籍出版の10倍となります。

　たとえば印税率10％で1,500円の書籍が10,000部売れると著者への印税は150万円となりますが、noteの場合1,000回売れると150万円となるわけです。

　書籍の原稿は10万字程度必要なのに対して、noteの記事なら2〜3万文字もあれば十分と考えると、費用対効果は高いと考えられるかもしれません。

　ただし、noteの場合、出版社のように広告・宣伝をして販売の後押しをしてくれませんので、自力で売る必要が出ます。

　ほかにも、アマゾンでKindle出版を自分だけで行うことが可能です。Kindle Direct Publishing（KDP）という手法を使うことで、誰の手も借りずに電子書籍を出版することが可能となります。KDPの仕組みと価格について詳細な説明は割愛しますが、KDPの強みはKindle Unlimitedに入れることで多くの人に読んでもらえる可能性が出ることと、Amazonの検索に引っかかるような魅力的なタイトルにすれば、検索結果から読んでもらえる可能性も高いことなどが挙げられます。

　「文章を書くのが好き」な人が、いきなり「商業出版」に至るのにはハードルが高いかと思います。コツコツブログを書きアフィリエイト広告で少しずつ稼ぎ、noteやKDPなども活用してマネタイズをしつつ、商業出版ができるような実力をつけていくことで、やがては「書く」で「稼ぐ」の王者ともいえる、商業出版に到達できるのではないかと思います。

　一方、「書く」を「稼ぐ」に結びつけるとき、まったく異なる自分だけの方法を採用することもできます。

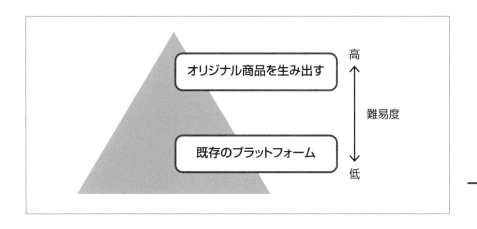

　自分が書いた文章をPDFファイルにし、有料で販売することができます。
　支払い方法をPayPalや銀行振込等に設定し、自分のブログやメルマガ経由で、必要な人に向け告知していきます。

　購入のお申し込みがあったら、お支払い手続きの方法が記載されたメールを返信し、入金があったらPDFを送付する形で取引が完了します。
　この方法を採用すると、プラットフォームへの販売手数料などを支払わず、売り上げのほぼ全額を自分の収入とすることができます。
　ただし、この方法の弱点は、誰もあなたの商品を告知・宣伝してくれないので、すべて自分で広報・宣伝していくことが必要になる点です。いずれにしても、既存のプラットフォームを活用する方が難易度が低く始めやすいのが特徴です。
　まずはハードルが低く始めやすいことから小さくスタートさせ、実力をつけつつ、徐々に難易度が高いことにチャレンジしていくのが良いと思います。

19 好きなことを生活・仕事に組み込み毎日続ける

私は３つの領域が融合している人生がもっとも望ましいと思っています。その３つとは、「仕事」と「遊び」と「生活」です。

私は自宅で仕事をしますので、この３つが完全に融合しています。

たとえば、今この本の原稿を書いていますが、この項目を書き終えたら、その後は「ゴミ出し」と「家の掃除」の時間になります。本の原稿の執筆は「仕事」ですが、ゴミ出しと家の掃除は「生活」に分類されると思います。

しかし、自分の仕事場を整えることは、仕事という捉え方もできるかもしれません。

また、午前中の仕事の合間に毎日ストレッチと筋トレを行う習慣にしています。

仕事場に可変ダンベルとベンチプレス用のベンチ、それにヨガマットを置き、日々取り組んでいます。ストレッチと筋トレは、趣味（遊び）ともいえますし、仕事を効率化するための取り組みと思えば仕事ともいえる、また健康な身体作りは「生活」の一部という考え方もできるでしょう。

筋トレの後は近所をランニングします。

運動によって引き締まった身体を維持することは健康管理であり、生活なのかもしれませんが、私はダイエットの本も出版していますしダイエットセミナーも開催していますので、仕事でもあります。

ランニングから戻りシャワーを浴びたら昼食を作って食べます。

　食事を作って食べることは「生活」となりますが、私にとって料理を作ることは趣味でもあり、またブログに記事を書けば収益源となる仕事でもあります。

　このような形で私の1日は、仕事と遊びと生活が融合し、進んでいきます。

　このようなライフスタイルを構築するにあたり、大切なことが2つあります。

　1つはコツコツと一歩ずつ、「やりたくないことをやらない」生活にしていくこと。

　もう1つは、「1日が終わるたびに、一歩ずつ自分が進化するようなライフスタイル」にすることです。

　たとえば、私がやりたくないことの1つに「夜更かし」があります。

　夜更かしは、刹那的には魅力的な時間なのですが、翌日のパフォーマンスがガタ落ちになります。なので、夜更かしをしないように、スケジュールをうまく組んでいくことが大切。夜の会食は1ヶ月に2回程度まで減らし、その他はランチや午後の時間帯に会食するようにしています。会食の回数自体も、週に2回までに抑え、それ以外の日は自炊です。夜には打ち合わせやセミナーなども入れず、早くリラックスして眠るように心がけます。また、夜に早く眠くなるよう、日中にできるだけたっぷり運動をして，身体をがっつり疲れさせることもポイント。

　早寝早起きして8時間しっかり眠ることで、翌日も1日をフルパワー、ハイパフォーマンスで過ごすことができるのです。

　もう1つの大切なことは、「昨日よりも今日、今日よりも明日、ちょっ

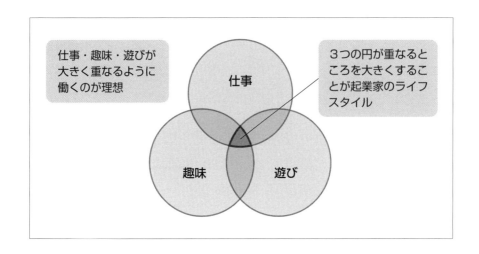

仕事・趣味・遊びが大きく重なるように働くのが理想

3つの円が重なるところを大きくすることが起業家のライフスタイル

仕事

趣味

遊び

とずつで良いから自分が進化して1日を終えられるような日常にする」ことです。

　我々は生まれた日から、1人残らず全員が、人生を終える日に向かい、一歩一歩長い旅を続けています。いつが人生最後の日になるかは誰にも分かりませんが、それまでの残された期間に、どれだけ自分を高めることができるか。

　それこそが人生を生きる意味ではないかと私は考えています。

　なので、無為に1日を過ごすことがないよう、ダラダラと何もせず1日を終えてしまうことがないように心がけています。

　私のライフスタイル＝ワークスタイルは、自由度が非常に高いのです。

　極端な話、1日ゴロゴロ過ごそうが、朝から酒を飲みダラダラしていようが、誰にも迷惑をかけることもなく、すぐにお金がなくなるわけでもありません。

　しかし、だからこそ、自らを律することが非常に重要になります。

　好きなことで毎日を埋め尽くし、嫌いなことを徹底的に排除する。

　その代わり、好きなことだからこそ、毎日コツコツと続け、精進し、自らを高め、習熟・上達させていくことが何よりも大切です。そのようなルーチンを構築し、実行しつつ自らを進化させていく。それこそがもっとも重要なことだと私は認識しています。

20 好きなことが続けられなくなったらどうすればいい?

　好きなことだけれども、続けることができない。そういったときは、どのように考えるか。私は2つの側面から捉えると良いと思います。

1つは「習慣力」が不足している場合。
習慣化が苦手な人は、「完璧主義」の傾向が強いように思います。

　私が主催するブログの塾で様々な人を指導してきましたが、挫折しやすい人は、頑張りすぎる人です。自分の中の合格点のハードルがとても高く、寝ないでブログを書いてしまったりします。ブログというのは、長く続けていくことが前提のメディアです。

　1回や2回ならまだしも、毎回ブログを書くたびに徹夜をしていたら、身体が持ちません。短期的には素晴らしいブログ記事を書けるのですが、緊張の糸が切れるように、ある日プツッとエネルギー切れになり、そのまま挫折してしまうのです。

　一方習慣化が得意な人は、「適切な負荷を自分にかけつつ適度に手を抜く」ことが上手です。習慣化が上手な人は、ほどよく負荷をかけつつ、でも負担にならない範囲を認識するのが得意です。楽々できるレベルよりは少し難易度を上げつつも、歯を食いしばって必死になるようなレベルまでは難易度を上げない。このさじ加減が分かるようになると、習慣化はどの分野でも、何においてもできるようになります。

僕がこの感覚をつかんだのは39歳から40歳にかけてでした。

当時僕は、ブログ、ランニング、ダイエット、読書を同時並行で習慣化することができ、いまだに継続しています。それ以前は何をやってもうまく継続できなかったので、このときにさじ加減が分かったのがラッキーでした。なので、好きなことが続けられないという方は、「習慣化」の取り組み方に問題がないかチェックしてみると良いでしょう。

その際、取り組み方の問題と並行して、時間配分に無理がないかもあわせて確認しましょう。残業が多すぎて自分の時間が確保できていない場合など、そもそも好きなことをやる時間が捻出できないケースも多いのです。

1日24時間は、すべて何らかの活動がアサインされています。

眠っている時間は大切な「睡眠」に割り当てられていますし、仕事や家事、テレビを見ている時間など何かしらやっているわけで、「何もやっていない時間」はないのです。

新しく好きなことを始めるなら、代わりに何かを止める必要があります。私がブログやランニング、ダイエット、読書を習慣化したときは、思い切った対策を取りました。**自分の時間を確保するために、「残業」「テレビ」「職場の飲み会」をすべて追放したのです。**

ダラダラ居残る残業をすべて止め、帰宅後テレビは一切見ない。

なんとなくの職場の飲み会を断り、その時間をブログ執筆や読書に充てました。

自分の時間を3時間確保したいなら、その3時間分、何かを止める必要があります。

しかし多くの人は「始めること」ばかりに意識がいき、「止めること」をしないため、時間が確保できなくなって挫折するのです。

習慣力が不足	改善策
・ハードルが高すぎる ・時間が取れない ・ベネフィットばかり見ている	・ゆるく長く続ける ・新しく始める分、何かを止める ・本当に好きなことなのか 　しっかり考える。毎日続けられる 　ことなのかイメージする

　そして、「好きなことが続かない」理由にはもう１つ考えるべきことがあります。

　それは、「あなたがやろうとしていることは、本当に好きなことなのか？」を問い直すことです。好きなことが続かない場合、潜在意識側では「やりたくない」と捉えている可能性があります。いくら頭で「これが好きなことだ」と考えようとしても、それは思考で捏造されたものである可能性があるのです。

　私のところに、個人コンサルティングで相談に来る方の中に「プロブロガーになりたい」という方が時々います。

　「どのようなブログを、どれぐらいの期間書いているのですか？」と質問すると、「まだブログはやっていません」という返事の場合が意外に多いのです。

　まだ１記事もブログを書いていないのに、なぜプロブロガーになりたいと思うのか。

　それは、その人にとっては「ブログを書き続けることが好き」なのではなく、「自由で豊かなワークスタイルに憧れている」に過ぎません。プロブロガーになるなら、誰よりもブログを書くことが好きでなければなりません。

物事のカッコ良い面、憧れている側面だけを見て、「これが好きなことだ」と思い込んでいませんか？

私が高校生の頃にバンドブームがありました。多くの若者がバンドで活躍することを夢見たのです。

人気があるのはヴォーカルとギタリストでした。

ヴォーカリストは歌が歌えればなれますが、ギタリストはギターを弾けなければなりません。ギターが上手に弾けるようになるためには、毎日コツコツと、誰も見ていないところで練習を続けなければなりません。

弾けなかったフレーズが弾けるようになるために何日も繰り返し練習して、弾けるようになったことをひとり喜ぶこと。

練習自体が「何よりも楽しい」と感じられる状態にならないと、本当のギタリストにはなれません。スターになっていった人たちは、本当にギターを弾くことが好きだった。だからこそ地味で目立たない練習を楽しみながら続けられたのです。

一方多くの若者は、ギターを弾くという行為が本当に好きだったのではなく、カッコ良くステージ上でギターを弾き、女の子にキャーキャー言われる状態に憧れていただけだったわけです。だから続けることができなかった。

好きなことなのに続けられないなら、必ず続けられない理由があるのです。

その点にフォーカスしてみるのも大切なこと。起業してから「やっぱり好きなことではなかった」と気づく人の例を何度も見てきました。起業した後で軌道修正することもできなくはありませんが、やはり時間がもったいないと感じます。

21 起業に必要なお金はいくら?

独立・企業に先立ってどれぐらいのお金が準備できると良いでしょうか。**正直言って、お金は多ければ多いほど良いです。**

多くの経験者が語っていますが、独立したばかりの頃は、売り上げが不安定で収入が少ないことが多いのです。

蓄えがほとんどない状態で独立・起業してしまうと、資金不足に直面し、焦って活動することになります。

焦ると、中・長期的な視点が持てなくなり、目先のお金を求めて、本来自分がやりたいことと違うことに手を出してしまったりします。

その結果自分の軸がブレてしまい、さらに売り上げが上がりにくい状態になる、悪循環に陥ってしまうケースがあるのです。

具体的な金額は、持ち家か賃貸か、結婚しているか独身か、子供がいるかなどにより変わってきますが、「生活防衛資金」として毎月の生活費の**半年分から1年分程度確保できていると、安心ではないでしょうか。**

ただ、生活防衛資金を十分に確保できてから独立しようと考えると、タイミングを見失う場合もあるでしょう。**独立・起業にはタイミングと勢いも重要なファクターになります。**「今しかない!」と思うなら、資金が十分でなくても独立してしまい、「何とかする」という考え方で必死で稼ぐというのも1つの方法です。

我々はどうしても「正しい道を選択したい」と考えがちです。

起業スタイル

準備型	タイミング型
・生活費の半年分〜1年分程度 余裕を持つ	・資金に余裕があれば、好きなことで起業 ・余裕がなければ、仕事を請け負いながら、ライフワークを追求

しかし、独立・起業の場合、組織に勤めながら独立した後の世界をデザインしようとしても、なかなかうまく描けないのが実際のところ。

人から雇われて生きるライフスタイルと、雇われずに生きるライフスタイル、価値観や判断基準などが変わりすぎるので、独立してみないと分からない、ということがあまりにも多いのです。

ですから、「正しい選択をする」のではなく、「選択した道が正しかったと思えるよう、必死で頑張る」のが正しい判断です。**資金を準備するために独立が3年遅れるより、資金は足りないけれどタイミングを優先して独立し、必死に頑張る方が正しいかもしれません。**

私の場合は、「もう今しかない」という思いが強く、資金の準備よりタイミングを優先しました。勤務先の会社から退職金をもらい、それを資金としてスタートしました。

退職金は220万円ほどでしたが、その2/3は親の借金の身代わり返済をしていたローンの残金を完済するのに使ってしまったので、70万円ほどしか手元には残っていませんでした。

そこで私は、「自分のスキルすべてを現金化する」ことを目指し、ありとあらゆる「ライスワーク」を始めました。本当はブログの広告収益、書

籍の出版、セミナー開催などをビジネスの核にしたかったのですが、独立当初はまだ本は出せるメドが立っておらず、セミナーも開催できていませんでした。

そこで、Webコンサル、請負のライティング、パーソナルITコンサルタント、さらに前職の顧問（期間限定）などの仕事も並行して立ち上げ、とにかく売り上げを作るように奔走しました。

その結果、独立最初の月から会社員時代の給与とほぼ同額を稼ぐことができ、ホッと一息のスタートとなったのです。ただ、「ライスワーク」の比率が高くなりすぎ、請負の仕事が多忙でブログが書けない、という本末転倒な状況が生まれてしまいました。

ライスワークを頑張っている間に、電子書籍の出版のオファーがあり、ブログのページビューも伸びていました。独立から半年後、私は思い切って「ライスワーク」をすべて止めて、本業に賭けることにしました。

その結果、思う存分ブログを書く時間ができてページビューが大きく上がって広告収益も増え、セミナーの開催もスタート、年末には紙の本の出版が決まり、何とか年越しができることになったのです。独立の翌年2月末に電子書籍が出版され、6月には紙の本『ノマドワーカーという生き方』（東洋経済新報社）が発売され、おかげさまでヒット作となりました。

書籍がヒットしたおかげでセミナーの売り上げも大きく伸び、ビジネスが軌道に乗りました。独立した時点では、出版のメドはまったく立っておらず、広告収入も不安定、うまくいくかどうかはまったく分かりませんでした。でも、「うまくいくかどうか分からない」のは、誰でも条件は一緒です。

「結果としてこの道を選んで良かった」と振り返ることができるよう、必死に頑張るしかないのです。

22 オフィスは必要か?

結論から言えば、起業当初からオフィスを構える必要はありません。

今はパソコンとスマホがあれば仕事は何でもできます。

打ち合わせ、ミーティング等はオンラインで済ませましょう。

オフィスを構えれば、毎月家賃や光熱費が発生します。

家賃や光熱費は固定費と呼ばれ、削減が難しい経費になります。

起業したばかりの、売り上げが不安定な時期に、余分な固定費を抱えている状態は望ましくありません。できるだけ経費を圧縮し、小さく始めるのが起業のポイントです。

オフィスがないと仕事ができない、というのは思い込みが大半です。

僕自身、独立・起業して以来ずっと自宅を仕事場として活動してきていますが、困ったことは一度もありません。

時々、「自宅だとだらけてしまい仕事ができない」という意見を聞きます。

私は、それにはいくつかの有効な対策があると感じます。

「自宅でだらけない」ためのポイントですね。

まず1つは、自宅の中で「仕事をするスペースを明確に分ける」ことが大切です。

私は仕事場のデスク以外の場所では仕事をしません。

仕事をするのは、常に仕事場の自分のデスクであり、リビングの食事を

するテーブルで仕事をすることはありません。

ベッドルームへのノートパソコンの持ち込みは禁止です。

もちろん、お風呂場にパソコンを持ち込んで仕事をすることもありません。自宅であっても「ここは仕事をする場所」と定義しておくと、デスクに向かえば仕事モードに切り替わり、ダラダラすることはなくなります。

次に自宅でだらけないために大切なのは、朝起きたらちゃんと着替え、洗顔・歯磨きなど身支度を整えることです。

たとえ誰とも会う予定がない日でも、仕事をする前には身だしなみを整え、急に誰かが訪ねてきても大丈夫な服装に着替えます。

よそ行きの服装をする必要はなく、こざっぱりとした普段着で良いので、しっかりメリハリをつけましょう。

洗顔・歯磨きをし、仕事をする服装に着替えることで、自然とスイッチが入ります。

もう1つ、自宅で仕事をするのに有効なのは、朝のルーチンを決めておくことです。

朝のルーチンを決め、そのルーチンを実行した後で仕事に入る、という流れを決めておくのです。プロ野球の選手などが、バッターボックスに入る前に決まった動作を必ず行うのと同じです。

ルーチンを決めておくことで、自然とウォーミングアップになり、集中力が高まっていく効果があります。

たとえば、私の朝のルーチンは以下のようになっています。

目覚めたら寝室で以下を行います。

・睡眠アプリを止めてスクショを撮る

・耳栓と口テープを外す

・血圧と体温を計測してアプリに入力してスクショを撮る
・寝室と外気温、湿度を計測してスクショを撮る
・トイレに行く
・パジャマを脱いで裸になり、体組成計に乗って体重・体脂肪率などを測
　定し、記録をスクショに撮る
・洋服に着替える
・２Ｆに上がりキッチンでビタミンＣタブレットと粟国の塩を１つまみと
　一緒に水を飲む
・FacebookとTwitterに「おはよう」の書き込みをする
・豆からコーヒーを挽いて淹れる
・仕事場のデスクに座り、「早朝ひとり合宿」を行う
・アファメーションを行う
・マインドダンプを20〜25分行う
・自分会議を必要に応じて５分〜25分行う
・トッププライオリティタスク実行を５分〜25分行う
・日次レビュー＆デザインを行い、この日の予定を確定する
　これらのことを行いモーニングルーチンは終了です。

　この後は午前中の執筆タイムに入り、「日次デザイン」で決めた予定に
基づいて、執筆、企画、動画収録などの仕事をしていきます。

　昼には運動の時間があり、午後は執筆の日もあれば、個人コンサルやセ
ミナー開催の日もあります。

　このような形で「ルーチン」を決めておくことで、「ルーチンが終われ
ば仕事の時間」と自然に身体が覚えてくれます。
　私は滅多にありませんが、どうしても集中できないときだけカフェなど
で仕事をするなど、環境を変えてみるのも良いとは思います。

立花岳志の仕事部屋

　21世紀の独立・起業は、場所や時間にとらわれず働くスタイルが実現可能です。

　ぜひ、オフィスにこだわらず、自由な感覚で働くスタイルを身に付けてください。

23 一緒にやる仲間は必要か？

　私はビジネスはひとりで始めることが望ましいと考えます。

　誰かと一緒に始めることにはメリットとデメリットがありますが、最初から誰かと一緒に始めると、デメリットが大きくなると感じます。

　一番のデメリットは、お互いに依存しながらビジネスを立ち上げてしまうことです。

　人間は一人ひとり異なる生き物です。

　企画や方向性などが、完全に一致する人はいないでしょう。

　意見が衝突したり考え方の違いが露見したりし、軌道修正や妥協が必要になるでしょう。どのような形であれ、ひとりで進めるときとは異なる形に軌道修正されていくことになります。

　人間が妥協するときは、一番尖っている部分を「丸く無難に修正する」ことが多いものです。せっかく尖っているアイデアを、内部の人間との妥協のために無難にしてしまうのはもったいないことです。

　また、起業したばかりのときは、覚えなければならないことや、やらなければならないことが山積します。仲間と起業すれば、それらのやるべきことを分担することができます。**分担することは、一見良いことに感じるかもしれませんが、「経営者なのに知らないこと」が発生してしまうリスクが生じます。**

　会社が成長し売り上げが伸び、すべてをひとりで賄いきれなくなったと

きに、外部スタッフに業務委託したり、企業に外注することが出てくることはあると思います。

　たとえば事務手続きなど、「自分でもできるし、やり方も理解しているが、時間効率を考え外注する」ことは良いことだと思います。

　しかし、自分ではどうやっていいか分からず、すべてを外注に丸投げしてしまうやり方は危険だと思います。
　たとえばホームページの制作を、最初から全部外注することには私は反対です。

　なぜなら、自分でいじることができない状態で外注すると、その外注業者しかホームページをいじることができない状況が生まれてしまう危険性が高いからです。

　ちょっとした変更やアップデートのたびに外注業者に委託をし、そのたびに費用が発生する状況になってしまいます。
　すべてを外注するのではなく、自分でドメインを取得してサーバを契約し、ホームページを構築してみることをオススメします。

　外注するほどカッコ良くはできないかもしれませんが、自分で一通りやってみると、全体像が見えるようになります。

　全体像が見えると、どれぐらいの労力がかかるのかも見当がつくようになり、外注する場合もどれぐらいの費用が妥当なのかが分かるようになります。

　自分で更新ができる状態を作り、その上で手が回らない状況になったな

ら、手が回らない部分だけを外注するのです。

　その方法なら工数を把握した上で外注できるので、無駄な工数や費用を省くことができ、自分がアップデートできない、というような事態も防ぐことができます。

　仲間と一緒に起業する際のリスクには、役割分担や責任の所在が不明確になりがちという点もあります。

　2人で起業する場合、一番危険なのが、2人の責任の所在が同レベルになっているケースです。

　2人で起業する場合、必ずどちらかが代表となり、責任の所在を明確にするべきです。

　起業する時点では仲が良いからこそ、責任の所在を深く考えない人も多いのです。

　しかし、長く組織を運営していくと、意見の相違や方向性のズレなどが表面化することも多々あります。

　そのようなとき、一緒に起業した仲間と袂を分かつこともあるでしょう。

　一緒に立ち上げたビジネスを分けるとき、責任の所在はそのまま権利の所在にもつながります。

　「共同代表」というような曖昧な形にしていると、ビジネスを分けるときにトラブルになるリスクが高まります。

　代表者はあくまでもどちらかにし、残りのメンバーは代表のもとで働くという形にするべきです。

創業時の注意点

ひとりで創業	仲間と創業
・企画・アイデアを自分で考える ・自力をつける ・好きなことで起業する ・仕事の全体像を把握する ・外注する際もコストパフォーマンスを意識する ・プロジェクト単位の仕事を外部の業者やほかの起業家と行う	・複数で企画・アイデアを考える。丸くなりがちなので注意 ・コミュニケーションをしっかりとる ・最大公約数を取って起業 ・仕事の理解はどうしても部分的になる ・責任者を明確にしないと、ビジネス上のトラブルを解決できない

　このようなこともあるので、私はビジネスはひとりで立ち上げ、成熟した経営者となってから、他の経営者とプロジェクト単位でアライアンスを組むような働き方が良いと考えます。

　たとえば商業出版というビジネスは、著者である私ひとりでは完結できません。出版社の編集担当、営業担当、それにデザイナー、「取次」と呼ばれる問屋さん、全国各地の書店員の方などの力がなければ出版できないのです。

　しかし一方で、著者としての私の力量が足りなくて、1冊の本を書き上げる能力がなかったら、そもそも本を出すことは不可能です。

　著者としては一本立ちしている私がいて、さらにデザイナーとして、編集者として、皆さんがプロとして力を集めて1冊の本を作って売っていくのです。

　そのような形で、プロ同士、一人前になった人同士がタッグを組んで仕事を進めていき、案件が終わったら解散し、また別のプロジェクトを別のメンバーと進めていく。

　そのような、ネットワーク型の仕事の進め方が、これからの時代のひとりビジネスのあり方だと感じています。

24 人脈はどう築けばいい?

　私は「人脈」という言葉は好きではないのですが、独立・起業する上で、人とのつながりは非常に重要になりますので、好き嫌いは別として本書では「人脈」という表現を使います。本書を読まれているあなたが今会社員で今後独立を目指しているなら、新しい人脈が絶対に必要です。

　新しい人脈とは、あなたが今属している会社や組織の人間関係以外の、利害関係に基づかない人間関係です。

　新しい人脈は大別して2つ構築すべきです。
　1つは、あなたの師匠となりあなたを導いてくれる「メンター」です。
　そしてもう1つは、あなたとともに切磋琢磨しつつ学び、進化する「仲間」であり「同志」です。

　まずは、あなたが今後独立・起業してビジネスを構築していくにあたり、「メンター」としたい人を見つけましょう。この場合のメンターは、直接またはオンラインであなたに直接指導・アドバイスできる立場の人であることが必要です。

　従って、既に他界されている故人や、直接会うことができない立場の人はメンターに含めません。

　既に様々な学びを始めているなら、読書やセミナー受講などを通じて、「この人から学びたい」と感じる人がいるのではないでしょうか。学びた

いと感じた人がセミナーや個人コンサルティングなどをしているなら、まずは申し込んで参加してみることをオススメします。

できれば、複数名が受講するセミナーがベターです。
今はオンラインでの開催となっているセミナーも多いと思います。

セミナーに参加すると、それまで本やブログ・SNSなどでは感じ取れなかった、リアルな情報に触れることができます。

また、講師が発するエネルギーなど、言葉以外のパワーも受け取りやすい環境です。
セミナーは受身で参加せず、質疑応答時間に質問するなど、積極的に参加しましょう。

積極的な受講姿勢は講師の目に留まりますし、覚えてもらいやすくなります。
講師がFacebookを利用している場合、セミナーのお礼メッセージを添えて友達申請してつながりましょう（友達申請を受け付けていない講師もいるかと思うので、セミナー中に確認しておくとベターです）。

セミナーでは、グループごとのディスカッションやワークの時間があったり、オンラインの場合は、少人数で議論する時間が設けられていることもあります。

受講生同士は同じ講師に学びたいと感じている、価値観が近い人の場合が多いのです。

ですから、セミナーで同じグループになったり、懇親会で近くで話をす

121

人脈の構築方法

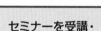・直接指導・アドバイスをしてもらえる立場の人
　　　　　　　　既に他界している人や、会えない人を選んではいけ
　　　　　　　　ない

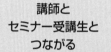・本やブログ・SNSなどでは感じ取れなかった、リア
　　　　　　　　ルな情報に触れることができる
　　　　　　　・講師が発するエネルギーなど、言葉以外のパワーも
　　　　　　　　受け取りやすい

講師と
セミナー受講生と
つながる　　　　・同じセミナーを受ける受講生は、似たテーマに関心
　　　　　　　　があったり、同じ悩みを抱えているケースが多いの
　　　　　　　　で、仲間になる可能性が高い
　　　　　　　・これからの活動のために、セミナー講師・受講生と
　　　　　　　　つながる

る機会があった受講生とは、講師と同じようにFacebookでお友達になる
ことをオススメします。

　そうすることで、今後切磋琢磨して高め合える仲間とつながることがで
きるでしょう。

　セミナーの講師や、同じセミナーに参加した受講生がタイムラインに加
わると、あなたのFacebookの情報は今までと変化するでしょう。

　同じ講師の別のセミナーにも参加し、さらに学びを深めつつ、受講生と
のつながりも増やしていきましょう。

　ベストの形は、連続開催形式の学びの場を提供している講師です。

　連続開催形式だと、受講生も顔なじみになり、絆が深まりやすいのです。

　メンターは1人だけに限定する必要はありません。

　複数の講師のセミナーに参加することで、異なるゾーンの人脈を構築す

ることができます。

　セミナーを受講したら、セミナー受講記をブログなどに書いて、SNSにリンクを張って公開することを習慣にするのです。学んだらアウトプットすることが重要です。

　「アウトプット勉強法」は「究極の勉強法」と言われるほど、身に付きやすいのです。

　学んだことをまとめて言語化するという作業は、記憶を定着させるだけでなく、「分かりやすく要約する力」が身に付きます。

　そして、不特定多数の第三者に向け、「分かりやすく説明する力」が身に付くブログは、究極の勉強法なのです。ただし、セミナー内容の公開を禁止している場合もありますので受講時に確認しましょう。

　話を元に戻しましょう。

　私自身サラリーマンから独立する過程で、複数のメンターのセミナーに通い、受講生ともどんどんつながっていきました。

　メンターからの学びを受講生同士でシェアする会を企画したり、受講生同士の飲み会で夢を語り合い、切磋琢磨したりしてきました。

　独立から10年以上経っても、当時の仲間との縁は続き、今もともに学び、ともに高め合う良い関係が構築できています。ともに学ぶ仲間の存在はとても重要です。

　ぜひ良い仲間を見つけ、切磋琢磨し合う関係を構築しましょう。

2章　起業に必要なものとは？

123

25 人脈は 何人くらい築けばいい?

人脈は多ければ良いというものではありません。

よく、異業種交流会などに参加し、名刺をやたら交換する人がいますが、名刺の数だけを増やしても、相手が何をしている人で、どのように共感したかなどの記憶がないようでは意味がないでしょう。

また、一部の人たちは、Facebookの友達を上限の5,000人に増やすように指導していると聞きます。こちらも面識がない人をひたすら友達に追加しても無意味だと私は考えます。

Twitterも同様で、フォローされたらひたすらフォローを返したり、手当たり次第フォローして、フォローバックしない人をアンフォローすることで、ひたすら相互フォローの人数を増やす人がいます。
自然体で活動した結果影響力が大きくなり、フォロワーが増えたなら良いのですが、不自然な活動をして人数だけ増やす行為は無意味ですので止めましょう。

では、どのような形が理想なのでしょうか。
前述したとおり、人脈には「メンター」と「同志」の2種類があると考えます。
メンターは多くても3人ぐらいが限界ではないでしょうか。
あまりあちこちの人に教えを乞いにいっても、消化不良になってしまいます。

　そして「同士」にも、「濃い」つながりの人と、「弱い」つながりの人が出てくると思います。

　何でも相談できるような濃いつながりの人は、そんなにたくさんはできないというのが私の感覚です。

　5〜6人から10人もいたら、かなり多い方ではないでしょうか。

　こちらも人数を増やすことを目指す必要はなく、濃い人間関係を構築できれば良いと思います。

　一方で、緩やかで弱いつながりの仲間は、多ければ多いほど良いと思います。

　ここで重要なことは、「緩やかで弱い」が、きちんと「つながっている」関係の仲間であるということです。

　冒頭に書いたとおり、異業種交流会などで名刺交換だけはしてFacebookでもつながったものの、相手の顔も覚えていないという状態は、「つながり」とはいいません。

　人と人の関係はときとともに移り変わっていくものです。

　ある時期とても親しくしていても、ときが流れお互いの立場が変化すると、緩やかに疎遠になっていくケースもあります。

　長く生きていると、交流関係は、地層のように積み重なっていくものだと私は考えます。私のFacebookは友達が見事に地層になっています。

　古くは幼稚園時代の同級生から小学校、中学校、高校、大学、そして会社員時代の社長や同僚たち、そして取引先の方々、さらには独立前後に仲良くしていたブロガー仲間、そして著者仲間やセミナーや講座の受講生の方たち、自分が受講した講座を一緒に受講した仲間、各時代の仲間たちとのゆるいつながりが、ずっと続いているのです。

2章　起業に必要なものとは？

地層のように積み重なっていく交流関係

起業時の仲間
副業時の仲間
社会人時代の仲間
大学時代の仲間
高校時代の仲間
中学校時代の仲間
小学校時代の仲間

　緩いつながりの仲間は、日常的に連絡を取り合うことはないけれど、お互いの活動をSNSで見ていて、ひそかに応援していたりします。

　そして、時々タイミングが来ると、久しぶりに連絡を取り合ったり、会って楽しい時間を過ごしたりします。

　それらのゆるいつながりが、思わぬところでビジネスのきっかけになったり、人と人をつなぐ媒介になったりするのです。

　そういったゆるくて弱いつながりを増やしていくことができるのが、まさにSNS時代の強みです。

　いろいろなコミュニティーに参加して、共通の仲間を増やしていくことには価値があると思います。

　たとえば、同じ勉強会に定期的に参加している仲間は、価値観が近く共通の話題も多いでしょう。

　単に名刺交換をしただけの人とは、共感するポイントの量や濃さが大きく異なってきます。

　同じ時期に共通の学びや体験をした仲間は、ときが経ってもその時期の共通体験を思い出すことができるため、記憶が色褪せません。

　むやみに人数を増やすよりも、価値観や考え方が近く、共感し合えるゆるいつながりを増やしていくことが大切です。

　後、SNSのつながりは、定期的にアップデートすることも大事になります。

　長くSNSを利用していると、一度会ったきり関係性が発展しない相手も出てきます。

　特にFacebookはクローズドなSNSでつながれる人数も限られます。

　私はタイムラインに流れてきた投稿を見たときに、その相手が誰だか分からなかった場合や、もう今後やりとりをすることがないと感じた場合は、メッセージのやりとりなどをチェックした上で、友達を解除することがあります。

　大人数のセミナーの参加者の方など、先方は私を認識していても、私が先方を認識していない場合もあるためです。

　Facebookはアルゴリズム的にも、頻繁にやりとりをしている相手同士がより多く表示され、やりとりがない人の表示はどんどん減っていきます。

　なぜつながっているのか分からない人とのつながりは解除し、新しいつながりを作っていくことも大切だと考えます。

26 資格は必要？

　独立・起業にあたり資格が必要かどうかは、あなたが始めようとしているビジネスの分野によって異なります。資格がないと開業すらできない仕事もあります。

　たとえば税理士や弁護士、司法書士、行政書士等の仕事をしたいなら、資格を取得することが必須となります。そういった仕事での独立・企業を目指すなら、計画的に勉強し、資格を取得してから開業する必要が生じます。

　しかし、そういった仕事はむしろ例外的で、大半の仕事は資格なしに始めることができます。資格がなくても始められる仕事に関しては、資格を取得するかどうかは個人の判断に委ねられます。

　今はあらゆる分野の仕事に関して、様々な資格が作られ、資格を取得するための認定講座も数え切れないほどあります。

　そのような資格は持っていれば肩書に加えることができるので、ブランド力になる場合もあるでしょう。
　しかし、資格を取得したからといって仕事になるとは限りません。

　私は何千人もの「自由な働き方をしたい」と夢を見る人たちを指導してきました。
　資格の取得にこだわる人の一定数は、資格の取得が手段から目的に置き換わってしまう傾向があります。

　次々と資格を取得し肩書は増えるのですが、なかなか起業できず、「資格コレクター」になってしまうのです。

　資格というのは、あくまで「その分野で一定の知識を持っています」という証明にしか過ぎません。

　特に現代は「協会ビジネス」と言われる手法が流行し、認定資格が乱立し、資格取得者も毎年どんどん増えています。

　協会ビジネスは認定講師を養成し、合格させることで商売になりますので、講座開催のたびに認定講師が増える、つまりライバルが増え続けていくのです。

　同じ養成講座を修了し認定資格を受けた講師は、同じ内容の講座を持つことになりますので、どんどんレッドオーシャン化していきます。

　資格を取得して教えることができるということと、ビジネスを立ち上げ軌道に乗せることはまったく別問題です。

　安易に「資格を取得すれば起業できる」と考えるのは危険だと思います。

　むしろ、「資格試験と養成講座を自らの手で作り上げる」くらいの姿勢で臨むと良いと思います。**どの世界でも、一番強いのは「ルールを決められる側」にいる人です。**

　スポーツの世界でも、ルールを決める立場の人たちに近い国や選手が優遇されることがあります。

　かつて冬季オリンピックのノルディック複合競技で、日本人選手が大活躍した時代がありました。しかし、ノルディック複合はヨーロッパで盛んな競技であり、日本ではマイナーな存在でした。

　競技が盛んだと、選手の人数も多く、審判団もヨーロッパの国々の人が

大半でした。

　日本人選手の活躍が続くと、それを快く思わない人たちが現れました。
　結果として、ノルディック複合は競技のレギュレーションが日本人選手に不利になるように改定されてしまったのです。
　ルールの変更により日本人選手は不利な立場に置かれ、ヨーロッパ選手に活躍の場を明け渡すことになってしまいました。

　いくら練習を積んでも才能があっても、ルールを決められる側にいない人は、立場が弱いのです。ビジネスの世界においてもその法則は変わりません。
　認定資格を取得するには養成講座を受講する必要があります。
　養成講座を受講する前に、基礎講座、中級講座などを受講して、ステップアップしないといけない構造になっている場合もあります。

　認定試験を受けるのにも受験料がかかり、合格すると認定料を支払う必要が生じる場合もあります。

　さらに、自分が教える立場になっても、教材費用や会費がかかったり、自分が集客したお客さんの受講料の一部を上納しなければならなかったりと、資格を作った協会に対して継続的にお金を払い続ける必要が生じます。

　また、多くの協会は、協会が認定した内容しか教えることを認めず、認定講師が自由に内容を変更したり、講座をアレンジしたりすることができなくなっています。

　そのような形だと、形式的には「独立・起業」しているように見えても、実際は協会の「駒」として活動しているに過ぎません。

　私はそのような形の起業より、自らがオリジナルの講座を作り、その講座を教える講師を育てる側に回ることをオススメします。

　当然他人が作った講座を教えるよりも、自らオリジナルの講座を作る方が難易度は高くなります。

　しかし、難易度が高い分、得られる物も多くなるのは、「ルールを作る側」に立てるからです。

　資格の取得にこだわるより、自らが資格を作り出す側に立つ方が、中・長期的に優れたビジネスモデルとなると考えます。

27 経験値は どうやって作ればいい?

誰もがスタート地点は初心者です。

初心者の状態からいかに経験値を積み上げていくかが大切になります。

経験を積むには、実際に仕事をしていくのが一番早道です。

しかし、一方で初心者には仕事があまり来ない、というジレンマも起こります。

そのジレンマを解消するために、戦略的に活動することが必要になります。

たとえば期間限定、もしくは数量限定で大幅に割引した価格で商品やサービスを提供するという方法があります。

セミナーや、個人コンサルティング、コーチング、カウンセリングなどの場合、「モニター価格」での提供という方法があります。

経験を積むために、一定期間、または人数限定で、格安の価格でサービスを提供すると決め、告知して募集するのです。

その際、「経験を積むのが目的なので、アンケートに回答いただける方限定」や、「ブログに『お客様の声』を掲載させていただく条件」などをつけることが望ましいです。

モニターの場合、価格は無料でも構いませんが、野次馬的な申し込みを避けるために、安価でも料金はもらう方がオススメです。

　十分な人数が集まるまで、モニター募集を告知し続け、経験を積み上げていきましょう。

　モニターセッションを行ったら、アンケートを記入してもらい、内容を改善するとともに、ブログやSNSなどに「お客様の声」の形で掲載していきましょう。

　この「お客様の声」は、あなたのサービスを客観的に判断する重要なツールとなります。サービスを提供する本人が説明するより、実際にサービスを利用した人の「口コミ」はこれから受講したい人の判断材料として最適なのです。

　多くの飲食店や宿泊施設などが口コミを重要視しているのも、客観的な第三者の声が信頼性を獲得するベストな方法と考えられているからです。

　価格を下げてたくさん経験を積み、お客様の声を公開するとともに、自分のサービスを改善し続けていく。

　これを繰り返し、経験を積み上げ、それとともに価格を上げていきます。**価格を上げることを決めたら、「次回から値上げをするので今回がこの価格での最後の提供です」という形で告知を行うのも良いでしょう。**

　値上げ前の最終回となると、多くの場合「駆け込み需要」が発生します。

　値上げ前に申し込んでおこうというニーズを汲み取ることができるのです。

　ただし、駆け込み需要を発掘すれば、値上げ後しばらくは申し込みが減ることを覚悟する必要があります。

　セミナーや勉強会なども、受講料を高くすれば人数が減り、安くすれば人数が増える傾向にあります。経験を積むことが目的の場合、ある程度受講料を安く設定し、多くの人に参加してもらうのが良いでしょう。

セミナーの場合も、大切なことは受講してくださった人たちに、アンケートに答えてもらうこと。特に改善ポイントについて建設的な意見をもらえるよう、アンケートの項目を工夫しましょう。

「どうすればこのセミナーがもっと良くなると感じるか」や「今後開催してほしいセミナーの内容はどんなものか」など、建設的な意見が集まる項目を用意するのです。

アンケートを用意すると、辛辣なことを書かれたり、低い評価に落ち込むこともあるでしょう。あなたを応援してくれる人は、建設的な意見を書き、盛り上げてくれる人たちです。厳しい意見でも、改善に役立つ建設的な提案なら積極的に受け入れましょう。

一方で、単に攻撃的だったり、辛辣なだけの悪意のあるアンケートは受け流すくらいでちょうど良いです。お客様の意見は大切ですが、初心者は辛辣な意見をもらうと、落ち込んでしまい、やる気がなくなってセミナーなどを開催ができなくなることがもっとも危惧すべきことです。

後、大切なことは、モニター期間は一定の期間、または人数をあらかじめ決め、その期限を経過したら必ず値上げをすることです。

モニター価格での提供を、期限を過ぎてもズルズルと続けてしまい、値上げのタイミングを失ってしまう人がいます。

戦略的に値下げしたはずが、結果として値下げしたままのダンピング販売となってしまうと、利益が確保できず、ビジネスを続けるのが難しくなります。

しっかりと利益を出し、ビジネスを軌道に乗せるためにも、モニター期間はズルズルと延長しない覚悟が必要です。

私自身、個人コンサルティングのビジネスを始めたとき、３ヶ月限定で

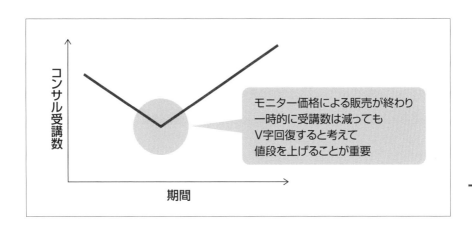

半額のモニター価格で提供をスタートしました。

　その結果、100人を超える申し込みがあり、3ヶ月待ちという状態になりました。

　モニター期間中にたくさん経験を積み、多くの意見をもらい自分の講座の改善をしていきました。3ヶ月が経過して、予定どおり価格を2倍に上げました。

　申し込みは一旦激減しましたが、半月もするとまた入り始め、軌道に乗ってきました。

　新しい事業を始めるときは、最初から大きな利益を出すことを考えず、まずは先に経験値を積む、「先出し」の精神が大切です。

　モニター価格でたくさんの経験と実績を積むことで、信頼感が生まれ、値上げしてもしっかりした対応ができるようになるのです。

28 ホームページ制作や支払い関係などはどうすればいい?

ビジネスをスタートするにあたり、準備すべき物がいくつかあります。
どのようなビジネスをするにしても、2つ共通して必要な物があります。

1つはインターネットにおける、情報発信の拠点です。
そしてもう1つが、個人にしろ法人にしろ売り上げと原価、経費を計算する経理の仕組みです。

情報発信の拠点というと「ホームページ」をイメージする人が多いかもしれません。しかし私は、ビジネススタート当初にはホームページは必要ないと考えます。ひとりビジネスの場合、ホームページは情報の更新頻度が下がり、放置されがちという問題が起こります。

情報が更新されないホームページには、価値がありません。
それであれば、しっかりとしたブログを用意すれば良いというのが私の考えです。
独自ドメインを取得し、WordPressでブログを構築するのです。
WordPressならデザインの自由度も高く、収益化も自在にできます。

そしてWordPressのブログに、しっかりと自分のプロフィールページと、自分が扱う商品やサービスの紹介ページを作るのです。
その上で、ブログに日々書きたいこと、発信したいことを書き綴っていきましょう。

ホームページと違いブログは日々更新することが前提のメディアです。

ビジネスと直結することも、そうでないことも、自由に発信していきましょう。

日々発信を続けることによって、あなたの存在感がネット上に高まっていくことが何よりも大切です。

プロフィールページと、商品やサービスの紹介ページは定期的に見直してアップデートしましょう。情報が古くなっていると、訪問した読者が「サービス内容も古いのでは」「きちんとビジネスが行われていないのでは」という不安を抱きます。

最低でも１ヶ月に１回は情報を更新するようにしてください。
ブログと並んでチャレンジしてほしいのがYouTubeでの動画発信です。

若い世代の人たちを中心に、テキスト情報にはまったく触れず、最初からYouTubeだけで検索をする人が増えています。

YouTubeはGoogleにより運営されているため、Googleの検索結果でYouTubeは上位に表示されます。

一方で、YouTubeの検索では動画しか表示されず、ブログやSNSなどの投稿は一切無視されます。つまり、YouTubeでしか検索をしない人は、動画以外のメディアは「なかったもの」と扱っています。

人気ユーチューバーを目指すという意味ではなく、あなたのビジネスについて紹介する場を動画メディアにも持つことが大切なのです。YouTubeはGoogle同様検索に強く、古い動画も検索によって見られ続ける傾向があります。ブログと並びYouTubeを発信の拠点とする体制を構築しまし

ょう。

　もう1つ、経理に関する体制を構築する必要があります。
　個人事業主の場合は確定申告、法人の場合は決算を行うため、売り上げ
と原価、経費などをきちんと計算し、計上する必要があります。
　ビジネスの規模が大きくなり法人化した場合などは税理士さんに委託す
ることになるでしょう。

　しかし、独立・起業したばかりで規模が小さい間は、クラウド会計ソフ
トを活用し、自分で経理する体制をオススメします。
　スタート時は、できるだけ何でも自分でやってみることが大切です。

3章

これからの時代を生きる
起業家のメンタル

29 覚悟は必要か

独立・起業するのに覚悟は必要でしょうか？

私は覚悟こそ独立・起業にもっとも必要なものと考えます。

では、どのような覚悟が必要になるか。

最大の覚悟は、「**二度と会社員には戻らない。絶対に起業で成功する**」という覚悟です。覚悟ができている人は、「二度と後戻りしない」姿勢で猪突猛進、どんどん前進していきます。一方、覚悟がない人は迷いの状態のまま独立してしまいます。

人は迷っているとき、「進む」方向と「戻る」方向にエネルギーが分散してしまっています。 独立後ビジネスが立ち上がるまでの期間は、とにかくエネルギーが必要です。

時間、体力、集中力、アイデアを全力投球してビジネスを立ち上げるのです。

そのようにパワーが必要なときに、「うまくいかなかったら会社員に戻りたい」というエネルギーが半分を占めていたらどうなるでしょうか。

当然、前に進むための推進力がなくなり、中途半端な力しか出すことができません。

中途半端な力でビジネスを立ち上げれば、中途半端な結果しか出ないのが当然。

中途半端な結果しか出ないと自信を喪失し、ますます「会社員に戻りたい」というエネルギーが強まってしまいます。

結果、せっかく起業しても結果を出せず、会社員に戻るという選択をす

起業に必要なもの

る人も多いのです。**私は独立・起業は、人によって向き・不向きの適性が
あると思っています。**

　また、その人が起業に向いているかどうかは、実際にやってみないと分
からない部分も多いのも事実。特に、会社員をやりながら「独立に憧れて
いる状態」だと、「起業こそが理想」と夢を描いていますから、本当に適
性があるかどうかは分からないのです。

　そのため、実際に起業してみたら不安ばかりが強くなり、夢を描くこと
ができなくなってしまう人がいるのは、仕方がないことだとも思っていま
す。
　起業してみたら自分が向いていないことが分かり、会社員に戻る選択を
した。
　その選択は、悪いことでも不名誉なことでもなく、「やってみたからこ
そ向いていないことが分かった」わけで、良いことだと思っています。

　ただ、「二度と会社員には戻らない」という覚悟ができない人は、起業
がうまくいかない可能性が高いのは厳然たる事実です。
　だからこそ、会社員をしつつ副業という形でビジネスを小さく始めて育

てる準備期間が必要だと私は考えます。覚悟の裏には「何とかやっていけるだろう」という自信が必要です。

　会社員をしつつビジネスを少しずつ育てられれば、それは実績になり、実績は自信をもたらします。私自身も会社員をしつつブログを育てることができたので、勇気を持って独立・起業し、「二度と会社には戻らない」と決意することができました。

　私が勤務先の会社に辞表を出し退職を決意したとき、ブログからの収益はまだ月額2万円程度しかありませんでした。

　「2万円の収入で独立を決意するなんて無謀すぎる」と考える人もいるでしょう。
　しかし、私はもっとも困難なことは「ゼロをプラス1にすること」だと捉えていました。

　本気でブログからの収益を追求し始めて数ヶ月で2万円を稼ぐことができるようになっていた私は、「これを20万円、いや50万円にすることは十分に可能」と考えました。会社員をしながら副業で2万円を稼げたからこそ、その実績が自信につながっていたのです。

　もう1つ大切な覚悟があります。
　それは、「時給仕事をしないこと」です。

　独立したばかりのときは、仕事が少なく売り上げも低いものです。
　つまり、暇でお金がない状態が続きます。

　時間を持て余すと、人は不安になるものです。

　そんなときに、駅前の牛丼屋さんの前をとおりかかると、「アルバイト募集」の貼り紙に目がいったりします。自宅で暇を持て余すなら、1日4時間でもアルバイトをした方が足しになるのではないか。そのように考えてしまう人もいるでしょう。

　しかし、**せっかく会社員を辞めて自由な立場になったのに、時給仕事をしたら、単に給料が安くなり立場が不安定になっただけで、時間で拘束され人から指示されて仕事をすることは変わらなくなってしまいます。**

　暇があるなら自分の本業を売り込むための営業をするとか、自分を磨き新しい企画を考えるとか、読書や動画で学び自己投資するなど、本業を磨く時間に使うべきです。

　本業と関係のないアルバイトをいくらしても、あなたの本業は磨かれることがありません。時給仕事で時間と体力を消耗し、本業に注ぐエネルギーが枯渇してしまったら、まさに本末転倒です。「本業と関係のない時給仕事はしない」という覚悟が大切です。

　私自身も独立当初は売り上げがギリギリの時期もありました。
　それでも、本業と関係のない時給仕事はしないと決めていました。
　その代わりに私は本業を多角化し、収入源を複数持つことに時間とエネルギーを費やしたのです。当時、駅前の牛丼屋の「アルバイト募集」の貼り紙に目が行ったことは事実です。

　しかし、そのとき私は「アルバイトをしようかな」と思って見ていたのではありませんでした。私は「**やるべきことを全部やり尽くしてもダメだったときには、最悪ここで稼ぐことができる。でも今はやるべきことが山ほどある。それをやり尽くすまでは絶対に時給仕事はやらない」**と決意を

3章　これからの時代を生きる起業家のメンタル

新たにしていたのです。

　覚悟をすると「ダメだったらどうしよう」という不安は遠のき、「うまくいくにはどうしたらいいか？」だけを考えるようになるのです。

　そして、「選んだ道が正しかったと思えるよう」にがむしゃらに頑張るのです。
　それが覚悟の力です。

30 会社に雇われるのが嫌だから起業は甘いのか？

今の会社に不満がある。雇われて働くのは嫌だ。

起業の動機として現状に対する不満が理由になるのはよくあることです。

私自身も「自分の名前で仕事をしたい」「すべてを自分で決められるようになりたい」という思いが、起業に対する大きなモチベーションの1つでした。

ただ、「何をするか」が決まっていないのに、「現状が嫌だから」という理由だけで起業することは避けるべきです。

これまでも何度か触れていますが、いきなり会社を辞め、起業する形はリスクが高く、望ましくありません。自分で起業して行う仕事にどれだけ情熱が持てるかを確認してから会社を辞める方が安全です。

起業というのは、あくまでも働き方の形態であり、中身は自分で作り上げなければなりません。

起業した後20年、30年とその仕事を続けていくだけの情熱と能力があるかどうか。

遠い未来を見通すことはできませんが、少なくともスタートダッシュできるだけのパワーとエネルギーが必要です。

「会社に雇われるのが嫌」というのは、現状が嫌であるというネガティブなエネルギーです。それが、起業して自分が作り出すビジネスに情熱があることは、イコールになるとは限りません。

ですから会社員時代に副業を始め、それを育てながら自分の情熱をチェックすることをオススメします。

　「二足のわらじ」状態になりますので、一時的に負荷が高くなりますが、その負荷に耐えられないなら、起業は向いていないかもしれません。

　副業が少しずつ育ち、その割合が大きくなっていき、「会社に行っている場合ではない」くらいに感じるようになってから独立・起業するのがベストです。

　それぐらいの状態になっていれば、売り上げも見えるようになって、「会社に行く時間がなくなればもっと副業にエネルギーを注ぐことができ、何とか食っていくことができるだろう」という自信が持てるようになります。

　生まれて初めて起業する人は、「ビジネスパーソンマインド」から「起業家マインド」に思考を切り替えることが大切です。

　このマインドの切り替えは、いくら本を読んだりセミナーを受講したりしても、実際にビジネスをやってみないことには切り替わりません。

　勤務先の会社を辞めてしまい、収入がなくなってからビジネスをゼロからスタートさせるのは、リスクが高いやり方です。

　収入がなければ貯蓄を切り崩すしかなく、「食べていけなくなったらどうしよう」という焦りの中でのスタートになります。

　私は自分も含め多くの人の起業をサポートしてきましたが、独立した初年度から黒字、つまり利益が出る状態で離陸できる人は少ないです。

　早い人で2年目、多くの場合で3年目で黒字転換できれば御の字という感じです。

　それはつまり、起業当初の約2年から3年は赤字でも踏ん張れるだけの体力が必要ということです。

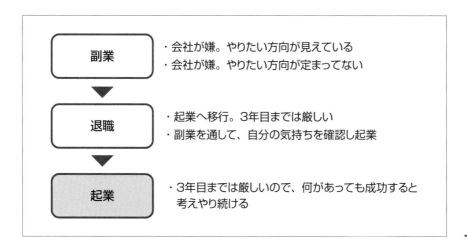

一旦下がった売り上げが、ビジネスモデルが整備されていくにつれ上昇に転じ、３年目くらいで会社員時代の年収を上回れば非常に良い形。

独立当初は不慣れですし、参入した業界での知名度、存在感も低いので、売り上げはなかなか上がりません。

そのような時期を乗り越えるためには、圧倒的な情熱とエネルギーが大切になります。

「このビジネスを軌道に乗せるんだ」という熱い思いが支えになるのです。

「雇われるのが嫌だから起業する」というマインドは、会社を辞めた時点で目標が達成されてしまっています。

独立後のイメージが鮮明にできていない人は、「会社を辞めること」が目標になってしまって、退職した時点で燃え尽きてしまう人もいます。

会社を辞めることはゴールではなくスタートです。独立してからが、長い「起業家」としての人生の始まりです。

「どんなビジネスをやるか」が明確であるならば「会社が嫌だから」と

147

いう理由もＯＫですが、ビジネスが明確になっていないなら、副業の形で
スタートして、自分に情熱とパワーがあるかをしっかり確認してからの方
が良いでしょう。

31 「起業したい!」が先でいいのか?何か好きなことがあって仕事にしたいが先でいいのか?

「起業したい!」という思いが先にあり、何をするかが後から決まるパターン。

一方、好きなことが先にあり、それを仕事にするパターン。

どちらが良いと決めつけることはできません。

ただ、どちらの方にも、メリットとデメリットがあると感じます。

まず、先に「起業したい!」という思いがあり、後からビジネスを決めるパターンについて見てみましょう。

このパターンの場合、「独立・起業」という形態が先に決まって、中身のビジネスモデルは後付けということになります。

ビジネスは商品やサービスなど価値を提供し、その対価を受け取ることにより成立します。

どんなに「起業したい」という思いが強くても、具体的に提供する商品やサービスが決まらなければ、独立することはできません。

そのため、具体的な商品やサービスが決まり、ビジネスモデルが出来上がるまでに、長い時間を要する場合があります。

実は私自身がこちらのパターンでした。

私は子供の頃から「大人になったら自分の名前で仕事をする」と考えていました。

高校生ぐらいまでは、自分もミュージシャンになるものと信じていましたが、私には音楽家としての才能も情熱も足りませんでした。

　大学は英文科に進み、フリーランスの翻訳者を目指しましたがこちらも挫折。

　結局、会社員として翻訳会社の営業の仕事につきました。

　ただ、いつかは独立したい、起業したいという思いは持ち続けていました。

　20代後半になると、私は小説家を目指し、執筆をスタートしました。そして、新人賞に応募したのです。

　当時、村上春樹や村上龍に憧れており、彼らが新人賞を獲得した「群像新人賞」に応募しましたが、一次予選にも通らず落選。

　次に応募先を「文藝賞」に変更して新しい小説を書きました。

　このときは、応募1,100作品の中で50作品に残ることができましたが、最終選考には進めず、やはり落選。

　私の名前と応募した小説のタイトルが「予選突破作品」として誌面に掲載されたことが唯一の勲章となりました。

　その後30代前半になってもう一作品別の新人賞に応募しましたが、やはり落選。

　結局、「文章を書いて、独立してフリーランスとして生きていきたい」という思いだけが先走り、「ビジネスにする」手段が見つかりませんでした。

　その後私は勤務先で昇進し仕事が忙しくなったり、結婚をしたりで、「起業したい」という夢を一時的にあきらめ、会社員としての仕事に没頭していきました。

　しかし世の中は大きく進み、インターネットが世界をつなぎ、ブログが

登場し、しかも「ブログで稼ぐ」という、それまでにはなかったビジネスモデルが生まれたのです。

　私は38歳にしてブログと出会い、その出会いが「文章を書いて、フリーランスで食べていく」という夢を実現させる原動力となったのです。

　つまり、私は先に「起業したい、フリーランスで生きていきたい」という思いがありつつも、食べていくだけのビジネスモデルを構築できずにいたわけです。

　結果として、「ミュージシャン→翻訳者→小説家→ブロガー」という変遷を経て独立・起業することができましたが、どんなに「起業したい！」という思いがあっても、ビジネスとして成立しなければ起業はできないということです。

　一方、好きなことが先にあり、それをビジネスにする場合も、メリットとデメリットがあります。好きなことがあっても、十分な能力と情熱がないと、ビジネスにはできない可能性が高くなります。

　また、あなたの好きなことが、ビジネスとして成立するのかどうかも問題になります。

　たとえば、ジグソーパズルが趣味という場合、ジグソーパズルに没頭することを、どうやったらビジネスにできるか、イメージできるでしょうか。

　ワイヤーアートやハンドクラフトなどなら、習いたいという人に教える仕事ができるかもしれませんが、ジグソーパズルだとどうでしょう。

　お金を払って「ジグソーパズルを習いたい」というニーズがなければ、マーケットが存在しませんので、仕事になりません。

3章　これからの時代を生きる起業家のメンタル

151

好きなことが先にある場合	起業したいが先の場合
メリット コンテンツが想定できるので、起業への道を考えやすい。	**メリット** 長い間、起業への思いを持ち続けることはできる。
デメリット 能力があるかどうか、また好きなことにニーズがあるか分からない。	**デメリット** ビジネスモデルができるまでに時間がかかる。

　「世界一速くジグソーパズルを完成させる人間」としてユーチューバーで売り出すという可能性はどうでしょうか？　大食い王のような人もユーチューバーとして成立しますから、絶対不可能ではないかもしれませんが、難しそうな気がします。

　また、本当に世界一速いのか、そこまで能力があるのか、なども気になります。

「好きなことで食べていく」「好きを仕事に」というフレーズをよく聞きますが、「好きだけでは仕事にならない」のも事実です。

　「好き」であることが、さらに「得意」であり、多くの人のニーズがあって「稼げる分野である」ことが同時に満たされないと、「好きなことで起業」は実現しません。

　そういう意味では、私が翻訳者や小説家になれなかった理由は、「好きではあったけれど、能力が十分ではなかったから」といえるかもしれません。

　このように、どちらのパターンにも一長一短がありますが、「起業したい！」「好きなことを仕事にしたい！」という情熱は必ず必要になります。

　どちらかの情熱が十分にあれば、あきらめずにチャレンジを続けることができます。

32 失敗は恐れなくてもいい とはどういうことか? 楽観的に生きよう

　独立・起業したなら、1つメンタリティーを変えることをオススメします。

　それは、失敗することを恐れない心構えです。

　組織に雇われて働いている場合、あなたは何重にも守られて仕事をしています。

　仮にあなたがミスをしたとして、そのまま会社の業績に大きなダメージを与えることは、まずないでしょう。

　単純なミスであれば、上司に口頭で叱責されるだけ。大きなミスでも、始末書を書けば済むことが、ほとんどです。

　ただ、上司や組織に守られているからこそ、「叱られたくない」「ミスをしたくない」というメンタリティーが働きます。

　組織内部で叱られることは、実は失敗ではありません。

　勤務先の会社の業績が落ちたり、社会的信用が失墜するような状態が本当の意味での失敗になります。 そのような大きな事態が、1人の担当者のミスで起こることは稀でしょう。会社という組織は、本当の意味の失敗が起こらないよう、何重にもリスクを回避する仕組みを作ってあるのです。

　会社員時代、大きいミスをして上司に叱られた上、上司と一緒に客先に謝りに行くことになったことがあります。

　上司が謝りに行くことで、組織としての謝罪と再発防止を表明し、顧客は謝罪を受け入れ、取引を継続してくれることになったのです。つまり、

上司が私を守ってくれたのです。会社はそのような形で、ミスの度合いにより謝罪に行く人をエスカレーションする仕組みを持っています。

　このように、組織は、失敗しないこと、ミスをしないことを前提に作られているのです。

　一方、独立・起業したら、あなたはすべてを自らハンドルすることになります。

　あなたの代わりに謝ってくれる人はいませんし、あなたの代わりに企画を考えてくれる人もいなくなります。組織の後ろ盾なく、マーケットと対峙するのです。

　ひとりで仕事をしていて、すべてが順調ということはありえません。

　ミスという意味ではなく、失敗は日常茶飯事になります。

　売り上げが思ったように伸びないとか、企画したサービスが期待したほど売れないなども、失敗に分類されるでしょう。

　しかし、自らビジネスを展開する場合、これらの失敗で挫けていたら、やっていけません。**独立・起業したら、「失敗」ではなく、「まだ成功していない」「成長の伸びしろがある」と考えましょう。**

　ビジネスに理想の状態というのはありません。常に未熟であり、逆にい

ブログでの失敗

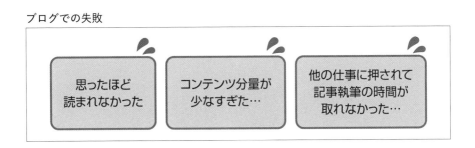

思ったほど
読まれなかった

コンテンツ分量が
少なすぎた…

他の仕事に押されて
記事執筆の時間が
取れなかった…

えば常に発展途上、伸び盛りなのです。

「昨日より今日、今日より明日」をより良くするために自分を磨き続け、チャレンジし続けるマインドが何より大切です。

発明王と呼ばれたエジソンの有名なエピソードがあります。エジソンが電球を発明しようとしていたときのことです。彼は電球のフィラメントに使う素材を開発しようとしていましたが、なかなかうまくいきませんでした。

毎回素材や製法を変えチャレンジするのですが、通電しなかったり、焼き切れてしまったりで電球がつきません。試行錯誤を続けた回数、なんと1万回。

後に電球の発明に成功した後で、新聞記者はエジソンにこう尋ねたそうです。
「なぜ1万回も失敗してあきらめなかったのか」と。
それに対してエジソンはこう答えました。「1万回失敗したのではない、電球がつかない組み合わせを1万回発明したのだ」と。

チャレンジすれば結果が出ます。結果が思うようにいかなかったら、別の方法を試すことになります。別の方法を試すとき、二度と同じやり方はしないでしょう。改善を繰り返せば、「うまくいかなかった方法」が蓄積されていきます。それは将来別の事業やビジネスの企画にも活かすことができるようになります。

ビジネスは常に、試行錯誤とチャレンジの繰り返しです。
1回目でうまくいってしまうと、チャレンジの回数が少なく、選択肢も

持てず、1つの成功体験に縛られてしまうリスクもあります。

　あるときはうまくいっていても、世界が日々進化していき、より優れた製品やサービスを提供する人が現れることもあります。

　そんなときは、改めて自らを磨き、チャレンジしなければなりません。

　一生試行錯誤を続け、チャレンジし続けることが大前提となるのです。

　「失敗」は、あきらめたときに確定します。チャレンジしているなら、「失敗」ではなく「まだ成功していない」であり、「チャレンジ中」であるということです。

　「楽観的」というと、現実を見ないとか、物事の良い面しか見ないという印象があるかもしれません。しかしビジネスの現場では、悲観的で良いことは1つもありません。

　常にチャレンジするスピリットを持つことは、物事を客観的かつ前向きに捉え続けることです。それを「楽観的」と呼ぶなら、起業家は楽観的であるべきだと私は思います。

3章　これからの時代を生きる起業家のメンタル

33 ハードルをどうすれば下げられるか?

起業するときは、それまでやったことがないことが目白押しで押し寄せてきます。

大きな変化は、仕事を与えられていた状態から、作り出す環境になることです。自ら動かなければ、何も始まらないということです。

たとえば、本を出版したいと思ったなら、どうすることが必要でしょうか?

売れっ子作家であれば、編集者が「こんな企画で本を書いてください」と提案してくれるでしょう。しかしあなたはまだ1冊も本を書いたことがない、無名の起業家。

無名の新人に企画を提案してくれる編集者はいないでしょう。

自ら率先して動き、企画書を書き、編集者にコンタクトを取り、プレゼンをする必要があります。初めて作った企画書が、1回でOKをもらえることは、まずありません。

ダメ出しを受け、修正し、ブラッシュアップしていくのです。

編集者からOKをもらったとしても、その後に営業会議、役員会議などで承認を得て、出版が決まります。

編集者からダメ出しを受け、「もうダメだ」とあきらめたら、ゲームセットです。

何度でもチャレンジし、ブラッシュアップし続けることが大切になります。

このように、出版に限らず、自ら動き続けるためには、活動のハードル

を下げることが必要です。

ハードルが上がる理由は、「完璧な状態でなければならない」と考えてしまうから。完璧主義は行動力を削ぎます。

最初から完璧な状態を目指すと、迷いが生まれ、不安になり「やめておこう」となります。

起業して成功しているのは、「圧倒的に行動量が多い」人です。

行動量を多くするためには、ハードルを下げなければなりません。

ハードルを下げるために大切なことは、「とにかくやる」ことです。

最初から100点を狙ってはいけません。30点くらいのラフな状態で構わないので、まずはやってみるのです。行動しなければ、いつまで経ってもゼロ。

30点のものが出来上がれば、0から30に結果がアップしているのです。

30点のものができたら、PDCAサイクルを回し「どうやったら60点にブラッシュアップできるか」を考えます。

60点のものができたら、「何点を取れば合格なのか」を考えます。

どんなものでも、完璧を求めると、かかる時間と労力が増えます。

70点のものを80点にする労力を1とすると、80点を90点にする労力は5、そして90点を95点にするなら10、そして95点を100点にするのに必要なパワーは100というイメージです。

完璧主義が顔を出すと、労力がかかりすぎ、行動力が落ちます。

資格試験などでも、合格ラインを見極め、合格ラインを突破すれば良いと考えれば効果的に学ぶことができます。

「全問正解しなければダメだ」と捉えてしまうと、難易度が上がり、勉強が過酷になります。

80点で合格なら、80点を取れば良いと割り切りましょう。

ハードルを下げ行動力を増やすためには、迷っている時間を最短にすることが大切です。**迷っている時間は「やる」というエネルギーと、「やらない」というエネルギーが拮抗して、綱引きをしてしまっています。**意志の力を消費する割に何も生み出しません。

効果的なのは、「少しだけやってみること」と、「直感を信じること」。

「作業興奮」という言葉があります。

気が重い作業でも、取りかかってみると楽しくなり、続けられるという脳とホルモンがもたらす作用です。作業興奮は、脳科学的に解明されています。

脳には「側坐核」という部位があり、側坐核が刺激されると快感物質である「ドーパミン」が分泌され、楽しくなり、物事の実行がスムーズになることが分かっています。

ではどうすれば側坐核が刺激されるか。

その答えが「とりあえず始めてみる」ことなのです。

気が重いメールを書かなければならないとします。腕組みをしていても、気持ちは乗って来ません。

そんなときは、「送らなくてもいいから、5分だけ下書きを書いてみよう」と、行動を起こすのです。送らなくても良いと考えれば、気が楽になります。

そして下書きを書き始めれば、作業興奮が起こりドーパミンが分泌され、一気に書き終えることができます。

書き終える頃には気が乗っており、そのまま送信ボタンを押す勇気が持てるのです。

34 何から学べばいい? 何からでも学ぼう

　独立・起業を目指す、すべての人にお伝えしたいことがあります。

　それは、「**起業したからには、一生学び続ける覚悟が必要である**」ということです。

　起業して数年経つと、努力が実を結び売り上げが伸びていきます。

　黒字転換し、利益が出るようになり、忙しく充実した日々になっていくでしょう。

　多くの人が「自分は成功した」と考え始めます。

　しかし、ここに大きな罠が潜んでいます。

　地球は日々ものすごい勢いで進化を続けています。

　それは、意識しているかどうかは別として、我々すべての人を巻き込んでいる事実です。たとえば我々の手元にスマートフォンがやってくる前と後で、ライフスタイルは大きく変わったと思います。スマートフォンの登場により、劇的に便利になりました。

　しかし、1つ1つの機能を細かく見ていくと、毎年の新製品発売ごとに、少しずつ機能が追加・強化され、今の形になってきたのです。

　私はずっとiPhoneユーザーですが、iPhoneが発売された当初はモバイルSuicaも使えず、指紋認証や顔認証もありませんでした。

　顔認証も、最近までマスクをしていては認証できなかったのが、ソフトウェアの進化でマスクをした状態でも認証できるようになったのです。

このように、変化は毎日様々なシーンで起こっています。

地球全体が、より良い世界、より便利な世の中を目指し進化しているのに、あなただけが進化を止めたらどうなるでしょうか。

そう、あなたは相対的に「**退化していく**」ことになるのです。

ビジネスが軌道に乗りうまくいき始めると、「これでいいのだ」と考え、学ぶことをやめてしまう人がいます。

しかし、周囲のライバルたちはどんどん学び進化しているのに、学ぶことをやめれば、あなたはどんどん置いていかれるでしょう。

起業するということは、マーケットと直接向き合うことを意味します。

マーケットには、常に新しい商品やサービスが、投入され続けています。

起業したということは、常にマーケットとともに進化し続ける覚悟が必要です。

そして、進化し続けるためには、学び続けなければなりません。

学ぶというのは、特定の講座や学校に通うという狭い意味ではありません。

メンターや講師から学ぶことはもちろん、日々の生活すべてが学びの場と捉えてほしいのです。

たとえば電車に乗っていて気になる広告が目に入ったら、その商品を買ってみる。

広告に力を入れているということは、企業が新たに押し出している新商品や目玉商品である可能性が高いのです。

従来の商品とどのように違うのか。

広告の見せ方はどのような差別化を目指しているのか。

そのようなことを考えるだけで、マーケティングの勉強になります。

　飲食店に入ったらメニューを見て、席数をチェックし、お客さんの入り
具合を確認しましょう。メニューと席数を見れば、だいたいの客単価がイ
メージできるでしょう。

　お客さんの入り具合と営業時間が分かると、回転率がイメージでき、1
日の売り上げが想像できるはずです。

　そうすると、そのお店が繁昌しているか、そうでないかのだいたいのメ
ドが立ちます。

　これも、ビジネスのトレーニングとして有効です。

　本もできるだけたくさん読むと良いでしょう。

　自分の専門分野や力を入れている分野の本はすべて読むくらいの姿勢が
望ましいです。同じ分野の本を10冊続けて読めば、どの本にも共通して
いる部分と、本ごとに異なる部分があることに気づくでしょう。

　時々アマゾンのレビューを見ていると、残念に感じることがあります。

　「目新しいことが書いてなかった」とか「他の本に書いてあることと同じ」
というレビューを投稿している人を見かけるのです。

　10冊同じ分野の本を読んで、10冊すべてに共通して書かれている部分
があれば、「この部分は王道である」「ここは絶対に押さえておくべき」と
いう学びになります。

　逆に、10冊のうち9冊には書かれていなくて、1冊にだけ書かれてい
る主張があり、その主張にあなたが共感した場合は、「まだ注目されてい
ないが重要なポイント」と考えることができるでしょう。

　本を1冊読んで、何も学ぶことがないと感じるなら、読んでいる本が悪
いのではなく、「何からでも学ぼう」と捉えていない、あなたの姿勢に問

同じ分野の本を10冊くらい読み漁る。同じことが書いてあっても、他とは違うことが書いてあっても、学びになる

メニュー表や、座席数、回転率を見て事業がうまく行っているかどうか考えてみる

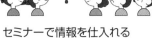

セミナーで情報を仕入れる

企業のイチオシの商品はどうPRされているのか？言葉などをチェック！

題があると感じてください。

　読書なら、著者と友達や知り合いにならなくても、書店やアマゾンで購入することで、無条件で学ぶことができます。

　起業したからには、引退する日まで常に学び続ける覚悟が何より大切です。

35 空気を読んではいけない？

　独立・起業を目指す人には、会社員のときとメンタリティーを入れ替えてほしいことがいくつかあります。

　その1つが「空気を読む」ことを止めることです。

　厳密に言うと、空気を読んだとしても、あえて無視する心構えが必要になります。

　なぜ空気を読んではいけないのか。

　それは、空気を読むという行為が、「協調性」の衣をかぶった「妥協」だからです。

　独立・起業をしたら、あなたは一国一城の主になります。

　マーケット、つまり市場という大舞台で、多くの商品やサービスがしのぎを削っています。その中で、他社の商品とどのように差別化をするかが命綱になります。

　差別化とは、他の商品やサービスと「どれぐらい違うのか」が問われることです。

　つまり、他の人と同じ発想、同じ行動を取っていては、差別化ができないのです。

　日頃から、自らのオリジナリティーを磨き、尖らせるようなライフスタイルを送っていることが大切になります。

　空気を読むという行為は、オリジナリティーを磨き、尖らせることの正反対を意味します。空気を読むとは、周囲の大勢の人たちに「なんとなく」

合わせる行為です。

　日本人は協調性を大切にし、和を尊ぶことを美徳とする傾向があります。
　しかし、協調性は言葉を変えると同調圧力となり、単一思考を生み出しがち。
　組織の中で働く立場なら、協調性が高いことはメリットにもなりえます。
　しかし、自ら商品やサービスを開発し、世の中に送り出す立場だと、空気を読んでも得られるものはほとんどありません。

　「みんながそうしているから、自分もそうする」
　「みんなが黙っているから、自分も本当は言いたいことがあるけれども黙っている」
　これらが「空気を読む」人の発想です。

　独立・起業を目指すなら、これらの発想から180度転換することが大切です。
　では、空気を読まない、または空気を読んでもあえて無視するとは、どのような生き方でしょうか。

　1つ大切な前提条件があります。
　私は、決して「何でもかんでも他人に反対しろ」とか、「常に喧嘩腰で人にぶつかれ」と言っているのではありません。
　その他大勢、他人に流されることなく、常に自分軸を持ち、自分の価値観に従って行動することが大切だと言いたいのです。
　そのためには、人に迷惑をかけない範囲で、自分の価値観を押し出すことが大切になります。
　まず、日常の生活の中で「自分が好きなもの」「自分がやりたいこと」を選択することを習慣化しましょう。

　些細なことですが、「食べたいものを食べる」「行きたくない場所には行かない」といったことから始めると良いでしょう。

　たとえば、会社に勤めていると、上司や先輩と昼食を一緒に食べに出る機会があるかと思います。

　あなたは中華料理を食べたい気分なのに、上司が「今日はそば屋に行こうか」と提案したとします。

　そのとき、空気を読む行為とは「いいですね。そば屋に行きましょう」と答えることです。

　一方自分軸を大切にし、自分の価値観に基づいて行動するなら、「私は今日は中華に行きたいんで、そば屋は皆さんでどうぞ」と言って、別行動をとることを習慣化しましょう。

　また、仕事の後に、あまり気が進まない飲み会に誘われることもあるでしょう。

　行きたくない飲み会は妥協せず断りましょう。

　最初は「付き合い悪いな」くらい言われるかもしれませんが、気にする必要はありません。

　ランチにしても飲み会にしても、あなたが参加しなくても他の人たちで勝手に盛り上がるのです。

　何回か自分軸に基づき独自の行動を起こすと、周囲は「あいつはそういう奴だ」と認識し、無理に誘うこともなくなってきます。

　仕事の指示を守らないとか、約束した会合に無断欠席するなど、ルールを破り信用を損なうことはいけません。

**　しかし、仕事以外の「付き合い」を無理にする必要はないのです。**

　念のため繰り返しますが、あなたが参加したいなら、断る必要はありません。

　参加したいなら参加する、参加したくないなら断る、と自分の価値観を

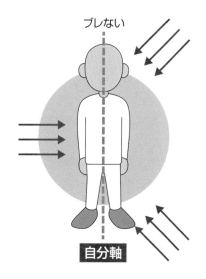

ブレない

自分軸

大切に行動することが必要だということ
です。

　もう1つ、日頃から大切にしてほしい
ことがあります。
　**それは「無難」な選択を止め、自分を
もっとも自分らしくしてくれる選択を続
けることです。**

　たとえば洋服を買うとき、つい「無難
なデザインや色もの」を選ぼうとしてい
ませんか？　組織で働く人は、職場での
服装に気を遣う必要があるでしょう。

　私も会社員時代、上司からネクタイの柄について「好ましくない」と介
入されたことがありました。

　しかし、組織から飛び出し、自ら独立・起業するなら、無難であること
は、その他大勢に埋没してしまうことを意味します。

　無理に派手にしろと言っているのではありません。

　自分が一番似合う、もっとも自分らしさを引き出してくれると思う服装
を選べば良いのです。

　また、年齢が上がると地味な服装を選ばなければ、という発想になりが
ちですが、それも考慮する必要はありません。

　何歳になっても若々しい服装でいれば、周囲は「そういう服装が似合う」
と捉えますし、それがブランディングにもなります。

　自分らしい見た目で、自分らしく行動する。

　**日々自らの選択に従って生きれば、空気を読む必要はおのずからなくな
っていくのです。**

36 目先の利益に目を向けてはいけないのはなぜか？

独立したばかりのときは、なかなか売り上げが上がらず苦しい時期を過ごす人も多いです。そうなると、請けられる仕事は何でも請けたくなります。

しかし、目先のお金のために、むやみに仕事を請けることはオススメしません。

また、仕事がほしいからと、価格をどんどん下げてしまう人がいますが、これも自分で自分の首を絞める行為なのでやめましょう。

「お金がほしい」「お金が必要だ」という精神状態は、損得勘定で動いている状態を招きます。

損得勘定が強くなりすぎると、あなたが本来やるべきビジネス、本来つけるべき価格から逸脱して、目先のお金を取りにいってしまいます。

短期的にはそれでキャッシュをかき集められるかもしれませんが、中・長期的にはビジネスモデルが崩壊し、さらに集客ができなくなり、お金も入ってこなくなります。

目先の損得勘定で動くことは致命的な打撃を受ける結果を招くことが多いので、避けましょう。

ビジネスモデルを構築するときは、自分の強みがもっとも活かせるように設計することが大切です。自分の強みが活かせれば、オリジナリティーが発揮でき、価格競争に巻き込まれにくくなります。価格競争に巻き込まれなければ、高い単価を維持することができ、利益を出しやすい構造で

きるのです。

大切なのは、「やらないことを決める」ことです。

・自分の専門分野、得意分野以外の仕事に手を出さないこと
・仕事が少なくても、アルバイトのような時給仕事をしないこと
・仕事がほしいからと、価格を不当に下げないこと

これら、やらないことを決め、歯を食いしばって守ることが大事です。
仕事が少ないときにやるべきことは、**本業に対する「大量行動」**です。

ほとんどの場合、思うように集客できないのはあなたの商品やサービスの露出不足が原因です。特に新規参入したばかりの場合、周囲に知れ渡っていないため、強めに露出を続けないとあなたのサービスを知ってもらうことができません。

しかし参入したばかりの人は往々にして自信がないため、強い露出ができず、結果として既存のライバルたちの間に埋没してしまい、知ってもらうことが難しいのです。

その結果、露出不足、告知不足でサービスが認知されず、売り上げが上がらないという状態が発生します。

これは非常によくあるケースなのです。

私が扱うセミナーや講座、イベントもまさにこのパターンに陥る人が続出する分野です。セミナーを開催したいという人はたくさんいますが、継続して開催し続けられる人はわずかです。

なぜかというと、多くの人は一度目の開催でうまく集客ができず、結果挫折してしまうのです。初めての開催ということは、周囲の人たちは、あ

なたが「セミナーを開催する人」と認識をしていないのです。

　それは当然のことで、今まで一度もセミナーを開催していないのですから、周りはあなたが「これからやろうとしていること」を知らないのです。

　だからこそ強めに露出をし、繰り返し告知を続けなければ認識してもらえません。

　ところが不慣れな人は、「繰り返し告知をしたら嫌がられる」「しつこいと思われて嫌われる」などの躊躇が出て、告知を続けることができません。

　また、告知前の事前準備が不足しているケースも多いのです。

　セミナーやイベントは、お申し込み受付開始より前の、予告が助走となり、効果を発揮します。

　SNSやメルマガ、LINE公式などに「セミナーの開催準備を始めます。6月10日は空けておいてくださいね」という予告を書くところからスタートするのです。

　続いて「明後日から募集開始！」「明日のお昼にメルマガの号外で募集スタートします！」「メルマガだけで先行予約です！」のように、何回も予告をして、周囲の人に興味を持ってもらうことが大切です。

　そして募集を開始したら、満席になるまで繰り返し告知をするのです。

　周囲の人は、あなたが思うほど、一年中あなたに注目しているわけではありません。

　SNSへの投稿はタイミングがずれれば見逃ますし、忙しければメルマガやブログもスルーしている日も多いのです。

　誰もが自分の仕事や家庭を最優先しており、あなたの告知を読むことの優先順位はかなり低いのが事実。

　「こんなに告知したらしつこいだろう」くらいでも、まだ足りないくらいです。

実際うまく集客できている人は、満席になるまで連日告知をしているものですが、露出が原因でその人のフォローを外したり、友達を解除する人はいません。

　人は自分に興味がないことは自然とスルーするようにできています。

　また、あなたが告知をして、それを理由に友達を解除するなら、そもそもその人はあなたのお客さんではありません。
　どんなビジネスでも、大量行動は必ず結果につながります。
　目先の損得感情に流されず、本当にやるべきビジネスを、本来あるべき形で告知し続けることに注力する。

　それが何よりも大切なことです。

37 時間は
どう捻出すればいい?

もしあなたが「時間が足りない」と感じるなら、それはあなたが「本来望んでいない、するべきではないことに使っている時間が多すぎる」ために感じているのです。

私は「時間は生み出すもの」という主義です。

時間を生み出すためには、いくつかするべきことがあります。

まず1つは、「やるべきではないこと」に使っている時間を徹底的に削減することです。

たとえばダラダラとテレビを見ている時間が長いと感じるなら、テレビを捨ててしまいましょう。

私は2011年3月の東日本大震災と原発事故の後、テレビを処分してしまいました。

それ以来10年以上自宅にテレビがない生活を続けていますが、まったく支障はありません。

テレビは専門家が集まって、「いかに長い時間画面の前に釘付けにさせるか」を考え抜いて番組を作っています。

さらに視聴率を獲得するため、質が良い情報よりも刺激が強い内容を選んで発信します。

放っておくと、ついテレビをつけ、そのまま延々と眺めてしまう状態を生み出します。

テレビの発信する情報を受動的に受け取るのではなく、自分が必要とする情報をネットや書籍から主体的に「取りに行く」姿勢に転換しましょう。

3章 これからの時代を生きる起業家のメンタル

次はYouTubeやInstagram、Facebook、TwitterなどのSNSをダラダラ見てしまう時間への対策です。

独立・起業する人は、SNSやYouTube、ブログ等による情報発信が絶対不可欠です。

従ってSNSやYouTube、ブログを遮断してしまうことは逆効果。

むしろ対策としては、**「受信ではなく発信する時間を増やす」**ことです。

主体的に情報発信を続けると、自分のアイデアやコンテンツを考える時間がおのずから増えます。すると自然に受動的な時間は減っていくものです。

私自身ブログ、SNS、YouTubeを毎日ヘビーに使っていますが、発信する時間が多く、人の投稿を延々と眺めることはありません。

時間を作り出すために必要なこと、2つ目はテクノロジーの力を最大限活用することです。私はこの本の原稿を毎朝2,000文字から3,000文字程度書く習慣にしています。

10日で約3万文字、1ヶ月で9万文字近く書ける計算になります。

しかし、毎朝この本の原稿を書くのにかかっている時間は30分から40分程度。

私は書籍の原稿以外にブログ、noteの有料マガジン、YouTube、メルマガ、そして各種SNSでの発信を日課にしています。

しかし、本の原稿を書くようになっても、他の活動にまったく影響がありません。

なぜなら、かかる時間を最短にしているからです。

執筆のスピードを上げるために、私は「音声入力」と「親指シフト」を活用しています。

　音声入力は通常のタイピングの4倍から5倍のスピードが出ます。

　音声入力をフル活用することにより、時間を最短にしているのです。

　音声入力がしにくいときや、声を出し続けることに疲れたときは、親指シフトのタイピングで執筆します。

　親指シフトとは、富士通がOASYSというワープロを開発したときに考案した、独自のキーボード配列です。

　日本人の9割がローマ字入力でキーボードを打っています。

　実は、ローマ字入力には致命的な欠陥があります。

　母音以外を打つとき、1文字打つのに2回キーを打つ必要があることです。

　「かきくけこ」と5文字打つのに、キーは「KAKIKUKEKO」と10回タイプしなければならないのです。

　これは非常に効率が悪い状態です。

　パソコンには標準で「かな打ち」も選べます。

　かな打ちなら1文字を1回のタイプで済ませられますが、ほとんどの人はかな打ちは選びません。

　なぜ「かな打ち」は人気がないかというと、非常に打ちにくいから。

　パソコンのキーボードは、そもそも欧米でタイプライターとして作られた配列がそのまま使われています。アルファベットは全部で26文字しかありません。

　それに対して日本語は50文字と、アルファベットのほぼ2倍あります。

　26文字と数字、記号を表現すれば良いアルファベット用に作られたキ

ーボードに、日本語の五十音を無理やり配列しているのです。

そのため、かな打ちをしようとすると、ホームポジションから遠く離れた場所まで文字がアサインされており、とても打ちにくい。

だから、かな打ちを敬遠し、ローマ字打ちを選択するのです。

ローマ字打ちが選ばれるのには、英語と日本語を同じ配列で打てるから、という理由もあるかもしれません。

ローマ字入力は非効率、かな打ちは打ちにくくて不便。

それに対して親指シフトは、ローマ字入力とかな打ち、それぞれの良さを兼ね備えた素晴らしいメソッドです。

ここでは詳しい説明は省きますが（YouTubeで検索すると「親指シフト」関連の動画が多数出てきます）、親指シフトは通常のローマ字打ちの2倍くらいのスピードでタイプができます。

音声入力と親指シフトというテクノロジーを駆使することで、私は執筆にかかる時間を大幅に短縮しているのです。

時間を作り出すために必要なこと、3つ目は「自分でやらないことを決める」ことです。苦手なこと、非効率なことは自分でやらず、お金を払って専門家に任せることで、大幅に時間を作り出すことができます。

仕事においても、日々の生活においても、常に自分の時間単価を考え、専門家に任せた方が良いと考えたら、躊躇なく任せましょう。

たとえば私は本の文章を書くことはできますが、イラストを描くことはできません。

また、本を印刷するための設備もありませんし、自宅に本を並べて売ることも現実的ではありません。

時間の削り方

やるべきことではないことに使っている時間を削減	テクノロジーを最大限にフル活用する	やらないことを決める
・テレビを見る ・SNSを受動的に見る→発信をすることで、コンテンツを考える時間に切り替える	・執筆や情報発信の記事の作成を音声入力にする ・親指シフトで執筆する	・苦手なことや効率の悪いことは他者や業者に任せる 例）アイロンがけ、揚げ物料理など

無駄を削って、時間を2〜3時間生み出し、コンテンツの作成、集客活動に充てる

　ブログにしても文章を書いたり写真をアップしたりは自分の役割ですが、サーバを維持・管理したり、世界中に届ける役割はサーバ運営会社や通信会社の役割です。

　日々の生活にしても、やらないことを決めています。
　たとえば苦手なのはアイロンがけ。
　時間がかかるばかりで上手にできないので、クリーニング屋さんにお任せしています。
　料理は好きなのですが、自宅で揚げ物は作りません。
　手間がかかり、キッチンが汚れ、その割に出来栄えはイマイチだからです。
　揚げ物はプロにお任せし、お店で美味しくいただくのが一番と考えています。

　このような形で、無駄を省き、テクノロジーを駆使し、苦手なことはプ

ロにお任せすることで、時間はどんどん作り出せます。

　後、むやみに安い値段で商品やサービスを販売しないことも大切です。
　価格設定が間違っていると、どんなに働いても売り上げが上がらず、時間を浪費して消耗することになってしまいます。

38 起業家に必要な お金の使い方とは？

　起業するとき、お金に関する考え方を大きく変える必要があります。

　何よりも大きな変化は、それまでの「与えられた給料の中で生活する」という考え方から、「売り上げと利益を最大化し、手元に残るお金を増やす」という考え方へのシフトです。

　会社員の多くは給料の額は一定で、その範囲内で生活をし、貯蓄もしていくことになります。従って使うお金が少ないほど残る金額が増える、つまり「節約」が好ましいこととされます。

　それが独立・起業すると、発想を180度転換させる必要が生じます。

　起業家は「どうやって売り上げを最大化するか」を自ら考え、ビジネスモデルを構築することができます。

　あくまで論理的にという話ですが、売り上げは青天井、つまり限界はないのです。

　売り上げを上げるためには自らが学び、進化していく必要があります。

　そのために必要になるのが「自己投資」です。

　起業家は何よりも自己投資にお金を使うこと。

　読書やセミナー受講など、自らを高めてくれることに積極的にお金を使いましょう。

　読書は安価で費用対効果が非常に高い自己投資です。

　1000円から1500円程度で、専門家が自らの知識や経験を網羅的・体系

3章　これからの時代を生きる起業家のメンタル

179

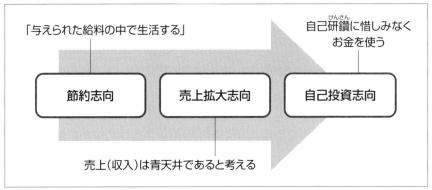

志向の変化

「与えられた給料の中で生活する」

自己研鑽（けんさん）に惜しみなく
お金を使う

節約志向　　売上拡大志向　　自己投資志向

売上（収入）は青天井であると考える

的に享受してくれるのですから、こんなにありがたい話はありません。

　ぜひ読書習慣を身に付け、できるなら多読家を目指してほしいと思います。

　自分の専門分野、強みに関する本は片っ端から読みましょう。

　多読を身に付けたいなら、本を読むときのメンタリティーを転換させる必要があります。

　同じ分野の本を続けて読むようになると、当然「既に知っていること」「他の本にも書いてあること」がたくさん出てきます。

　普通の人はそんなとき「新鮮味がない」「知っていることしか書いてない」と否定的に捉えます。

　しかし多読家は、同じことが書いてあることを前提として読むメンタリティーに転換する必要があります。

　同じ分野の本を10冊読んで、すべての本に共通して書かれていることは、「非常に重要かつ王道なこと」と捉えましょう。

　また、10冊中・1冊にしか書かれていないことに注目し、その箇所が「こ

の本のオリジナリティー」と考える。

　その上で、その独自の視点が自分にとって必要かどうかを判断するのです。

　また、起業家は読書をするとき、「読んで終わり」ではもったいないのです。

　いかに本に書かれていることを実践に移すか。

　つまり「行動に移すことを前提とした読書」をしてほしいところです。

　1冊の本から最低1つは行動に移すことを見出して、自らを進化させる。

　行動に移すためには、「アウトプット」が非常にオススメです。

　特にブログに書評、ブックレビューを書くことは非常に効果的。

　本を読んで感銘を受け、行動に移したくなったポイントなどを文章にして公開するのです。ブログに書くためには、内容をきちんと把握している必要があります。

　曖昧なままでは文章に書けませんから、本の読み方が変わります。

　読む段階からあらかじめアウトプットする前提で読むため、重要なポイントに付箋を貼ったり書き込んだりして、後で振り返りやすい状態を作りながら読むようになるのです。

　また、起業家は身体が資本ですから、身体を鍛えることも自己投資です。

　スポーツクラブに通ったりパーソナルトレーナーと契約したりして、身体を磨く習慣を身に付けておくことも必要です。

　運動が習慣化できていない人にオススメなのは、パーソナルトレーナーと契約すること。普通にスポーツクラブに入るだけだと、いろいろな言い

3章　これからの時代を生きる起業家のメンタル

わけをしてサボってしまい、結局幽霊会員になる人が多いのです。

パーソナルトレーナーと日時を約束すると、必ず行くことになりますから効果的です。

運動の習慣として理想はランニングなどの有酸素運動と筋トレなどの無酸素運動を組み合わせること。パーソナルトレーニングは週1回程度というペースの人が多いと思います。筋トレは週1回では頻度が低く、効果が出にくいのです。

自宅にベンチと可変ダンベルなどを購入し、筋トレとランニングを習慣化するのがベストです。私自身、日々筋トレとランニングを習慣化して行っています。

もう1つ自己投資としてお金を使いたいポイントは、最新の電子機器・ガジェットなどです。今ではどんなビジネスでもパソコンやスマートフォンなどは必須のツールです。

知的生産をする立場の人は、パソコンやスマホの性能が悪いと、それがそのままビジネスの効率低下につながります。常に最新の機種に触れ、パフォーマンスを最大化する姿勢が大切です。

また、ビジネスの効率化のために様々なツールを駆使していくことで、周囲の人と大きな差をつけることができます。

年々パソコンやスマホの性能は上がり、ビジネスを加速させるサービスやツールもどんどん増えています。

常にそれが最新情報へのアンテナを張り、自分を武装してくれる「武器」として最新のツールを使いこなしてほしいと思います。

　読書やセミナーなどで頭脳を、筋トレやランニングで肉体を進化させ、最新機器で武装する。そのための自己投資にお金を積極的に使うことで、売り上げを最大化していくことを目指すのです。

39 何年で準備すればいい?

「起業するまで何年かけるか」実際に多くの人からこの質問を受けます。**私の考えを2つお答えいたします。**

本書で何度か触れているとおり、いきなり起業することはオススメできません。

会社員としての仕事をしつつ、少しずつでいいので副業としてビジネスを立ち上げ、育ててから起業するのです。

そういう意味でいうと、副業としてのビジネスは今日からでもスタートしてください。

今日からスタートしても、すぐに商品やサービスが売れる状態にはならないでしょう。しかし、商品やサービスが売れる状態にするまでも、ビジネスの一部です。

たとえば、Apple社が新型のiPhoneを全世界に向け発売するときのことを考えてみましょう。発売日にApple Storeに行き商品を購入すると、Apple社には商品の代金が売り上げとして入ります。この日がApple社にとって新型iPhoneのビジネスが始まる日でしょうか?

答えはもちろんNOです。

発売日ではなく、新型iPhoneの開発の企画がスタートするときから、既にビジネスはスタートしています。

製品の仕様が決まり、設計を行い、その設計に基づいてすべてのパーツ

を発注する。

　それぞれのパーツが製造され、その後組み立てられます。

　新製品発売の1ヶ月ほど前に、Apple社はイベントを開催して、新しいiPhoneを世界に向け発表し、ここでようやくスペックやデザイン、カラーなどが公開されることになります。その間ウェブサイトやテレビ、YouTubeなどで流す広告・宣伝用のサイトや動画が作成されます。

　そして、完成したiPhoneはパッケージされ、全世界に向け発送されます。
　発売日当日、iPhoneはようやく店頭に並び、購入するお客様の手に渡り、製品の売り上げが計上されるのです。

　このように、商品やサービスがお客様の手に渡り、売り上げが計上されるまでの期間も立派なビジネスです。
　新しくビジネスをスタートするなら、誰に向け販売するのか、同業者との差別化ポイントはどこにあるのかなど、戦略を練るところから考える必要があります。

それらの企画は今日からでも練り始めることができるでしょう。
　そういう意味では、起業の準備期間は「今日からでも始められる」という答えになります。

　そしてもう1つの答えは、「どれぐらいの期間副業として準備をするか」に対する答えとなります。若干乱暴かもしれませんが、私は「会社員として受け取っている月給の半額程度が稼げるようになったら独立に踏み切った方が良い」と考えます。
　十分な金額が稼げるようになってから独立した方が良いのは当然です。
　しかし、一方で、会社員としてフルタイムで働きつつ、副業で稼げる金額には限界があるのも事実です。

　一番効率的に働ける平日の8時間程度を本業の仕事にし、残りの時間で稼ぐわけですから二足のわらじはハードです。
　また、精神的にも会社員としての給与があると悪い意味で安心してしまい、本気で起業するという意志が芽生えにくくなってしまいます。
　中途半端な金額を副業で得つつ会社員を続ける、という状態が固定されてしまう恐れがあるのです。

　私はブログを始めて1年4ヶ月ほど経った頃、本気で独立・起業したいと思い始めました。そしてその1年後、2011年4月に独立・起業しました。

　ブログをスタートしてからという意味では2年4ヶ月ありましたが、スタート当初はまさか自分が独立してフリーランスになるとは想像していませんでした。
　仲間が増えブロガーとして独立している人と触れるにつれ、「彼らのようになりたい」と願うようになったのです。

　勤務先の社長に退職の意思を伝えた時点で、収益はまだ月額２万円程度しかありませんでした。「そんな状態で退職を申し出るなんて無謀だ」と思われるかもしれません。

　ただ、４月に本気でブログで稼ごうと決意して、７月までの間に２万円まで稼げるようになっていたのです。確信はありませんでしたが、「２万円の売り上げを20万円、40万円に増やすことは可能だし、絶対にやり遂げる」という気合はありました。

　独立した2011年４月はブログからの収益はまだ８万円程度でしたが、「自分が持つすべての能力やスキルを現金化する」と決意して複数のライスワークに取り組み、初月から何とか40万円程度の売り上げを作ることができました。

　もし独立を先送りしていたら、そこまで気合を入れてビジネスを立ち上げることはなかったでしょう。万全の準備をしてから独立、と考えると、どんどん先送りになってしまう可能性があります。

　自由な大海原に漕ぎ出してみないと分からないことがほとんどです。

　見切り発車の覚悟をして、飛び出してしまいましょう。

3章　これからの時代を生きる起業家のメンタル

40 とにかく行動?

　起業するには、行動力が大切です。

　それは紛れもない事実なのですが、「とにかく行動」かと言われると、そうではないと思います。

　人間に与えられる時間は平等に1日に24時間です。

　その24時間を最大限に有効活用するためには、「やらないこと」を明確にすることが大切です。

　たとえば、1対1で行う対面のコンサルティングやカウンセリングの仕事は、増やせば増やすほど、売り上げは上がりますが、自分の時間は減っていきます。

　戦略的にじっくり考える時間が不足したり、自己投資の時間が取れなくなるなどすると危険です。

　起業して数年たつと、ビジネスが軌道に乗り始め、勢いがつきます。

　このときが危険で、勢いに乗り、どんどん仕事を増やしたくなるのです。

　仕事を増やせば売り上げが上がり、お客様にも喜んでもらえるため、仕事を増やすことが良いことのように思うのですが、ここでやりすぎると、5年後・10年後に向けた自己投資の時間が取れなくなります。

　私自身も、まさにこのパターンで自分の時間が取れなくなってしまった過去を持ちます。私の仕事は大別して、「執筆業」と「講演業」、それに「コンサルティング・カウンセリング業」に大別されます。

　そのうち「執筆業」は、パソコンに向かいひとりでじっくり取り組む必要があります。

　それに対しセミナーや講座、講演会など「人前で話す仕事」は、日時が決まり、会場へ出向き行う仕事です。

　今はコロナのおかげでオンラインでのセミナーや講演が普及しましたが、私が独立して間もない頃は、オンラインセミナーは一般的ではありませんでした。

　セミナーや講座が好評で、嬉しくなった私は開催を増やしていきました。

　開催すればするほどたくさんの人が来てくださり、売り上げも大きくアップしていきました。単発のセミナーだけではなく、4ヶ月、5ヶ月、さらには10ヶ月の連続講座を企画しました。

　土日2日間、8時間ずつを10ヶ月、合計160時間という非常に長い講座も企画し、やり遂げました。とても充実した、楽しい時間を過ごしましたが、一方で僕の時間はどんどん削られていきました。

　そのときの反省があるため、今は仕事のバランスを取ることを重視しています。
　具体的には、レバレッジをかけ、自動的に売り上げが上がる仕組みを作りながら働くことを意識しています。

　たとえばセミナーや講座を開催するときはオンラインをベースにし、動画を収録しながら開催するようにしています。オンラインにすることで、日本全国はおろか、世界中から受講してもらうことが可能になりました。

　また、動画を収録し販売することで、セミナー開催後も販売することが

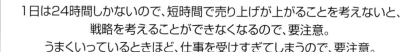

タイムリッチ
・自己投資できる時間を作る
・未来を考える時間を作る

キャッシュリッチ
・売り上げが上がる仕組みを作る
・オンラインと対面のバランスを考える

1日は24時間しかないので、短時間で売り上げが上がることを考えないと、
戦略を考えることができなくなるので、要注意。
うまくいっているときほど、仕事を受けすぎてしまうので、要注意。

可能になり、同じセミナーを何度も開催する必要がなくなります。書籍も書くのには長い時間がかかりますが、刊行後は全国の書店やAmazonなどネットショップで販売され、電子書籍化されれば長く読み続けられますので、販売が自動化できます。

ブログもGoogleの検索から読者が来てくれますので、一度記事を書けば長い時期読み続けられ、収益が上がります。特に気をつけているのは、セミナー、講座、個人レッスン、個人コンサルティングなど、対面の仕事のボリュームを増やしすぎないことです。

執筆と戦略的に考える時間を絶対に削らないようにしています。
今は「タイムリッチとキャッシュリッチの両立を目指す」ことを掲げ、暇そうに見えるくらいが良いバランスと思っています。

どうしても売り上げを上げたくなりますし、喜ばれれば応えたくなるので、特に勢いが出ているときは、やりすぎないように気をつけましょう。

41 レジャーではなく リ・クリエイション？

　起業すると、いろいろな面でメンタリティーが変化します。

　その中で、「**オンとオフの境界線が曖昧になる、または完全になくなる**」というものがあります。会社員をやっていると、仕事をしている時間とそれ以外、と明確に区切りがあります。また、多くの会社員が日にちと時間で拘束されているため、仕事中は自分のことができません。

　そのため、平日と休日で大きく行動パターンが変わるのです。

　会社員の場合は、平日の日中に自由に出かけることができないため、休日に出かけることになります。そのパターンで行動する人が圧倒的に多いため、休日は繁華街や観光スポットが混雑することになるのです。一部の例外を除き、仕事の時間は仕事をし、仕事以外の時間はプライベートと、線引きがはっきりしています。

　起業すると、「オンとオフの境界線」は曖昧になり、まったく区別がなくなる人も出てきます。なぜそうなるかというと、仕事に対しての「やらされ感」が消滅するからです。**自分で望んで選んだ仕事を自ら行うわけですから、やらされ感がないのです。**

　さらに、自分が起点となるビジネスを構築すれば、いつ働くか、どこで働くか等の裁量権が増します。つまり、自由度が上がり、好きなときに好きなことができるようになります。

たとえばスーパーに買い物に行くにしても、わざわざ混雑している時間に出かける必要がなくなります。私が起業家仲間と飲み会を企画する場合、平日の昼から午後に行うことが多いのです。

　土日は混雑しますし、夜は遅くなると翌日に影響が出ることを考慮し、平日の昼を選びます。ゴールデンウィークやお盆など、混雑する時期に旅行することもなくなります。混雑しない時期の平日に旅をすれば価格も安く、ずっとゆったりでき、観光地やホテルなども空いており、スタッフの方たちもゆとりがあって親切です。

　そのように裁量権が増して自由に行動できるようになると、思考回路も変化します。

　好きなことを選んで仕事にしているため、仕事中が「オン」でそれ以外の時間が「オフ」という発想をする必要がないのです。

　1日中仕事のことを考えていても、負担になりませんし、やらされ感がありません。

　また、現代はあらゆる場所にお金を稼ぐポイント、つまりキャッシュポイントが作れます。趣味と仕事、生活の区別がつかなくなり、融合していくことが可能です。

**　つまりライフスタイルとワークスタイルが合体していくと、もう何がレジャーで何がワークなのか分からなくなっていくのです。**

　たとえば私は筋トレとランニングを日課にしています。
　身体を鍛えることは趣味でしょうか？　それとも生活でしょうか？
　私は筋トレやランニング、ボディメイクに関するブログ記事を多数書いていて、人気記事も多くあります。

会社員と起業家との違い

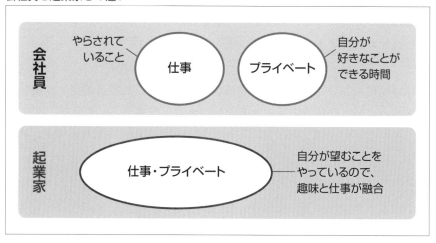

　ブログはアフィリエイトとアドセンス広告で収益化していますので、ブログにランニングや筋トレのことを書くことは私にとってビジネスでもあります。

　また、筋トレやランニングを日課にしているのは、身体を鍛えるとともに夜の睡眠の質を高めることも目的です。健康な身体で仕事のパフォーマンスを上げることが目的なら、身体を鍛えることは大きな意味では仕事と捉えることができます。

　また、私は料理が好きで、時間をかけて凝った物を作ることもあります。

　食事は生活のためにしていることですが、趣味にもなり、ブログに書くことで仕事にもなります。旅行すれば旅行記を書き、美味しいお店に行って食事をすれば、グルメ記事をブログに書けます。旅をしているときも、眠っているときも、常に自分のビジネスに結びつけて、収益化することが可能だし、それが楽しいのです。

　つまり、起業後の楽しみというのは、「レジャー」から「リ・クリエイ

ション」、つまり「再び創造すること」へと変化していきます。仕事を忘れ、自分に戻る必要がなく、刺激を受け楽しむことが、自らの創造性を高め、それが仕事に直接または間接的に活かされるのです。

　私は起業することの最大の醍醐味が、「仕事と遊びと生活が完全に融合し、生きていること、自分であることがビジネスになること」だと感じています。人によってブランディングの方向性は様々で、何を露出し何を見せないかは自由です。

　しかし、もし露出したいなら、それこそパートナーシップ、子育て、介護、死別など、普通はビジネスと結びつかない分野も仕事にすることができるのです。

42 成功体験は どうやって作ればいい?

起業に限らず、誰もが「成功したい」と考えています。

その際多くの人が勘違いをしている点があります。

それは、「成功したい」と同時に「失敗したくない」と考えている点です。

たくさん成功したいなら、それ以上にたくさん失敗する必要があります。

プロ野球の一流選手でも、10回打席に入って3回ヒットが打てるかどうかです。

つまり、一流の選手でも10回中7回は失敗しているのです。

7回の失敗を恐れ、バッターボックスに入ることをためらったら、3回の成功も同時に消滅します。

しかし、現実にはほとんどの人が失敗を恐れるあまり、チャレンジすることを先延ばしし、結果として成功をつかむことができずにいます。

成功体験を作りたいなら、まず目指すべきは「圧倒的な大量行動」です。

他の人よりも2倍の量を行動すれば、結果も2倍になります。

その分失敗の数も増えますが、確実に成功の数も増えていくでしょう。

行動量が増えた状態をキープすることができれば、コツをつかみ、少しずつ成功の確率が上がっていくのです。

多くの人は、最初から成功の確率を上げようとし、「成功できそうなことしかやらない」という判断をしてしまいます。得意なことしかやらないという判断です。

3章 これからの時代を生きる起業家のメンタル

しかし、それでは自分の活動範囲が広がらず、視野も狭くなってしまいます。

　苦手なことは自分ではやらず人に任せることが大切なのは事実ですが、**「最初からやらない」**のと、**「チャレンジしてみて実情を把握した上で人に任せる」**のとでは大違いです。起業家は「死ぬまで学び続ける」ことが必要です。
　「学ぶ」とは、座学で学ぶ、読書で学ぶという意味だけなく、「学んだことを実践する」ところまでが学びです。

　実践すれば必ず結果が出ます。すべてが思いどおりの結果、ということはありえません。
　思いどおりの結果が出なかったとき、「どうやったらもっとうまくできるか」を考え、改善してさらに実践する。

　30点の結果だったなら、どうやったら60点を取れるかを考え、実践し改善していくことで80点が取れるようになっていく。そのようにして成功体験は作られるのです。

　もう1つ、多くの人が成功体験に関して勘違いしていることがあります。**それは、いきなり大きな成功を目指してしまう点です。**
　野球の例で言うと、小学生がいきなりプロ野球の1軍の試合で満塁ホームランを打つことはできません。小学生が、「将来プロ野球の選手になって東京ドームで満塁ホームランを打つ」という夢を持つことは素晴らしいことです。

　しかし小学生なら、まずは地元のリトルリーグでレギュラーになり活躍することを目指すでしょう。そして野球部が強い中学校に進学し、そこで

活躍することが次のステップ。

　その成功体験を手にできたなら、次はいよいよ「甲子園を本気で目指せる方向に進む」ことを目指し、その高校でレギュラーになり、地方予選でホームランを打つことが目標になっていくのです。そして高校に進学したなら必死に練習し、レギュラー獲得を目指し、日夜夢に向かって突き進むのです。

　そのような形で、小さなチャレンジと小さな成功体験を積み重ねることでしか、大きな夢は実現しません。しかし現実には、いきなり大きな夢を描き、何から始めていいか分からず呆然としたまま時間が過ぎていってしまうケースが多いのです。

　小学生がプロ野球を目指す場合は、放っておいてもステップが用意されています。
　小学生が入るべきチーム、中学生が出場できる大会など、年齢や立場によりできることが限られるからです。

　ところが大人が夢を描く場合、制約がない分、何から始めていいか分からなくなってしまうのです。たとえば起業するという夢を描いた場合、知識が何もなかったら、どこから手をつけていいか分からず、行動を起こせないでしょう。

　今まで自分のビジネスをまったくやったことがない人が、ある日突然自分の事業を始めることはできません。そんなときまずやるべきは、「起業に向けてやらなければいけないことを調べる」ことです。

　やるべきことを調べたら、次に「最初にするべきこと」を決め、「今日

から行動できるレベルにまで細くすること」です。すぐに行動できるレベルに細分化されていないと、我々はどうしていいか分からず進むことができません。

　会社員時代、私が最初に「本気で出版を目指す」と決意したとき、最初にしたことは、「出版セミナー」に申し込むことでした。何をするべきかが分からなかったので、「何をすべきかを学べるセミナーを受講する」ことにしたのです。

　その結果、セミナーで「出版のための第一歩は企画書を作ること」と学び、早速企画書を作りました。最初に作った企画書は稚拙なもので、出版できるレベルではありませんでした。

　それでも、出版セミナーに参加する、そして企画書を書く、という小さ

な成功体験を1つずつ積み上げていったことは間違いありません。あちこちの出版社の編集者と打ち合わせをし、何度もダメ出しをされ、ブラッシュアップしたのです。

　そして、1冊目の本が刊行されるまで約2年を要しました。このように、1つずつステップを踏み、何度も失敗する中から成功をつかんでいったのです。

　どのようなときも、成功のためには大量行動、そして小さなステップをいくつも踏んでいくこと、失敗を恐れないことが大切です。

43 人生100年時代、どうやってチャレンジし続ければいい？

　学び、進化し続けるためには、常に新しいことにチャレンジし続けることが必要です。

　しかし、新しいことにチャレンジし続けるのは、口でいうほど簡単ではありません。

　人間には「**ホメオスタシス**」という機能がもともと備わっています。

　ホメオスタシスは「恒常性維持機能」とも呼ばれる、人間には欠くことができない大切な働きです。

　気温が上がって暑くなりすぎると、人間の身体は汗を出し、皮膚の表面温度を下げるように働きます。逆に気温が下がって寒くなりすぎると、人間の身体は筋肉を収縮させ、「震える」ことで体温を維持しようとするのです。

　身体に入ってくる水分量が足りなくなりそうだと、自然と排泄量が少なくなる一方で、「水が飲みたい」という欲求が起き、水分補給を促したりします。

　つまり、ホメオスタシスの役割は、「身体を一定の状態に保つ」ことです。

　一定の状態に保つとは、言い換えれば「いつも同じ状態」に導くこと。

　そして、ホメオスタシスは「情報」に対しても作用します。

　いつもと同じ環境を好む、というのが、ホメオスタシスが情報に対して働く例の最たるものです。

　通勤するとき、いつも同じ道をどおり、いつもの時刻の同じ列車の同じ車両に乗り、いつもと同じコンビニでいつもと同じ銘柄のお茶を買い、いつもと同じルートでオフィスに着く。

　あなたの行動を振り返ると、身に覚えがありませんか？
　人間のDNAには、「外敵から身を守る」ための防御プログラムがインストールされています。大昔の我々の祖先は、猛獣などから身を守るため、「いつもと同じ場所」に潜むことが求められていました。

　知らない場所は身を隠す安全な場所があるかどうかも分からず、外敵が潜む可能性のある危険なエリアも分かりません。

　勝手を知っているいつもの場所は、安全が確保できる確率が高く、知らない場所にいることは「危険」と我々のDNAに刻まれているのです。
　そのため、我々は知らない場所に行ったり、新しいことにチャレンジすることが苦手です。習慣化が難しい理由も、新しいことは脳と身体が「異物」と判断し、排除しようとするためです。**人間はもともと、「新しいことにチャレンジすることが苦手」という宿命を背負っているのです。**

　そのような不利な状況の中で、それでも新しいことにチャレンジし続け、学び続けていくことが大切です。そこで、常にチャレンジし続ける状態を習慣化するのに良い方法をご紹介します。私もこの習慣を始めてから、物事に対する姿勢が大きく変わり、チャレンジし続けることが当たり前になりました。

　その習慣は「1日1新」といいます。

　1日1新は、効率化コンサルタントで税理士、ブロガーで30冊以上の

3章　これからの時代を生きる起業家のメンタル

著書を持つ井ノ上陽一さんが提唱しているものです。

言葉のとおり、「**毎日１つ必ず新しいことをする**」習慣です。

小さなことでもいいので、毎日必ず新しいことにチャレンジします。
たとえば、スーパーに行き味噌を買うときに、今まで買ったことがない銘柄の味噌を買ってみる。

よく行く飲食店で、今まで頼んだことがないメニューをオーダーしてみる。
通ったことがない道を通って家に帰る、などなど。
いつもと違うことをすると、失敗することもあります。
買った味噌が自分の味覚に合わない、いつもと違うメニューが外れだった、などということも出てきます。

人間誰しも失敗することは嫌なことです。
だからこそ、「次は失敗しないようにしよう」と、観察眼が鋭くなっていくのです。
１日１新は、始めたら必ず毎日続けるのがポイントです。

実際にやってみると分かるのですが、これがなかなか大変なのです。
意識していないと、我々はつい、いつもと同じもの、ことを選択してしまいます。
惰性で行動していると、１日の終わりになって「まだ今日は何も新しいことをしていない」と慌てることも。

そんなときは家の中でできる新しいこと、たとえばiPhoneの無料アプリをダウンロードして試す、みたいなことをして達成、ということもあり

１日１新の効果

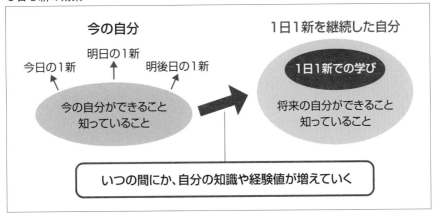

今の自分　　　　　　　１日１新を継続した自分

今日の1新　明日の1新　明後日の1新

今の自分ができること
知っていること

１日１新での学び

将来の自分ができること
知っていること

いつの間にか、自分の知識や経験値が増えていく

ました。

　１日１新のルールは、「自発的である」ことと、「思考ではなく行動であること」です。

　たとえば「スマホを落として画面が割れた」というのは自発的ではなく突発的な出来事なので、１日１新にはカウントしません。

　しかし、「スマホ画面が割れたので修理依頼をした」ことが初めての体験なら、主体的なので１日１新です。

　「新しい本の企画を考えていた」は思考なので１日１新ではありませんが、「新しい本の企画書を作って出版社に送付した」は行動なので１日１新です。

　１日１新は記録することが大切です。

　井ノ上氏も私も、前日の１日１新はエクセルに記録しています。

　習慣化されていくと、自然と「今日はどんな新しいことをしようか」と脳が考えるようになり、常に新しいものを追い求めるようになります。

普段とは違うこと、新しいことを自動的に選択できるようになると、思考が柔軟になり、アイデアが湧きやすく、そして放っておいても常に新しいことにチャレンジするのが当たり前になります。

　いきなり大きなチャレンジは誰でも躊躇するもの。

　毎日小さなチャレンジを続けるのが当たり前になっていると、徐々に大きなチャレンジもフットワーク軽く決断できるようになります。

　1日1新、ぜひ今日から始めてみてください。

4章

起業は
毎日の行動の積み重ね

44 夜型はダメ？

　起業を目指す人には、ぜひ朝型人間になってもらいたいと願います。

　体質的に夜型という人もいるのかもしれませんので、人それぞれで良いとは思います。

　しかし私も30代前半までは毎晩午前2時頃までダラダラ起きている夜型人間でしたが、今では朝4時から5時半ぐらいには起きる朝型生活にシフトしました。

　早起きにはたくさんのメリットがあります。

　早朝の時間帯は活動している人が少ないため、メールやメッセージなどが届くことがありません。自宅で仕事をする人の場合、家族はまだ寝ている時間帯なので、自分のことに集中できます。

　起きた直後は睡眠で脳がリフレッシュされ、覚醒度が高く、集中しやすい時間帯なのです。**一番集中できる時間帯を通勤ラッシュで疲弊したり、事務的な仕事で時間を費やすのはもったいないのです。**

　早朝の時間帯に1日の計画を立て、その上でその日行う仕事のうちもっとも難易度の高い、集中力を要する仕事をするようにしましょう。

　私は早朝から午前中いっぱいを、執筆の仕事に充てるようにしています。

　「クリエイティブルーチン」と名付けてルーチン化しています。

　クリエイティブルーチンには、書籍やブログ、有料note、メルマガなどの原稿執筆、Twitter、Instagram、Facebookへの投稿、YouTube動画収録と公開予約などがあります。

それらの中で書籍の原稿執筆がもっとも集中力を必要とし、難易度が高いものなので、私は毎朝最初に書籍の原稿を書く習慣にしています。

次にブログの中でも難易度が高い有料noteの記事や書評、それにメッセージ性が高い記事、ライフスタイルに関する記事などを書きます。

１日のタスクの中で集中力が必要で時間がかかり、難易度が高い順に仕事を並べ、終わりに近づくにつれ簡単なものにしていきます。

メールやメッセージのやりとりなどは、負荷の軽い仕事の合間に行うようにしています。

不定期にセミナーや講座の資料作成が必要な日があり、その日は午前中の早い時間帯に割り込ませ、集中して取り組みます。

私の仕事には、個人コンサルティングやカウンセリング、個人レッスンやセミナー、講座など、人前でお話しするものがあります。

それら対外的な仕事は午前中には入れません。

早朝から昼までは自分の仕事に集中し、午後は日によって対面的仕事を行います。

対面的な仕事がない日は午後２時から３時には仕事が終わります。

午後２時に仕事が終わると聞くと、「ずいぶん早く店じまいするんだな」と思うかもしれませんが、午前５時から仕事をしているわけですから、けっこうな時間です。

仕事の後は読書のタスクがあります。読書量を増やしたくて、さらなる読書時間の確保を目指しています。最終目標は１日１冊ペース、年間365冊です。

コロナ以降夜の会食がめっきり減りました。

夜の会食がなくなり、夕食を自宅で食べることがほとんどになったので、早い日は午後５時くらいには夕食にしてしまうこともあります。

夕食を早く済ませると、早く眠る体制に入れます。

早起きを習慣化するのにもっとも大切なことは、「早寝の習慣化」です。

多くの人が早起きの習慣化に失敗する最大の理由は、早起きばかりに意識がいき、早寝をしようとしないからです。早起きだけを目指し早寝を怠ると、当然のことながら睡眠不足になります。

睡眠不足の翌日は集中力も上がらず覚醒度も低く、パフォーマンスが上がりません。

ですから、私は毎日８時間眠るように努めています。

そして私は「**睡眠が１日の中で最優先のタスク**」と本気で捉えています。

早寝ができしっかりと８時間の睡眠が取れ、翌朝早朝にすっきりと目覚めることが、その日のパフォーマンスを最高のものにしてくれます。

そして、睡眠最優先生活のために欠かすことができないのが運動です。

現代人はデスクワークの時間が多く、運動不足の人が多い。

デスクワークは集中力や神経は疲れますが、身体は動かしていないので、頭と身体の疲れ方のバランスが悪いのです。頭が疲れていても、体が疲れていないので、夜に眠りにくい人が多くなっています。日中にしっかり運動することで、頭だけではなく、身体もしっかり疲れさせることが大切です。

夜には頭も身体もぐったり疲れ、１日のエネルギーを使い切り、空っぽになってぐっすり眠るのです。そして朝目覚めたらすぐにカーテンを開け、できれば外に出て散歩をしましょう。早朝に太陽の光を浴びると体内時計

がリセットされ夜更かしを防止してくれます。

　また、朝に太陽の光を浴びるとセロトニンという幸福ホルモンが分泌され、1日をハッピーに過ごすことができます。

　さらにセロトニンは夜になるとメラトニンという睡眠を誘導するホルモンを分泌させますので、安眠が促進されます。

　起業家の多くが早起きです。

　多くの人がままだ眠っている時間からビジネスをスタートするのは心地よいものです。ぜひ実践してみてください。

4章　起業は毎日の行動の積み重ね

45 起業家は身体が資本？健康管理を本気で行おう

　起業を目指す人は、睡眠と並び、健康管理に本気で取り組む必要があります。

　食事と運動に対する考え方を改めましょう。

　会社員でいる間は体調不良で休むときは有給休暇となります。

　休んでいても、給料はいつもどおりもらえるわけです。

　しかし起業したら、あなたが倒れて生産性がゼロなら、仕事は止まり、売り上げも下がります。長期にわたり入院するなどしたら、その間売り上げはゼロになってしまうかもしれません。

　アントニオ猪木さんの有名な言葉に「元気があれば何でもできる」がありますが、これは本当のことです。身体が元気なら集中力も増し、活動量も増やすことができます。

　逆に体調が悪かったり、落ち込んだりしていると、集中力が落ち、活動量も減ってしまいます。**起業家は自分の体調をベストの状態に維持することも大切な仕事だと捉えてください。**

　体調管理の三本柱は**睡眠、運動、食事（栄養）**です。

　この3つがしっかり噛み合うと、日々生きて仕事をして生活をすることで、体調が整い、仕事の効率も上がっていきます。

　逆にこの3つのうち1つが崩れると、全体がバラバラになって体調も悪くなり仕事の効率も下がってしまいます。

体調管理の３本柱

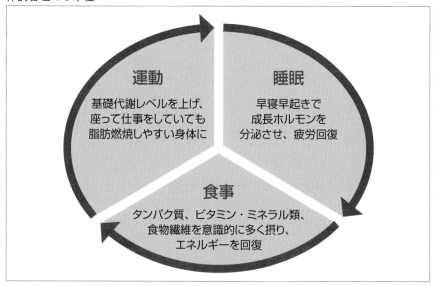

運動
基礎代謝レベルを上げ、
座って仕事をしていても
脂肪燃焼しやすい身体に

睡眠
早寝早起きで
成長ホルモンを
分泌させ、疲労回復

食事
タンパク質、ビタミン・ミネラル類、
食物繊維を意識的に多く摂り、
エネルギーを回復

　まずは日々しっかり運動をする習慣を身に付けましょう。

　現代人はデスクワーク中心の人が多く、普通に生活するだけでは運動不足です。

　オススメはランニング・ウォーキングなどの有酸素運動と、筋トレなどの無酸素運動を組み合わせること。

　私も毎日ランニング・ウォーキングと筋トレをしています。

　有酸素運動は心肺機能を高め、血流を良くし、脂肪を燃焼させてくれます。

　無酸素運動は筋力を高め、基礎代謝レベルを上げることで、脂肪が燃焼しやすい身体を作ります。

　基礎代謝レベルが上がると、座って仕事をしていたり、眠っていたりするだけでも脂肪燃焼しやすい身体になります。

筋トレで筋肉量を上げ、その上がった筋肉量でランニングをすることでより効率よく脂肪を燃焼してくれるのです。

多くの現代人が太りすぎ、メタボの傾向があります。

太りすぎの原因は運動不足と偏った食事のダブルパンチ。

食事の偏りで特に問題なのが糖質の過剰摂取です。

糖質は、ごはん、パン、うどん、そば、パスタなどの主食やジャガイモ、カボチャ、玉ねぎなどの根菜類、果物全般、もちろんケーキやジュース、アイスクリームなどのお菓子類に多く含まれます。

糖質は我々の活動を支えるエネルギーの1つではあるのですが、過剰摂取が続くと糖質中毒状態となり、糖質を摂らないと生きていけない身体になってしまいます。

糖質の過剰摂取が続くと使い切れなかった糖質を肝臓が処理しきれず、余った糖質は脂肪として蓄えられます。つまり、糖質の摂りすぎが肥満の原因となるのです。

また、糖質を大量に摂ると血糖値が一気に上がり、血糖値を下げるために膵臓からインスリンというホルモンが大量分泌されます。

インスリンが一気に分泌されると急上昇した血糖値が今度は一気に下がり、「低血糖」状態となります。

低血糖になると眠気、だるさ、イライラ、抑鬱した気分などの症状が出ます。

ランチにたっぷり食事をすると、午後に強い眠気や集中力の落ち込みを感じる人が多いと思いますが、その状態が低血糖です。

低血糖になると、身体は再び糖質を求め、強い空腹感を感じ、そしてま

た食事やおやつで糖質を大量に摂り、血糖値が急上昇という悪循環になるわけです。

　また、血液中の糖質の急上昇は血管を傷つけ、活性酸素が発生し、老化の大きな原因となります。お菓子類、甘いジュースや缶コーヒー、エナジードリンク等を日常的に食べたり飲んだりしている人は、すぐに止めましょう。

　また、日本人は1日3食、すべての食事に主食を食べる傾向があります。
　朝はパン、昼はパスタやうどんや丼もの、夜も晩酌とともにごはん、というような形が典型的です。しかし実際は、毎回主食を食べる必要はありません。

　糖質が過剰であるのに対して、タンパク質とビタミン・ミネラルなどの微量栄養素、さらに食物繊維などが不足している人が多いのです。
　タンパク質は肉や魚、大豆類などに多く含まれます。
　微量栄養素は野菜や小魚、ひじき、ごま、海藻類などに豊富です。
　食物繊維を多く含むのは、キノコ類やゴボウやフキなど繊維質が多い野菜、さらに海藻類などです。

　身体を作る食事については語り出すと本が1冊書けてしまいますのでこの程度にしますが、糖質を抑えタンパク質、ビタミン・ミネラル類、食物繊維を意識的に多く摂る食生活を目指しましょう。

　私は基本的に平日は自宅では主食は食べない生活をしています。
　イレギュラーに会食の機会があり、そのときは制限なく何でも食べますが、主食は大量には食べません。主食を食べない代わりに、青魚や具だくさんの味噌汁、肉類、たくさんの緑黄色野菜、さらに納豆などを積極的に

4章　起業は毎日の行動の積み重ね

食べる生活をしています。

　食品だけでは栄養が足りないので、サプリメントやプロテインも積極的に摂取しています。3食食べる生活もやめ、毎日16時間の空腹時間を作るリーンゲインズ（半日断食）を実践しています。

　仕事で頭を使い、しっかりした運動で身体を使い、身体に良い食事をすることでエネルギーを回復する。その上で早寝早起きでしっかりと睡眠を取り成長ホルモンを分泌させることで疲労回復、そしてエネルギーの充電が完了するのです。

　この3つのサイクルがうまく回ると、朝目覚めたときにはエネルギーに満ち、全力で仕事に挑むことができます。

46 今までと同じ働き方ではダメ? オフィスでの働き方を変えよう

　独立・起業を目指すことに決めた瞬間から、あなたは今の会社での働き方を根本から変える必要があります。

　心構えとして大切なことが2つあります。

　1つは、**会社におけるすべての業務が起業後のリハーサルであると考えること。**

　そしてもう1つは、**すべての仕事をゲーム感覚で捉え、成長・進化の機会と考え楽しむことです。**

　それぞれを解説していきましょう。

　会社で仕事をしていれば、当然それぞれの業務に担当者がアサインされ、仕事を分担しています。自分の仕事と、自分の担当ではない仕事が、ある程度明確になっているはずです。上司や他部署から、本来自分の担当ではない業務を割り振られたりしたとき、今までなら「これは私の仕事ではない」と不満に感じたり、実際口にしたりしていたかもしれません。しかし、独立・起業を決めたなら、その不平・不満は封印するべきです。

　なぜなら、起業後あなたはすべての業務を自分で引き受けることになるからです。

　そのときから、他部署も同僚も上司もいなくなります。

　発生するすべての業務を、あなた自身が自ら担当することになるのです。

　経理も、広報も、営業も、総務も、制作も、すべてあなたが担当です。

　今までなら新入社員に任せていたような単純業務も、やったことがない

仕事の捉え方

リハーサル	・起業後はすべて自分でやる ・専門のことも専門外のこともわからなくてはダメ
ゲーム感覚を 取り入れる	・仕事を楽しんで成長する ・成長するために工夫する

他部門の仕事も、すべてがあなたの管轄になるのです。

　独立・起業を決めたなら、将来に向け、すべての仕事が独立後のリハーサルを無料でさせてもらえていると捉え、ありがたく、積極的にチャレンジしていきましょう。

　無料どころではなく、給料をもらいながらリハーサルさせてもらえると思えば、どんな仕事もありがたくチャレンジできるでしょう。

　会社を退職した後は、給料をもらいながら実験ができる環境は消滅します。

　会社に勤めている間に、とことん自分を磨き、経験を積んでおくことが大切です。

　そして、会社で経験を積んでいくにあたり、大切になるのがすべての仕事をゲーム感覚で捉え、成長・進化の機会と考え楽しむことです。

　起業を決め、特に退職の意志を伝えた後は、仕事の第一線から退き、引継ぎやサポート業務のようなものが増える場合があります。

　今までは部下や後輩に任せていたような単純業務を引き受ける機会も増えるでしょう。そういったときも、つまらない業務だと考えず、本気で挑むことが大切です。

　たとえば資料のコピーを延々と取らなければならない場合。
　ただダラダラと作業をするのではなく、「どうやったら最短の時間でコピーを取り終えられるか」というひとりゲームを設定するのです。
　ゲームは本気でやらなければ面白くありません。
　1分でも、1秒でも早く仕事を終えられるよう、本気で考え取り組むのです。

　「単純業務」と軽く考えず日々本気で取り組み続けることで、脳が鍛えられ、独立後のあなたの仕事のパフォーマンスが劇的に上がっていくことになります。
　私が最初に単純業務を「ひとりゲーム感覚」で楽しむようになったのは、高校生のときに初めてアルバイトをした現場でした。

　高校1年生のとき、自宅の近所のお弁当屋さんで夜のアルバイトを始めました。
　オーナー店長さん以外は全員アルバイトという小さなお弁当屋さんでした。
　店長さんは夕方に帰宅し、夜間はアルバイトだけで仕事をしていました。

　1日の最後の閉店業務はやるべきことが決まっており、店内の掃除、残った食材の整理、そして調理器具やバットやタッパーなどを洗って片付ける業務がありました。

　夜のアルバイトは私と同世代の高校生ばかりで、みんなダラダラと適当

4章　起業は毎日の行動の積み重ね

に仕事をするため、長い時間がかかってしまうのが通例でした。

　片付けに時間がかかると退店が遅くなり、その分時給が多くもらえるというメリットもあったため、他のアルバイトは皆、意図的にダラダラ仕事をしていた面もあったと思います。

　しかし私は仕事はさっさと終え、帰宅して自分の時間を持ちたかった。
　そこで私は一緒に働くアルバイトに「何分で閉店業務を終えられるかタイムアタックしよう」と提案しました。
　ゲーム感覚でストップウォッチを使い、閉店業務の速さを競うようにしたのです。
　日付とその日の担当者、そして閉店業務にかかった時間のランキングを紙に書いて張り出すようにしました。

　夜のアルバイトは通常２名で担当していました。
　私が出勤しない日も当然あり、私が出勤してる日も一緒に働くアルバイトはその日ごとに違う人でした。

　「閉店業務タイムトライアル」は、始めた当初は他のアルバイトには不評でしたが、僕は構わずひとりで全力で閉店業務を行い、結果を紙に張り出していました。
　すぐに店長が貼り紙に気づき、「面白いチャレンジだから、優勝者に商品を出そう」と言ってくれ、アルバイトたちも興味を持ち始めました。

　若者たちは一旦興味を持つと俄然張り切り、夜の閉店業務が１日で一番盛り上がる時間になり、日々本気でタイムトライアルをするようになったのです。
　すると、その効果が日中の時間帯にも波及しました。

　お弁当屋さんが一番忙しいのはランチの時間帯。ランチの時間帯は戦場のような慌ただしさです。トンカツや白身魚のフライなどの揚げ物、鮭やしょうが焼きなどは、ランチの時間帯に向け午前中に大量に仕込みしておかないと間に合いません。

　私たち高校生の閉店業務のタイムトライアルが、昼の部のパートさんたちの仕込み業務に飛び火したのです。
　店長が「夜のアルバイトが面白いことをやっているから、昼の仕込みでもやってみないか。商品を出すよ」と提案したのです。

　午前中の仕込みをいかに手早く効率よく終えるかを競う「仕込みタイムトライアル」が生まれ、夜の部とともに日々競い合うようになりました。

　タイムトライアルを「ばかばかしい」「やってられない」と反発して辞めていったアルバイトもいました。しかし、ほとんどのアルバイトやパートの人が、仕事をゲーム感覚で捉えたことにより、時間を短縮し、作業効率を考え、パフォーマンスを最大化することの楽しさに目覚めました。

　その結果、業務効率が大きく改善し、お店の売り上げもアップ、僕は店長に感謝され、時給を上げてもらうことができたのです。

どんな仕事もいやいややっていたら効率は上がりません。
ゲーム感覚で楽しみながら、最大の効率と品質を目指すことが大切です。

47 飲み会は出るべき？
飲み会のうまい回し方

　起業を目指す人にとって、同じ志を持つ仲間がいると大変心強いものです。

　この本を手に取ってくださっている方は、起業を目指しつつ、今は組織の中で働いている方が多いのではないかと想像します。

　その前提でお話しすると、起業すると、交友関係が劇的に変化することになることを知っておいてください。

　はっきり言うと、会社員時代に仲良くしていた人とは疎遠になり、新たな友達がたくさんできるのです。

　「類は友を呼ぶ」という言葉がありますが、まさにそのとおりなのです。

　組織で働く人は組織で働く人同士、起業した人たちは、やはり起業した人同士とつながる傾向があります。

　あなたが組織人から起業家へと立ち位置を変化させると、それに伴い交友関係が変化します。

　それは楽しいことでもある反面、それまで気が合っていた仲間と疎遠になっていく切なさを伴います。しかし、それはあなたが大きく進化している証拠と捉え、前向きに考えてください。

　その上で、飲み会の扱いについてお話ししようと思います。

　あなたが独立・起業を決め、準備を始めているなら、**行くべき飲み会と行くべきではない飲み会があります。**

行くべき飲み会は、利害関係のない同じ志を持つ仲間との会合です。

たとえばセミナーの懇親会。

セミナーは学びの場です。

同じ会場にいて、同じ講師の講義を聞いていたということは、進みたい方向性が似通っている可能性が高い仲間が自分の周りに座っていたということです。

セミナーの後に懇親会がセットされているなら、ぜひ参加してみましょう。

多くの場合、懇親会には講師も参加しているので、講師と直接話をする機会も得られるでしょう。講師は面識がない人のFacebook申請は受け付けていない人が多いので、面識ができるとFacebookでつながることもできるかもしれません。

講師は、あなたが「なりたい未来」を既に実現している可能性が高い人です。そんな講師の投稿がFacebookのタイムラインに流れてくるのは、貴重な財産になります。

また、講師とつながること以外に、一緒に受講していた人たちと会話してSNSでつながることも非常に重要です。できればLINEのようなクローズドなつながりではなく、Facebookでつながることをオススメします。

Facebookは実名で相互承認済みであるため、信頼性が高く、個人のつながりがビジネスに発展する可能性が高いのです。LINEは1対1が原則、またTwitterは匿名性であるため、ビジネスへのつながりに変化することが少ない。

僕自身、会社を辞めて独立・起業しようと決めてからは、積極的にセミナーに参加し、懇親会で仲間を増やしていきました。

独立して既に10年以上経ってもいますが、当時の仲間とは今でも仲良くしています。セミナーを受講していた仲間同士で飲みに行くと、未来の夢や目標などを語り合い、アイデアを出し合い、励まし合い、とても充実した時間になります。

一方、独立・起業を決めたあなたが行ってはいけない飲み会は、**会社の同僚との惰性での飲み会**です。

仕事帰りに同僚と「なんとなく」駅前の居酒屋に寄って、ダラダラと飲む時間は今後のあなたには必要ないものです。
私自身も会社員時代に経験がありますが、そのような飲み会の話題は大抵組織や自分の待遇に対する不満や上司に対する愚痴、顧客の悪口などです。

利害関係のない仲間との飲み会では夢を語りますが、仕事の同僚との飲み会で将来の夢を語ったら、おかしな人と思われることも多いのです。会社の同僚は友達ではありません。仕事のためにたまたま同じ組織に雇われた関係に過ぎません。

あなたが会社を退職したら、二度と会わない人が大半ではないでしょうか？

未来を共有する可能性がない人と、付き合いで仕事の愚痴を言い合う時間は無駄以外の何物でもありません。

独立・起業への道

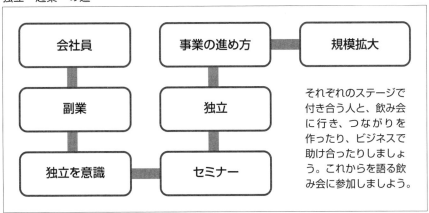

会社員	事業の進め方	規模拡大

| 副業 | 独立 |

| 独立を意識 | セミナー |

それぞれのステージで付き合う人と、飲み会に行き、つながりを作ったり、ビジネスで助け合ったりしましょう。これからを語る飲み会に参加しましょう。

　自然に距離を置き、誘われたときは、やんわりと、しかしきちんと断るようにしましょう。何回か続けて断れば、自然と距離が生まれ誘われなくなりますので、それでOK。

　自分が立っている位置が変わると、付き合う人も変わります。
　私は何度も付き合う人が変わっていく経験をしました。
　ときとして切ないことですが、仕方がありません。

　付き合う人が変わるということは、自分が進化している証拠なのですから。

48 有意義な読書術とは？

あなたが起業を目指すなら、絶対身に付けてほしい習慣が「読書」です。

日本の社会人の6割以上がまったく読書をしない生活をしています。

月に1冊しか読まない人を加えると、全体の9割になってしまう状況です。

残念ながら大半の日本人には「大人になってから学ぶ」習慣がありません。

学ぶのは学校にいる間だけで、社会人になったら仕事をして稼げば良い、という考え方ですね。

しかし、起業するなら、あなたは**「死ぬまで学び続け、進化し続ける」**覚悟がなければいけません。世界は毎日進化を続けています。

学ぶことをやめた瞬間、あなたは世界の進化から取り残され、「退化」していくのです。

学びの中で一番費用対効果が高いのが読書です。

文庫本なら数百円、単行本でも1500円程度で、専門家が心血を注いで書いた知識や経験、ノウハウを手に入れることができるのです。どんな分野でも、自分で独学で学ぶなら、膨大な時間と労力がかかります。

読書を習慣化することで、自分の周りに何百人もの専門家が味方として陣取ってくれるようになります。

ぜひ読書を習慣化し、常に本を持ち歩くようにしてください。

私が考える読書術についてお話しします。

　1つ目は、とにかくたくさん読むこと。多読を目指してください。

　たくさん読むということは、それだけ知識がインプットされることを意味します。

　たくさん読むためには、読む時間を確保しなければなりません。

　隙間時間は常に読書をすると決意してください。駅で電車を待っているとき、電車に乗っている間、待ち合わせ場所でのちょっとした時間、1人でランチするとき料理が出てくるまでの時間、役所や銀行の窓口での待ち時間など、日常に意外と隙間時間はたくさんあります。

　今はスマホがあるので、つい隙間時間をSNSを眺めて過ごしてしまう人が多いのです。

　それらの隙間時間をすべて読書に充てれば、かなりの読書時間を確保できます。

　まずは外出時には必ずカバンに本を1冊入れておく習慣を持ちましょう。

　何を読むべきか、という質問をよく受けます。私は、自分が興味を持った分野の本なら何でも良いと思っています。中でも自分の専門分野、得意分野の本は、書店で見かけたら必ず買って読むようにしています。

　「専門分野なら、もう勉強しなくても良いのでは？」と思ったなら、大きな間違いです。世界は常に進化しています。

　専門分野にも、常に新しいテクノロジーや斬新な視点、今までになかったトレンドなどが現れます。専門分野、得意分野だからこそ、常に最新情報を仕入れ、自分自身をアップデートしておく必要があるのです。「自分はもう専門家だから学ばなくても大丈夫」と考えた瞬間に、学び続けている人たちから遅れ、古くなってしまうのです。

　たくさん読むなら速読を身に付けるべきか、という質問もよく受けます。

私は速読と読書は別物だと考えています。

速読は「情報検索技術」です。

私もある速読術を学び、習得しましたが、速読では本をすべては読みません。

自分に必要と感じる箇所だけを読み、後は飛ばすのが速読です。

読む前に、「この部分、このキーワードの箇所が有益そうだから、そこを中心に読もう」という考え方ですね。

しかし、私は読書とは、「未知の知識、知恵との出会いの場」と考えています。

読書体験とは、著者が心血を注いで作り上げた作品を、くまなく読み取ることで、思いがけない知識や知恵と出会う場所なのです。

なので、私は速読せず、本は最初から最後まですべてのページを読みます。

速読をしなくても、大量の読書を続ければ読むスピードはどんどん上がっていきます。

1行ずつ読むのではなく、ブロック単位で読む習慣がつけば、読むスピードは格段に速くなります。

特定の分野の本を集中して何冊も読むのもオススメです。

たとえば、睡眠に関する本を読むなら1冊だけではなく、異なる著者の本を10冊程度まとめて読むのです。

まとめて読むと、どの著者も同じことを書いている箇所が見つかります。

10冊読んで10人が同じ主張ということは、非常に重要で押さえておくポイント、と判断できます。

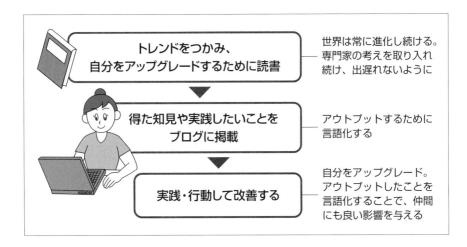

また、それぞれの主張の違い、他の人が述べていないが自分には大切と思えるポイントなどがつかめます。1冊の本だけだと、その著者の主張に偏りがあっても気づけない場合があります。まとめ読みをすることで、主張のばらつきやトレンドなどを含めた知識を得ることができるのです。

そして読書をするときに一番大切なことをお話しします。

それは、「**アウトプットを前提に読書をし、アウトプットを行い、実践に移すこと**」です。

情報発信については第5章で詳しく書きますが、読書をしたらブログにブックレビューを書きましょう。そして、1冊本を読んだら、必ず何かしら1つ、本の中から学んだことを自分の行動に移すのです。

漠然と本を読んで、そのままにしては意味がありません。

起業家にとっての読書とは知識を増やすことではなく、学びを行動に変え、自らを進化させることです。

先ほどの例だと、早起きの本を読んだなら、本から学んだポイントを実行し、早起きできるようになることが読書の目的です。お金と時間を使って早起きの本を10冊読んだのに、起きる時間はまったく変わらなかった、というのでは本を読んだ意味がないというのは分かるでしょう。**食事と栄養の本を読んだら食事を改善する**。思考整理術の本を読んだなら、毎朝思考整理の時間を取って実践してみる。

　アファメーションの本を読んだら、毎日の生活に取り入れる。
　そのように行動に落とし込む、「行動する読書」が何より大切です。
　しかし、本を読んでいきなり行動に移すのは意外とハードルが高いのです。
　世の中にダイエット本が溢れているのに、いまだにダイエットを成功する人が少ないのは実践していないからです。

　そこで重要になるのが行動に移す前に、読んだ本の内容を言語化する、つまりブログに書くことです。本の内容を要約するのではなく、自分がどう感じたか、どこが重要だったか、何を実践に移したいかを中心に言語化します。言語化すると、モヤモヤしていた思考が固定され、「これを実践する」と書けば、実践しやすくなるのです。

　個人的にメモやノートに書くよりも、**ブログをオススメするのは「他人の目を意識する」**からです。個人的なメモだと、曖昧でも適当でも書けてしまいますが、ブログは世界中の第三者が見に来る可能性があります。

　人にきちんと説明しようと思うと、曖昧な箇所は読み返しますし、説明も工夫するようになります。

　慣れてくれば、読むときから「アウトプットを前提にした読み方」をす

るようになり、脳への知識の定着の仕方が飛躍的に上がります。私は読ん
だ本すべての書評を書くことを習慣にしています。

　ブログに書評を書きSNSでシェアすれば、自分の知識が増すだけでなく、
つながっている人たちに影響を与え、「読書家」「博識な人」というブラン
ディングもできます。
　起業家は絶対に読書を習慣化すべき。ぜひ今から読書習慣を身に付けて
ください。

49 師匠は必要か？
自分の師匠を見つけよう

　起業すると大きく変わることの1つに、「**上司がいなくなる**」ということがあります。

　上司とは、うっとうしくも、自分を守ってくれるありがたい存在です。

　また、直属の上司以外にもトップの経営者から役員、他部署の上司など、社内にあなたを指導してくれる存在が複数いるケースが多いでしょう。

　独立・起業すると、あなたを成長させるためにアドバイスしてくれるそれらの存在がいなくなります。

　ではどうするかというと、自分から「師匠」「メンター」を見つけていくのです。

　師匠やメンターには、様々な形があります。

　実際に師匠にお願いして「師弟関係を結ぶ」形もあります。

　落語家や一部の芸能人などは、このような形で実際に師弟関係を結び、師匠の家に住み込むケースもあります。現代ではさすがに見なくなりましたが、昔は作家の家に住み込んで弟子入りし、作家の身の回りのお世話をする「書生」という形態もありました。

　しかし、一般的には公に「弟子を募集している人」はほとんど見かけません。

　現代においては、あなたが「この人から学ぼう」と決め、一方的にその人を「**師匠**」と慕うケースがほとんどではないでしょうか。

　僕自身にも複数の「師匠」がいますが、どの方も僕が一方的に「この人は師匠だ」と思い込んでいるだけで、先方はそのことに気づいていないケースが多いです。

　あなたの片思いで良いわけですから、直接会えない人でも、既に亡くなっている方でも、海外の方でも構わないわけです。

　実際、現代の経営者の方の多くが、松下幸之助や盛田昭夫といった名経営者や、徳川家康、坂本龍馬、吉田松陰といった名士たちを今でも慕い、彼らから学び続けています。

　しかし、やはり実際に会ったりメールやメッセージでやりとりをして学ぶことができる師匠が必要な時期もあります。

　「そんなこと言われても、師匠なんてどうやって見つけたらいいか分からない」という声が聞こえてきそうです。

　私自身も、自分に師匠が見つかるとは、当時は思ってもいませんでした。

　師匠のあてがない人は、まずは読書を通じて師匠を探すのが良いと思っています。

　あなたの専門分野、これから伸ばしたい分野、興味がある分野で活躍している複数の第一人者の本をどんどん読むのです。

　その中でぴんときた人がいたら、ネットで検索して、直接会う機会がないか調べましょう。現代は多くの著者がセミナーやオンラインサロンなどを開催しています。

　できれば単発のセミナーより、継続的に学べる連続講座やオンラインサロン形式が望ましいです。

　会いに行ける著者が見つかったら早速申し込んでセミナーに参加しまし

師匠を
見つけるために読書

オンラインサロンや
連続セミナーを受講

インターネットで
接点を探す

ょう。

　著者と距離を近づけていくコツはなんといってもセミナーでは最前列に
座ることと、質疑応答のときに毎回質問をすること。日本人は謎の引っ込
み思案と、学生時代の名残か、なぜかセミナーでわざわざ後ろに座る人が
います。

　セミナーで後ろの席に座るメリットは何一つありません。
　講師からの距離が遠くなればなるほど、非言語の波動やバイブレーショ
ン、エネルギーなどは届かなくなります。最前列の席は講師が放つ高い波
動と完全に同期して、共振できる最高の場所です。

　毎回最前列に座りしっかりと講師の顔を見ながら受講していれば、当然
講師もあなたのことを認識し、覚えます。そして質疑応答の際にしっかり
とした質問をすれば、さらに印象に残ります。気をつけたいことは、良い
質問をすることです。
　時々質問ではなく自分語りを始めてしまう人や、できない言い訳をする
人、講師が講義の中で説明したことを質問してしまう人などがいます。
　的外れな質問や、意味のない自分語りをする人は、むしろマイナスのイ
メージを持たれますので避けましょう。

そのためにも講義に集中し、しっかりと内容を把握した上で、分からない点を質問することが大切です。

50 師匠に どうアプローチすればいい?

　「師匠を見つけよう」といきなり言われても、どうしていいか分からない、という方も多いでしょう。分かりやすいように、具体的に私自身が最初に師匠を見つけたときの話をしましょう。

　当時私は会社員で社長の右腕としてシニアマネージャー・業務統括という立場で社員を取りまとめる役割を担っていました。

　30代半ばでそのような重要な立場についたのは、前任者だった役員が病気で急遽退職されたからでした。私がその立場についたとき、会社の業績は悪化しており、非常に苦しい状態でした。何とか会社の業績をV字回復させたい。
　ほとんど引継ぎもない状態で重要な任務についた私は、藁にもすがる思いで情報収集をし続けました。

　当時「日経ビジネスアソシエ」という雑誌があり、その雑誌にある人の連載記事を見つけました。それが私の最初の師匠となった、吉越浩一郎さんでした。

　吉越さんは当時「トリンプ・インターナショナル・ジャパン」という外資系女性下着メーカーの社長を務められていました。吉越さんの連載記事は業務の効率化による経営改革がテーマでした。

　後に吉越さんは50冊以上のビジネス書を出版するベストセラー作家に

なられますが、当時はまだ書籍は出版していませんでした。吉越さんは「早朝会議」「デッドライン仕事術」「残業ゼロ」など、斬新な仕事術を次々と連載で書かれていました。

　私はそれらの記事を自分の勤務先の社長に見せ、「我々に必要なのはこれらの手法だ」と説得し、自社の業務改革に取り組んでいきました。

　社長と私、それに私の直属だった若いマネージャーたちで一丸となり業務改革を進めつつ新規顧客の開拓も進めた結果、低迷していた業績は次第に上向きになり、やがてV字回復を達成したのです。

　その間に吉越さんは書籍の出版をスタートされ、私はもちろん即購入して読み漁りました。当時トリンプ名物となっていた早朝会議が見学できると本に書いてあったので、早速トリンプ本社に電話して問い合わせたのですが、残念ながらコネクションがある企業しか見学できないということでした。

　そのようにして吉越さんと私は、著者と読者、そして「吉越イズムの実践者」という形で、私の一方的な片思いという状態がしばらく続きます。

　そして吉越さんはトリンプインターナショナルを定年で退官され、個人事務所を設立してフリーランスとして活動をスタート、出版や企業での講演を本格化されたのです。

　2008年11月、僕にとってはちょっとした奇跡が起きました。

　当時私は麻布十番と六本木の間あたりに住んでいました。会社が休みの日に外出し、家に帰る途中、麻布十番の小さな交差点で赤信号で立ち止まっていたときのことです。

　私の隣に、なんと吉越浩一郎さんがスッと立ったのです。

4章　起業は毎日の行動の積み重ね

235

私は身長190センチと日本人にしては非常に長身ですが、吉越さんも187センチと非常に背が高く、ロマンスグレーのやや長い髪形で、すぐに吉越さんと分かりました。

　私は思わず吉越さんに声をかけました。
「吉越浩一郎さんですよね？　著作や雑誌の連載を全部読んでいます！」というようなことを言ったように思います。

　すると吉越さんは見ず知らずの私に対して、「歩きながらお話ししましょう」と言ってくださったのです。私が声をかけた交差点から私の自宅まで徒歩2分ほどでした。
　しかし、家に帰れば吉越さんとのお話が終わってしまうので、私は何も言わず自宅前をとおり過ぎ、そのまま六本木ヒルズの坂上まで10分ほど話をさせていただきました。

　この日の出会いは衝撃的なものでした。
　私は人生において始めて「著者」と直接会い、話をする機会を得たのです。
　しかも何年も本を読み漁り、「吉越イズム」を追いかけてきた、憧れの人にです。

　数日間私は興奮状態、ハイテンションでした。
　しかし、ハイテンション状態が収まると、今度は激しく落ち込むことになりました。
　なぜ落ち込んだかというと、同じ人間なのに吉越さんと自分の落差がひどいと感じてしまったのです。

　吉越さんはトリンプインターナショナルを19年連続増収・増益という

華々しい業績を残し退職し、今は続々と本を出版し、全国を講演して飛び回っている。

それに対して自分は雇われサラリーマンの身で、何も自分の名前で仕事ができていない。

吉越さんに何か貢献したいと思っても、本を買うことぐらいしかできない。

自分の無力さ、無名さを情けなく感じ、ひどく落ち込んだ日が続きました。

そのときに浮かんだのが「ブログを書こう」でした。

ブログを開設し、そこに吉越さんの本の書評記事を書けば、その書評記事をきっかけに吉越さんを知ってくれる人が増えるかもしれない。

ブログを始めた理由はほかにもありますが、吉越さんの書評を書くというのが大きな原動力の1つだったことは間違いありません。

私は独学で独自ドメインを取得し、当時主流だったブログシステム、Movable Type（今の WordPress のようなもの）をサーバにインストールし、悪戦苦闘しながらブログを開設しました。

そして 2008 年 12 月 8 日、私はブログ「No Second Life」を開設しました。

最初に書いた書評記事は、もちろん吉越さんの著作でした。

つまり、ブログ開設当初から「独立してプロブロガーになろう」などと考えていたわけではありませんでした。

ただ、「ブログがブレイクして独立し、本を出版した人が何人もいる」という話は聞いていました。

4章　起業は毎日の行動の積み重ね

私自身がそうなれるかは分からないけれど、何かが起こるかもしれないと期待し、ブログの優先順位を仕事と同じくらい高く設定し、日々更新を続けました。

　もちろん吉越さんが新しく本を出版すればすぐに購入し読み、そしてブログに書評を書き続けました。

　そして月日が流れ、2010年、私がブログを始めてから1年半程が経った頃。
　ネットで検索をしていて、私は吉越さんが個人のホームページを開設していることに気づきました。そのホームページにはお問い合わせフォームがありました。

　私はふと、お問い合わせフォームから吉越さんにメッセージを送ることを思いつきました。1年半前に麻布十番の路上で声をかけたこと、そしてその後ブログを開設し、吉越さんのご著書を何冊も紹介しているので、よければご覧いただきたいと、ブログのURLを張り付け、送信ボタンを押しました。

　私は、てっきり吉越さんの個人事務所のスタッフがメールを開封し、それを吉越さんに転送するか、プリントアウトして手渡すかだと思っていました。

　多忙な吉越さんだから、返事は来ないだろうと割り切っていたのですが、驚いたことに、送信後すぐにご本人から返信をいただいたのです。吉越さんは私のことを記憶していてくれ、このときをきっかけに、時々メールでやりとりさせていただくようになりました。

そして、2010年春に、私は人生の大きな転機を迎えました。

生まれて初めてブログだけで生活している「プロブロガー」の方とお会いし、自分もプロブロガーになりたい！　と強く願うようになったのです。

続いてブログから書籍を出版している若者とも知り合い、自分も出版したいとも思うようになりました。2010年7月に勤務先の社長に退職したい旨申し入れ、話し合いの後に私の退職が決まりました。

しかし、退職の時期は翌年の3月末となり、約9ヶ月の長い猶予期間が発生しました。

この間の私は非常に不安で、本当にやっていけるか、本の出版などできるだろうか、と迷う日々でした。今ならまだ、退職を取り消し、このまま会社に留まることもできるかもしれない。その方が良いのかもしれない。

誰かに相談したいが、誰に相談したらいいか分からない。

悶々としているときに、たまたま吉越さんからメールが届きました。

私は思い切って、吉越さんに「相談したいことがあるので、ランチをご一緒できませんか？」と申し入れました。吉越さんはあっさりオーケーしてくださり、私は会社を午後半休にし、吉越さんの個人事務所があった京橋まで出向き、ランチしながらお話しさせてもらいました。

自分が独立してやっていけるか不安でひどく迷って、どうしていいか分からない、出版を目指しているが、何から始めて良いかも分からない。

私が心中を吐露すると、吉越さんは「あなたならできる！　絶対に独立をした方がいい！　私は雇われ社長をしていて定年になってから独立し、今が楽しくて仕方がない。もっと早く独立していれば良かったと後悔して

います。今しかない、絶対に独立した方がいい！」と背中を強く押してくれました。

　さらに後日「面白い若い友人がいるので紹介します。彼らに出版について相談すると良いですよ」とメールをくださいました。

　ご紹介されたのは、なんとベストセラー作家の本田直之さんと泉正人さんでした。
　本田さんと泉さんに個別にお会いする機会をいただき、私は出版と独立・起業に関するアドバイスをおふたりからもらうことができました。

　吉越さん、本田さん、泉さんからのアドバイスのおかげで、私は独立・起業と出版に対し、大きな勇気と、素晴らしい情報と知識をもらうことができました。

　そして私は2011年4月に無事独立し、フリーランス・ブロガーとしての第一歩を歩み始めました。その年の年末にデビュー作となった『ノマドワーカーという生き方』（東洋経済新報社）の出版が決まり、2012年6月に無事刊行されました。

　この本の帯には吉越さんと、もう1人の師匠である勝間和代さんに推薦文を書いていただくことができ、感無量でした。

　おかげさまで初出版が好評だったため、版元の東洋経済新報社の担当編集さんから、「もう1冊ご一緒しましょう」とお誘いをいただきました。
　そのときに編集者さんから驚きの提案があったのです。
　「次の本は吉越さんとの共著にしたらどうですか？」というのが、その提案でした。

　僕は夢のようだと舞い上がりましたが、同時に「絶対に断られる」という不安にも包まれました。しかし、「断られても失うものはない。断られて当然と開き直ってお願いしてみよう」と、思い切って相談してみました。

　すると、意外にもあっさりとOKが出て、師匠との夢のコラボが実現することになりました。

　吉越さんは1年の約半分を、奥様の出身地である南フランスで過ごされます。

　吉越さんとの共著の企画会議は、当時のオンライン会議サービスの主流だったSkypeを使い、吉越さんの南仏のご自宅、東京の私の自宅、そして東洋経済新報社をつなぎ、オンラインで行いました。

　そして2014年11月に、吉越さんと私の共著である『クラウド版デッドライン仕事術』が刊行されました。この本の出版に合わせ、当時私が主催していた連続講座で吉越さんに登壇いただき、こちらでも夢の共演が実現したのです。

　師匠とともに本を出版し、師匠とともに登壇するという夢が、ダブルで叶いました。

　吉越さんとは今でも懇意にさせていただき、学ばせていただいています。

　このように、**師匠との出会いが人生を大きく変えることがあります。**

　あなたもぜひ、師匠との出会いに対するアンテナを立て、情報を積極的に収集してみてください。

4章　起業は毎日の行動の積み重ね

51 成功するための 休みの使い方とは?

　起業を目指す人に知っておいてほしいことがあります。

　組織に勤めているときと独立した後では、「休日」という概念が大きく変わるのです。

　独立・起業をすると、完全な休日というものは存在しなくなります。

　もし今のあなたのライフスタイルが、平日と休日で極端に違う時間帯で過ごすパターンなら、早めに改革に手をつけましょう。

　真っ先に手をつけるべきは「睡眠」です。もしあなたが今、平日と休日で睡眠時間や起床時刻が2時間以上違うなら、そのギャップを埋める努力を始めましょう。

　平日は寝不足で過ごし、週末は夜更かしをして、土日は昼まで寝ている。

　そのようなパターンで生活をしている人は生活のリズムを整える必要があります。

　このパターンで生活している人は「平日は我慢をする日」「週末はハメを外す日」という思考回路で行動しています。

　週末は夜にハメを外す分、午前中はほぼ睡眠で費やし、足りなかった平日の睡眠の埋め合わせをしている状態です。

　週末を憂さ晴らしと休息で浪費してしまう生活からは早急に脱却してほしいと思います。週末は平日にできない自己投資で使う時間に変えていきましょう。

　セミナーを受講したり、長い時間の運動をしたり、美術館や博物館、映

起業前と起業後とで違う1週間の生活リズム

起業前	起業後
月曜日　寝不足：パフォーマンス下がる 火曜日　残業で疲れる 水曜日　残業で疲れる 木曜日　残業で疲れる 金曜日　夜更かし（華金）	早朝に起きて、17時までに仕事を終える。 しっかりとした睡眠を取り、その日のうちに疲れを取る。
土曜日　朝寝坊：昼起 日曜日　朝寝坊：昼起	早朝に起きて、お店や映画館や美術館に行き、空いている時間に平日ではできない経験をする。

もし起業前に週末夜更かし型の生活をしているようであれば、
今から生活のリズムを変えていくべき

画など刺激を受ける時間に使ってほしいのです。

　休日に思い切り活動するためには、金曜日の夜にハメを外して夜更かししたり、飲み過ぎたりする生活はオススメできません。ハメを外したい心理が働くということは、平日に仕事を頑張りすぎているのかもしれません。

　もしあなたが残業が日常化して長時間労働をしているなら、早急に働き方を改革しましょう。**日本人の多くが休日を「休む日」と認識しているのに対し、欧米の人は休日を「人生を楽しむ日」と認識しています。**

　日本人はその週の仕事での疲れを癒やし、翌週の仕事のためにエネルギーを充電するために休日を使っています。

つまり、働くために休んでいるのです。

欧米の人たちは真逆の考え方です。

休日を思い切り楽しむために平日働くという捉え方をしています。

ですから、欧米の人たちは平日限界まで働き休日を疲れを癒すために使うという考え方はしません。

定時でさっさと仕事を終えゆっくり夜を過ごし、しっかり眠り疲れを翌日に残さないのです。独立後の働き方は、欧米の人たちと近くなります。

１日の疲れはその日の睡眠でとり、翌日はまたエネルギッシュに活動する。

休日を思い切り活動的に過ごすためには、まずは平日もきちんと睡眠を確保できるように、働き方を改革しましょう。

平日しっかり眠れていれば、休日に睡眠負債を返済する必要がなくなります。

実際この原稿を書いているのは日曜日ですが、私は今朝４時45分に起きました。

生活のリズムが整っているので、「完全に休まないといけない」という感覚がないのです。**休日に睡眠負債の返済が必要なく、平日と同じように早起きができると、休日の１日が劇的に長くなり、できることが増えます。**

多くの人が休日はダラダラ過ごす習慣なので、お店も映画館も観光地も、朝は空いており、午後から夕方にかけて時間が遅くなるとどんどん混んでいきます。

朝から活動できると、空いている映画館や美術館、観光地などを待ち時

間なく利用でき、効率的で気分も上がります。

　平日をある意味単調な環境、オフィスと自宅の往復で使っている人には、休日は平日とは異なる刺激を全身で受けることに使ってほしいのです。

　朝から活動的に過ごせば、身体も脳も心地よく疲れ、夜にハメを外すことなく早く眠くなります。土曜日をそのように過ごせば日曜日も早くから目覚め、エネルギーに満ちて再び活動することができます。

　多くの人が金曜日と土曜日を夜更かしし、土曜日と日曜日昼まで寝ていて、結果日曜日の夜が眠れず、寝不足のまま月曜日の朝を迎えます。

　１週間のスタート寝不足でぼんやりした頭で迎えるのはぜひ避けましょう。
　起業後は、時間ではなく成果で働くことになります。
　ぼんやりした頭ではパフォーマンスは上がりません。
　今の段階から独立後を想定し、休日と平日の生活時間のギャップを作らないようにしましょう。

52 レジャーに全力投球してはいけないわけ

　何度か触れていますが、独立・起業すると仕事と遊び、生活と学びの区別がつかなくなっていきます。つまり、生きることが仕事になり、仕事をすることが遊びにもなり、日々の生活でもあるわけです。

　そうなると、「完全なオフの日」というものは存在しなくなります。
　私自身、まったく仕事をしなかった日は独立以来１日もありません。
　もちろん緩くして、最低限のルーチンをこなすだけ、という日はたくさんあります。
　しかし、大晦日も元旦も、ゴールデンウィークも、毎日常に最低限のルーチンは実行するのです。

　完全に休む日を作らない理由はいくつかあります。

　１つ目の理由は、休む必要がないからです。
　休日だからといって食事をしない、という人はいないでしょう。
　土日はお風呂に入らない、という人もおそらくいないのではないかと思います。

　仕事は生活や遊びと融合して一体化しています。
　毎日歯磨きをしないと気持ちが悪いのと同じで、毎日の習慣として完全に定着しているので、休む方が気持ち悪いのです。
　毎日実行すると決めているタスクは実行した方が気持ち良く、その上で休みの日をエンジョイします。

2つ目の理由は、休むとリズムが崩れ、元に戻すのが大変だから。

私の仕事は書籍やブログ、メルマガ等の執筆と、YouTube、セミナー・講座・講演など人前でお話しする仕事が毎日のルーチンとなっています。

セミナーや講座は毎日ではありませんが、YouTube は毎日更新しているので、毎日人前でお話をしているわけです。

執筆も講演も、「言語化する」仕事という意味で共通です。

言語化の仕事は日々続けることで、脳の神経回路が太くなり活性化され、スピードが上がり、内容も充実していきます。思うように書け、喋れる状態ということです。

ところが何日も続けて休むと、この言語化の神経回路が衰え、細くなってしまうのです。ピアノなどの楽器を習っていたことがある人は分かると思いますが、ピアノも練習を数日しないと、一気に下手になります。

私は子供の頃からピアノを習っていましたが、先生にこう言われたことがあります。

「練習は1日サボると3日分下手になる、3日サボると1週間分下手になる、1週間サボると1ヶ月分下手になる」。

この言葉は大げさではなく、本当にすごい勢いで弾けなくなるのです。

一気にヘタクソになって、そこからまたコツコツと練習して上手になるのに長い時間がかかります。完全にクールダウンしてしまうと、もう一度ウォーミングアップから始めなければならず、すぐに全開の状態にはできないのです。

特に年末年始やゴールデンウィーク、お盆休みなどを長くとって完全に仕事を休むと、仕事に復帰した後もしばらく調子が上がらない日が続くのです。

3つ目が、他の人が休んでいるときに稼働することで、相対的に他の人より前に進めるからです。起業家は常にマーケットと対峙しています。

　自分の商品やサービスを購入していただけるよう、切磋琢磨を続けなければなりません。多くの人が完全にクールダウンし、休んでしまっているときにも、淡々と稼働することは、自らを前に進める上で大切な行動になります。

　「365日休みなしなんて、信じられない」と思うかもしれません。

　もしあなたがそう感じたなら、それはあなたの仕事に対する姿勢がまだ会社員モードだからです。

　起業家にとって仕事とは、自分自身であり、生活そのものです。

　自分で望んで起業し、自分で商品やサービスを開発し、自分で販売するのです。

　そこには「やらされ感」は微塵もありません。

　たとえば今私はこの本を書く、という仕事をしています。

　私の生活を支え、私を豊かにしてくれる大切なビジネスです。

　しかし、**私はこの本を書く仕事に、1ミリも「やらされ感」や「ストレス」を感じていません。**私の頭の中にあったモヤモヤとしたイメージが、次々と言語化されていくことにワクワクしっぱなしです。

　原稿が完成し、やがて本の形になり全国やネットの書店に私の本が並び、多くの方が手に取ってくださる日を想像すると、楽しみで仕方がありません。本の原稿は土曜日も日曜日も関係なく毎日書いていますが、疲れるどころか、むしろやる気が出てきます。

　なぜなら、休まずに書けばそれだけ早く原稿が仕上がり、書店に並ぶ日

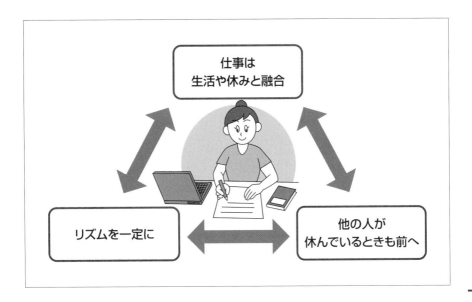

も早まるからです。2日休めば2日完成が遅くなります。もちろん身体や脳がひどく疲れたら休む必要があるでしょう。

　私の周りの多くの起業家たちも、完全なオフは作っていない人が多いです。

　仕事は苦痛な義務、食べていくためにいやいややることではなく、自分を進化させ、輝かせ、豊かにしてくれる、素晴らしい活動なのです。

53 年末年始の過ごし方で 1年が変わる？

独立・起業すると、「ゆっくり休む」の概念が変わります。

前の項目でも触れましたが、「完全オフ」という考え方がなくなりますので、年末年始も稼働し続けることになります。会社員の方は、平日の疲れを休日に癒やす。そして1年間の疲れを年末年始で癒やすというサイクルで活動している人が多いと思います。

「やれやれ、やっと1年が終わった」と。

それに対し独立・起業すると、1日の疲れをその日の夜に取ることが可能になります。

自分で自分の仕事のペースをコントロールできるので、無理をする必要がないのです。

従って、年末年始に無理に休む必然性はなく、むしろ稼働したくなるのです。

とはいえ、年末年始に平常業務だけをしているかというと、それは違います。

年末年始は、1年単位の振り返りと未来を描くことに時間を使うのです。

会社員の人は、会社のトップが描く会社の方向性に従い、自分の役割が決められます。

与えられた役割に従って仕事をする、そして目標が設定されることになります。

レビュー・デザイン

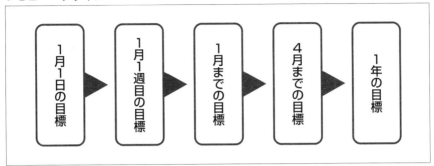

独立・起業したら、あなたの目標を設定してくれる人は、あなただけです。

あなた自身があなたの未来を描き、その未来に向かって進むのです。

年末年始は、１年間の活動を振り返って総括して課題を整理し、翌年の自分が何をするか、どんな未来を実現するかを深く掘り下げて考えるのに最適な期間です。

日常業務は減らし、１年間のレビューとデザインに時間を取りましょう。

私は１日、１週間、１ヶ月、３ヶ月、１年単位のレビューとデザインを習慣化しています。年末年始の期間は、これらすべてのレビュー＆デザインが集中する期間になるのです。

期間を「区切る」ことには大きな力があります。

よく「あっという間に１年が終わった」という言葉を聞きますが、私にはその感覚はありません。なぜなら、上に書いた期間ごとにレビュー＆デザインを行い、その期間に「何をしたのか、どんな課題があったか、次の期間に何をするのか、どんな未来を実現したいのか」を掘り下げて確認

しているからです。

　そしてその区切りを紙のノートにも残し、エクセルでデータ化します。アウトプットすることで記憶が曖昧になることを防ぎ、またノートやエクセルを見返すことで思い返すこともできます。活動はすべて数値化し記録に残すことがポイントです。

　ビジネスの売り上げの推移はもちろん、書いたブログの記事数、ランニングの距離、筋トレのセット数、体重や体脂肪率の推移、睡眠時間や体温、血圧などのトレンド、読んだ本の冊数などを数値化して記録します。

　自分の活動を数値化することで、目標も数値化できるのです。
　期間を区切り、自分の活動を数値化して振り返り、課題や反省点を明確にします。
　そのときに大切なことは、目標に到達しなかったことを自虐的に考えないことです。

　人間は「あり方」と「やり方」の両輪で存在していると私は考えます。
　あり方は、「**存在価値**」「**あなたがいる意味**」とも捉えられるでしょう。
　人間の「存在」はどんなときも、どんな人も「完璧」です。

　生まれたばかりの赤ちゃんは、人の役に立つような行動は何もできません。
　ペットの猫もただのんびりしているだけで、我々の仕事を手伝ったりすることはありません。しかし、赤ちゃんも猫も愛され、大切にされるのは、その存在がかけがえのないものであり、完璧だからです。

　しかし我々は、自分自身に対しては、すぐに減点方式で責めてしまいま

す。

「目標を立てたのにちゃんとできなかった」「やれないことばかりだった」から「自分はダメな人間だ」という図式で責めるのです。

目標が達成できなかったことは残念ですが、目標が達成できなかったことと、あなたの存在価値には1mmも関係性はありません。

目標が達成できてもできなくても、あなたの存在は完璧です。

これは「横柄になれ」とか「傲慢であれ」と言っているのではありません。

目標を立てて活動するのは、あなたの「やり方」の部分です。

やり方は常に未熟です。だからこそ改善するわけで、永遠に発展途上でゴールはありません。

それに対してあなたの存在は、目標に達成しようが未達であろうが完璧です。

あなたの存在とは、あなたの「あり方」を指します。

4章　起業は毎日の行動の積み重ね

「あり方」とは、あなたの「存在そのもの」であり、目標や成績などとは一切無関係、赤ちゃんや猫の存在と同じで、常に完璧なのです。

　「目標を達成できた自分は素晴らしい」というのは、「条件付きの自己肯定」です。
　この考え方をすると、裏返せば「目標を達成できなかった自分はダメ人間」という定義を自分でしてしまっていることになります。

　この考え方をしている限り、どこまでいってもあなたは目標に縛られることになります。

　そうではなく、「**あり方は常に完璧**」「**やり方は永遠に未熟で発展途上**」と捉えると、あなたの自己肯定感も完璧な状態になります。
　年末年始は未来のビジョンを描くのに最適な「区切り」の期間です。
　特に元日は新しいノートを用意して、その年に実現したい夢を無制限に書き出しましょう。

　私の元日の朝のルーチンは以下のとおりです。

　夜明け前に目覚める → 家の前の海岸で初日の出を見る → 近所の神社に初詣でに行く → 歳神様を迎える儀式を家でする → 1年の夢をノートに描く → 新年のブログ、YouTube、メルマガ。

　ここまでが終わったら、新年のお祝いに移ります。
　いろんなことをやっているように見えるかもしれませんが、かかる時間は2時間ほどです。ぜひ充実した1年にするための「儀式」をしっかり行うようにしてください。

54 日々コツコツ準備をしよう！ そうすれば 一発勝負じゃなくなる

独立・起業するときに絶対やってはいけないことがあります。

「一発勝負」だけは絶対にやってはいけません。そもそも、「勝負」してはいけないのです。勝負ということは、勝つかもしれないし、負けるかもしれない、という発想です。

独立・起業は、あなたの未来です、あなたのこれから先の人生です。

長いこれからの人生に、完全な「敗北」などあっていいはずがありません。

会社に勤めている間に、少しずつでいいので準備を始めるのです。

心構えを雇われ人から起業家にシフトし、生活の仕方を改め、付き合う人を変え、具体的なビジネスをプランして、小さな規模から始めるのです。

本格的に独立してからでないとできないこともありますが、会社に勤めながらできることもたくさんあります。**一時的に「二足のわらじ」状態になりますから、時間の使い方には特に気を配りましょう。**

惰性で過ごす「思考停止時間」をギリギリまで圧縮することが重要です。

なんとなく過ごす時間はすべて排除するのです。

誤解のないように言っておきますが、「休むな」と言っているのではありません。

休むときには「今から休むぞ」と明確に宣言してから思う存分休みまし

4章 起業は毎日の行動の積み重ね

255

ょう。

特に睡眠は極力削らず、最優先で積極的に摂る必要があります。

生活にメリハリをつけ、「何をやっていたか分からない時間」をなくしていくことを意識するのです。

お金の管理で問題になるのが、何に使ったか分からない「使途不明金」です。

高い買い物をすることが問題なのではなく、「なんとなく使ってしまってお金がない」状態が問題です。お金の管理では、何にいくら使ったかを把握するために家計簿をつけますが、時間に関しても同じように考えます。

私は独立してからしばらくの間、Toggl Timer（トグルタイマー）というクラウドのタイムトラッキングツールを使って、毎日の自分の時間の使い方を「可視化」していました（現在は「Toggl Track」）。

　自分のすべての時間をログに残し、どのような活動に何時間何分、時間を使っているかを把握するようにしたのです。頭で思い描いているのと実際に記録してその結果を見るのとでは大きな違いがあり、衝撃を受けました。

　想像以上にダラダラしている「休息」の時間が多かったり、午後は生産性がひどく落ちていて、デスクの前に座ってブログの管理画面を開いていても、遅々として記事が書けていなかったり。

　今は様々なタイムトラッキングツールやタスク管理サービスがありますので、自分の時間の使い方を記録して可視化することはオススメです。

　会社員から独立・起業するときには大きなエネルギーを使います。
　人生最大のパラダイムシフトといっても過言ではありません。
　そのためには、今までと同じような時間の使い方、意識では大きなエネ

時間管理例

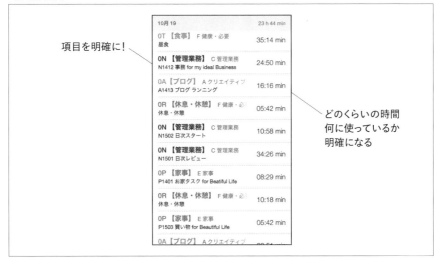

項目を明確に！

どのくらいの時間
何に使っているか
明確になる

4章　起業は毎日の行動の積み重ね

ルギーを生むことはできません。

今まで会社の時間に使っていたエネルギーを少しずつ少しずつ、組織に迷惑をかけない範囲で減らしていく。そして入れ替わるように、これからの自分のビジネスのために注ぐエネルギー量を徐々に増やしていく。

退職が決まれば、会社の仕事はメインストリームから外され、徐々に負担が軽くなっていくはずです。組織はあなたがいなくても機能するようになっています。

重要な仕事から外れ、徐々にやることが減っていくことを、あなたは寂しく感じるかもしれません。会社の仕事の負担が軽くなり、定時で帰れることを喜びましょう。

自分の時間が多くなり、起業の準備や自己投資に回せるようになったことをありがたく思いつつ、どんどん行動していきましょう。

私も独立・起業を決心してからは、時間の使い方を根本から改めました。

会社の同僚や部下との飲み会には一切行かない、ダラダラ残業せずさっさと帰宅する、帰宅後テレビは見ない、早朝5時に起き自己投資の時間を確保する、休日もダラダラ寝ていないで、1日中自分の時間に使うという意識です。

私は勤務先でシニアマネージャー・業務統括という立場だったので、それまでは事業計画や採用等の業務の中核にいました。私は年度末で退職したので、本来なら自分が中心になって来年度の事業計画を練ったり採用の面接をしたりする立場でした。

しかし退職が決まった後は、私は翌年度には在籍しないのですから、当然事業計画や採用のメンバーから外れます。

　後任がいるからこそ私は退職できるわけですが、やはり長年携わってきた中核の業務から外れることは寂しく、居場所がないように感じました。しかし、独立・起業を決めたからには、組織の中での仕事を手放すことが絶対条件です。

　今まで会社に注いできた熱量を、自分自身に向けるのだ、と言い聞かせながら最終日までやるべきことをやって退職しました。

　実際に独立・起業しないとできないこともありますが、準備段階でできることをやり尽くしておくことが重要です。

55 時間で働くのではなく、成果で働く？

　会社員から独立・起業すると大きく価値観が変わる点の１つが「時間で働く」から「成果で働く」へのシフトです。

　一部の営業職などを除くと、会社員は原則「就業時間」、すなわち「拘束時間」が決められています。フレックスタイムなどで多少柔軟になっているケースはあっても、「１ヶ月間に最低何時間働く」という取り決めがあります。

　標準的な形だと、週５日間、１日８時間は会社の仕事をしてください、という縛りがあるわけです。そして、それだけの時間を会社の仕事をする見返りとして給料の金額が決まっています。

　拘束時間と給料の額がセットで決められているので、当然働く側は「自分の時間を会社に差し出し、見返りに給料をもらっている」という発想になります。

　時間で働くと、「とにかくオフィスにいればいい」という発想にもなりがち。

　ひどい二日酔いの状態で這うようにオフィスに行き、トイレの個室で居眠りしている、などという状況も許されるし、実際あるわけです。

　また、どんなに頑張って生産性を上げ、サクサクと仕事が終わっても、定時まではオフィスを出ることはできません。

　コミッションの給与体系になっていなければ、営業職が大きな契約を取ったとしても、売り上げに見合って給料が即上がることはありません。

　会社の売り上げが３倍になる契約を取ってきたとして、あなたの給料が

すぐ3倍に跳ね上がることはないのです。

　次の人事考課で、会社の給与規定の範囲内で数パーセント給料が上がれば良い方ではないでしょうか。

　結果として、組織で働くことは、良くも悪くも時間とお金のトレードオフになっているのです。

　サボっていて成果が出なくても一定額の給料がもらえる代わりに、目覚ましい成果を上げても給料が劇的に上がることはなく、「あなたは頑張ったから明日から1ヶ月間会社に来なくていい」とはならないわけです。

　独立・起業すると、この価値観があっという間に崩れ去ります。
　起業家は時間ではなく、成果で働きます。

　どんなに時間をかけて企画をしても、商品が1つも売れなければ売り上げはゼロ、自分の収入もゼロになります。
　一方、片手間で10分で企画したものがバカ売れして100万円の利益が出れば、時給600万円という計算になります。

　日本人は「長く働くことは良いこと」という固定観念を持ってる人が多いですが、起業家にこの考え方は当てはまりません。
　できるだけ働く時間を短くし、できるだけ多くの成果を上げることが最良のことです。
　もちろん成果が大きく、その状態で働く時間を長くすれば売り上げはもっと上がることにはなります。

　自分の商品やサービスをいかにたくさんの人に買っていただくか。
　いかに効率よく効果的に商品やサービスの販売にレバレッジをかけるかを考え抜く必要があります。

レバレッジをかけるとはどういうことでしょうか。

たとえば私は今この本の原稿を書いています。本の原稿を書く作業はコツコツと根気がいるもので、数ヶ月かかります。

しかし、原稿が完成して印刷・製本されると全国の書店に届けられ、皆さんの手に渡るわけです。

電子書籍化もされますので、スマホやタブレットにダウンロードして読んでくださる方もたくさんいます。

つまり、1回書いた原稿は、数千倍・数万倍にレバレッジがかかり、皆さんの手元に届くわけです。

1対1の個人コンサルティングの場合、一度に私とお話ができるのは1人です。

個人コンサルティングだけで売り上げを上げようとしたら、ひたすら人数を増やすしかありません。つまり、売り上げを上げようとするなら、働く時間を長くするしかないわけです。

一方セミナーなら私が講義し、たくさんの方が受講してくださる形でレバレッジをかけることができます。

コロナ以前は、セミナーは対面で行うものという潮流がメインでした。

対面で行うセミナーは会場の大きさ、当日その時間に会場に来られる人に限られるという要因によりキャパシティーの限界、つまりレバレッジの限界がありました。

それがコロナによりセミナーのオンライン化が進んだ結果、これらの障壁がなくなりました。オンラインであればネット環境さえあれば全国、全世界から受講することが可能です。私は自分が開催したセミナーで、受講

レバレッジのかかり方

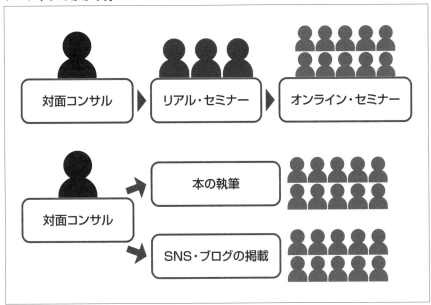

者の方が仕事の移動中にヘッドフォンをして、タブレット端末で電車の中から受講してくださったことがあり、衝撃を受けました。

また、オンラインセミナーは簡単にアーカイブ動画を作成することができます。

リアルタイム受講とあわせてアーカイブ受講をメニューに用意すれば、当日都合が悪い人も動画受講が可能になります。セミナー開催後も「動画セミナー」という形で販売を継続することも可能です。

書籍もブログもセミナーも、このような形で自分が働いていないときにも売れて、売り上げをもたらしてくれます。

高い成果を上げられれば、1日中働く必要はなくなります。

4章　起業は毎日の行動の積み重ね

収益構造をしっかり構築できれば、働く時間はどんどん短く、売り上げはどんどん大きくすることが可能なのです。

　そのような構造を作るためには、マーケティング、プライシング、購買心理学などをしっかり学び、自分の商品を適性な価格で買っていただけるように設定することが大切です。時間ではなく成果で働けるというのは、起業家の大きな醍醐味の1つです。

　こればかりは実際に起業して体験してみないと分からないでしょう。

　マーケットとダイレクトに対峙し、その結果がすぐ出るのが魅力であり、恐ろしい点でもあります。2倍の人に買っていただければ即売り上げは2倍、でも半分の人にしか売れなければ売り上げも半分、つまり収入が半分になってしまうわけです。

　このダイナミックさが「楽しい」「チャレンジングでワクワクする」という人は起業家に向いています。一方「怖い」「不安だ」という思いが強い人は、起業家には向いていないかもしれません。

　守ってくれる上司や会社はなく、自分ひとりで小さな小舟で大海原に漕ぎ出していくのが独立・起業です。そのダイナミックさを楽しむチャレンジ精神こそが、起業家に必要なものです。

独立起業に向けた情報発信

56 「情報発信」とは何か?

　皆さんは国民的人気アニメ「ドラえもん」をご存知でしょう。

　ドラえもんに「ジャイアン」というガキ大将の男の子が登場します。

　ジャイアンは歌がとても下手ですが、歌うことが大好き。

　クラスメイトを強引に集め、空き地の土管の上に立って「ジャイアンリサイタル」を開きます。『ドラえもん』の単行本の第1巻が発売されたのが1974年のことでした。

　当時の子供たち、いえ、大人も含めた当時のすべての人にできた精一杯の「発信」は、「ジャイアンリサイタル」だったのです。ドラえもんは数え切れない数の便利な道具を4次元ポケットから出してくれました。

　しかし、未来の国からやってきたドラえもんすら想像できなかった「武器」を現代の人々は手にしています。

　その武器とは何でしょうか。

　もしジャイアンが2022年に小学生として生きていたなら、何をするでしょうか。

　ジャイアンは自分の部屋でスマホを三脚に立てて固定し、ライブ配信アプリにアカウントを作って「ジャイアンリサイタル」を全世界に向けライブ配信するでしょう。

　ジャイアンの歌はYouTubeにもアップされ、話題になり、海外からも大きな評価を受け始めます。アメリカの著名なアーティストがTwitterに「ジャイアンの歌が最高すぎる」とツイートしたことから一気に人気が沸騰。

　ジャイアンの歌は世界的にトレンドとなり、投げ銭により収益化がなさ

れ、ジャイアンは小学生にして起業家となり、ニュースにも取り上げれる
ようになるかもしれません。

ドラえもんの漫画が連載されていた頃と2022年の現代。

昭和の時代、誰も絶対にできなかったことが、令和なら誰にでも簡単に
できるようになっています。**それこそが、「個人による情報発信」です。**

誰にも絶対できなかったことが、誰にでも簡単にできるようになること
を「革命」と呼びます。

人類は誕生してから3回の大革命を経験してきました。

1つ目の革命は農業革命。

狩猟・採集活動をして生きてきていた我々の祖先が「農業」を始めたの
が農業革命です。作物を育て収穫し、備蓄して食料とする。

それまでは獲物となる動物や魚介類を追いかけ移動しながら生きていた
人類が、作物を育てるために「定住」したのです。秋に収穫した作物を備
蓄し寒い冬の間もそれを食べることで飢えをしのぐことができるようにな
りました。あてのない狩猟・採集活動をしていた頃に比べ、生きていくた
めに必要な「カロリー単価」が劇的に下がり、人口が爆発的に増えること
になったのです。

これが人類最初の革命である農業革命です。

そして人類が経験した2つ目の革命が「産業革命」。

蒸気機関が発明され、モノが工場で大量生産されるようになります。工
場を経営し多くの人を雇う資産家階級と、資産家に雇われ工場で働く労働
者階級が生まれ、富の偏りが顕在化して資本主義が誕生します。産業革命
が起こったことでモノが溢れるようになり、多くの人がモノを手に入れる

5章 独立起業に向けた情報発信

267

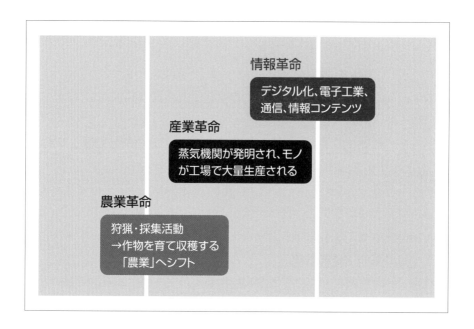

ために働く「物質主義」が広がっていきます。

　農業革命も産業革命も、共通しているのは発生してから逆戻りすること
はなく、ずっと進化を続けていることです。

　そして人類が体験している3つ目の大革命が現在進行形で起こっている
のです。**その革命は「情報革命」です。**

　情報革命は、現在進行形で発生中のため、最終的な形がどうなるか、誰
にも予想ができません。ある人は「すべての労働は機械が行うようになり、
人類は労働から解放され理想郷に生きるようになる」という未来を描いて
います。

　別の人は「機械によって人類が支配され、人類は機械のために奴隷のよ

うに働くことになる」という絶望的シナリオを提示しています。

　いずれにしても、急速に進むAI化により、我々の生活が激しく変化していることは確かです。情報革命の最終形態がどうなるかは誰にも分かりませんが、これまでの段階で、我々に与えた最大の変化があります。

　その変化が「個人による情報発信」です。

　この項目の冒頭で「ジャイアンリサイタル」について書きました。
　インターネットの登場前、我々にできる「発信」はほとんどありませんでした。

　発信はマスコミの専売特許で、しかもマスコミは「組織」として発信をしており、個人が自由に発信できる場所は存在しませんでした。

テレビ、ラジオ、映画、新聞、書籍、雑誌などのマスメディアが組織として発信をし、ごく限られた人間以外は情報はひたすら「受信」するものだったのです。

　昭和の時代のジャイアンは空き地土管の上でジャイアンリサイタルを開きましたが、当時の人間にできる精一杯の発信は「土管の上で歌う」ことだったのです。

　インターネットが世界をつないだことで「革命」が起こりました。
　今では誰もがパソコンやスマホから自由に自分の言葉や写真、動画などを全世界に向けて発信することができます。

　発信したメッセージは簡単に国境を越え、地球の反対側にも瞬時に届く

ようになりました。発信の形態は年々進化し、数え切れないほどのプラットフォームやツールが開発されています。

　情報発信とは、あなたのメッセージを世界に届けることです。

57 独立・起業にあたってなぜ情報発信が必要か？

　独立・起業する人には、情報発信が必須です。

　なぜ情報発信が必要かというと、発信をしないとお客様にあなたのことを知ってもらうことができないからです。

　あなたの商品やサービスのこと、そしてあなた自身のミッションやビジョン、人柄など。

　ビジネスを行っている個人・法人を問わず、どこも情報発信に力を入れています。

　あなたと近い業種のビジネスを行っている人たちが全員情報発信をしているのに、あなたが発信をしなければ、発信している人たちに埋もれ、誰もあなたのことを見つけてくれなくなってしまうのです。

　スマホが普及し飲食店やサロンなどは「あえて看板を出さない」お店が登場しています。看板を出さなくても、ネット上で多くの人に知ってもらうことができれば、後はスマホの地図アプリがあれば、看板がなくてもお店にたどり着けるからです。

　スマホが普及する前は、飲食店や商店は「できるだけ目立つ場所、人通りが多い場所に出店することが大切」でした。地図アプリのように誘導してくれるツールがなかった時代は、路地裏のお店や看板がないお店は、お客さんが見つけてくれなかったり、迷ってしまったりするため、マイナス要素だったのです。しかし現代ではお客さんは地図アプリで検索してお店を見つけるため、看板よりもネット上での露出活動の方が重視されるようになったのです。

5章　独立起業に向けた情報発信

それと同じで、これから独立・起業する人たちも、リアルな看板よりもネット上での発信の方が重要になります。

日常的に情報発信をしている人としていない人では、営業力が段違いになってきます。

戦略的な情報発信とは、独立・起業する人にとって重要な営業ツールです。

ビジネスをするにはお客様が必要です。

まずはお客様にあなたのこと、そしてあなたのビジネスを知ってもらうことが第一歩です。

さらにお客様にあなたの商品やサービスを知ってもらい、興味を持ってもらうことが次のステップになります。

そして、他の人の商品やサービスではなく、あなたの商品やサービスを買いたい、あなたから買いたいと思ってもらう必要があるのです。

そのために、常にあなた自身のこと、そしてあなたの商品やサービスのことを発信し続ける必要があるのです。

では、情報発信にはどのような方法があるのでしょうか。

情報発信のツールは年々進化し、種類も増え続けています。

中でももっとも重要なツールがブログです。

ブログの重要性については次の項目で詳しく述べますが、ブログは「個人の情報発信の母艦」になるものです。企業は「公式ホームページ」を持って活動しているところが多いですが、個人の場合ブログがホームページと合体した形が理想です。

ホームページを別に持っても構わないのですが、更新されないホームページを持つよりは、**日々情報がアップデートされるブログに情報を集約す**

る方が読者 ＝ お客様にとっても便利で、あなたの最新情報を見つけても
らえやすくなります。

　ブログの次に重要なのがメルマガとLINE公式ですが、この2つは情報
発信が軌道に乗ってからスタートするのが得策です。なぜ情報発信が軌道
に乗ってからスタートした方が良いかと言うと、発信を始めたばかりで知
名度が低いと、メルマガやLINE公式に登録してもらえないからです。

　ブログはGoogleの検索エンジンからも人が流入する仕組みのため、不
特定多数が読者になりますが、メルマガやLINE公式は「あなたから情報
を得たい」と感じた人しか登録しません。読者が極端に少ない状態で日々
メルマガやLINE公式を配信し続けるのは非効率ですし、継続するモチベ
ーションも続きにくくなります。

　ブログやSNSでの情報発信が軌道に乗り、一定数の読者が得られてか
らメルマガやLINE公式をスタートすると良いでしょう。

　いきなりは難易度が高いと思いますが、動画の配信にもぜひチャレンジ
してほしいです。動画配信で一番有名なのはYouTubeです。YouTubeは
Googleが運営しているため、検索に強く、実はストック型メディアです。

　20代を中心に若い世代はものを調べるときにGoogleは使わず、最初か
らYouTubeで検索をする人が多くなっています。また、Googleで検索を
するときも、YouTubeの動画が上位に表示されるなど、YouTubeは優遇
されています。

　YouTubeでしか検索をしない人にとって、YouTube動画を配信してい
ない人は「存在していない」ことになります。

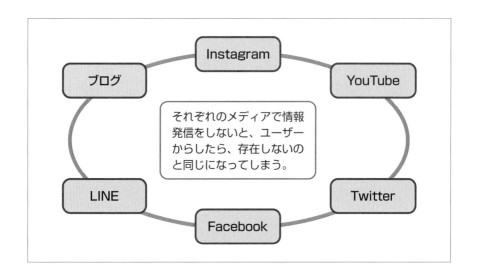

それぞれのメディアで情報発信をしないと、ユーザーからしたら、存在しないのと同じになってしまう。

SNSも積極的に使っていく必要があります。

どのSNSを使えば良いのか、とよく質問されますが、私は「全部」と答えます。

それぞれのSNSごとに、ユーザーの属性が異なるからです。

Twitterが好きな人はTwitterを見続けていますし、InstagramのヘビーユーザーはInstagramに常駐しています。特定のSNSをやらないということは、そのSNSに常駐している人たちにリーチできない、知ってもらえないことを意味します。

私は独立・起業する人にとっての情報発信は「全部戦略」でいくべきと考えています。

58 ブログは使っている？ 究極の セルフブランディングツール

　この項目ではブログの重要性、そして他の発信メディアとの違いについて解説します。

　まず、ブログの最大の特徴の1つが「1社に依存しないメディアである」ということです。**Twitter、Facebook、Instagram、YouTube、TikTok などのSNSは運営会社1社が独占しています。**運営会社の都合で利用規約が変更されたり、機能がなくなったりすることがあります。

　また、それぞれのSNSの流行廃りの影響をダイレクトに受けることにもなります。

　日本では2005年から2010年頃まで、国産のSNSである「ミクシィ」が流行しました。私も当時は毎日のようにミクシィにアクセスして投稿していました。

　かなりの量のコンテンツをミクシィに書き込みしていましたが、その後多くのユーザーがミクシィを離れブログやTwitter、Facebookなどに移動していき、私もミクシィにはまったくアクセスしなくなりました。ミクシィを離れれば、ミクシィに書き込んだ自分のコンテンツも埋もれてしまうことになります。

　今は、流行して多くのユーザーを抱えているFacebookやTwitterなども、いつまで勢いがあるか分かりません。後発のSNSで、短命で終わったものも数多くあります。

その点ブログは１つの運営会社に依存しない仕組みです。

　世界中に数え切れないほどのブログ運営会社があり、その中から自由に選ぶことができます。また、WordPressのようなCMS（コンテンツ　マネジメント　システム）を自分で借りたサーバにインストールし、自分だけの独自ドメイン（xxx.comやyyy.jpなど）を持って運営する本格的なブログも構築可能です。

　ほとんどのブログサービスは引っ越しが可能で、コンテンツを別のサービスやサーバに移動させることができます。

　仮に契約しているサーバ会社がサービスを終了するとしても、自分のコンテンツを丸ごと引っ越しすることができ、永続的に運営することができるのです。

　次にブログの特徴は、検索エンジンとの親和性が高い「ストック型メディア」であることです。ブログは新しく書いて公開した記事だけが読まれるのではありません。

　ブログの１つ１つの記事はGoogleに代表される検索エンジンに登録されます。

　書いてから時間がたった記事でもユーザーがGoogleで検索したキーワードとマッチすれば、検索結果に表示され読み続けられるのです。

　ブログ内の記事数が増えれば増えるほど、Googleに登録される記事数が増え、検索される機会が多くなっていきます。検索エンジンに記事がストックされていくので、ブログは「ストック型メディア」と呼ばれます。

　一方TwitterやFacebook、InstagramなどのSNSは「フロー型メディア」と呼ばれます。SNSにはタイムラインがあり、新しい投稿が流れてき

ます。

　SNSも検索の機能は持っていますが、多くのユーザーは流れてくる新規投稿をチェックしており、古い投稿が読まれる機会は限られます。新しい投稿は多くの人に見られる可能性がありますが、どんどん投稿は流れていってしまい、数日もするとほとんど見られなくなっていきます。「流れる＝フロー」ということで、これらのSNSはフロー型メディアと呼ばれるのです。

　独立・起業を目指す人は、ブログもSNSも使いこなす必要があります。
　どちらが優れている、ということではなく、それぞれの特徴を活かした使い方をする、ということです。

　その中でもブログは「究極のセルフブランディングツール」として活用できます。
　ブログには文字数制限がありません。好きな場所に画像や動画を埋め込むこともできます。
　またプロフィールや商品・サービス一覧など、常に目立たせたい記事をトップページに固定表示することもできます。自分自身のこと、自分の商品・サービスなどをブログに書き、記事のURLをFacebookやTwitterなどのSNSにリンクを張ってシェアするのです。

　新商品が出たらブログに書く、価格を改定したらブログも改定する、そしてSNSで多くの人に知ってもらえるようにする。

　記事を更新すればGoogleが登録情報も更新してくれますので、新しい情報を検索エンジン経由で知ってもらうこともできます。

5章　独立起業に向けた情報発信

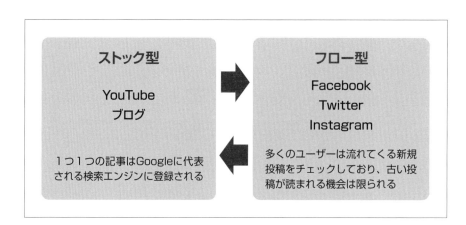

　SNSは投稿したときにしか読まれないことと、あなたとつながっている人にしか読まれないという性質があります。その一方SNSは投稿したときに集中的に見てもらえる可能性があります。また、普通の投稿はフォロワーや友達にしか見られませんが、インパクトのある投稿のときはリツイートやシェアといった拡散機能をユーザーが使い、多くの人に見てもらえるケースが出てきます。

　過去に書いたブログ記事でもタイムリーなときには改めてSNSにリンクを張って投稿することで、再び多くの人に読んでもらうことができます。記事が増えれば増えるほど、あなたやあなたの商品・サービスを知ってもらう可能性が増える点が、ブログが究極のセルフブランディングツールと言われる所以です。

59 起業家が行うべき 情報発信全部戦略 「認知」とは?

起業を目指す人にとって「情報発信」は強力な武器です。

会社員や主婦、学生の人たちとはまったく違うツールの使い方、戦略が必要になります。その戦略とは、ずばり「全部戦略」です。

全部戦略とは、その言葉のとおり「すべてのメディアを駆使して発信する」ことを意味します。

一般の方は、ブログやSNSを趣味として使っています。

ブログが好きな人、Instagramにハマっている人、YouTubeばかり見ている人、それぞれです。趣味なので、気が向くまま興味が赴くまま特定のSNSやブログに偏って使っていても構いません。

しかし、起業を目指す人は、気が向くままではいけません。

一般の方たちは、いわばあなたの「潜在的カスタマー」です。潜在的カスタマーが、リアルなカスタマーになってくれるように、興味・関心を惹きつけるように活動することが大切です。

最終的にお客様があなたの商品やサービスを購入する決断をするまでには、たくさんのプロセスがあります。

マーケティング用語で「ファネル（漏斗）」という言葉があります。

逆三角形になった形が漏斗に似ているため、ファネルと名付けられてい

5章　独立起業に向けた情報発信

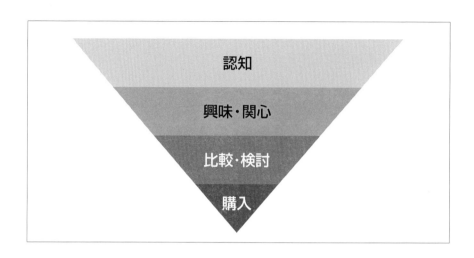

ます。

　上から順に「認知」「興味・関心」「比較・検討」「購入」の順になっています。

　逆三角形型になっている理由は、上から下に行くほど人数が減っていくからです。

　「認知」とは、まずはあなたの存在を知ってもらうことです。

　「興味・関心」は、あなたのこと、そしてあなたの商品やサービスに興味を持ってもらうこと。

　「比較・検討」の段階で、あなたと似た商品やサービスを提供している人と比較・検討している段階です。

　「購入」で、ようやくお客様はあなたの商品やサービスを購入してくれるということになります。

　起業家は、このファネルのステップに応じてふさわしいメディアを使いこなす必要があるのです。

まずは「認知」のプロセスで活躍するのが「フロー型」SNSです。

Twitter、Instagram、Facebookなどが該当します。

特にTwitterとInstagramは匿名で利用でき、一方的にフォローする形で機能しますので、認知のプロセスに最適です。

Facebookは実名制で相互承認という形のため、気軽さという点ではTwitterとInstagramより落ちますが、利用者の年齢層が高く起業家や経営者などが多く利用しているため、信頼性は抜群に高くなります。

TwitterとInstagramは情報の寿命が短いのが特徴で、拡散力が高くなります。

Facebookはやや情報の寿命が長く、拡散力はやや落ちますが、ゆっくりと確実に広がっていく特徴があります。

これらのSNSに何を投稿するのか。

最終的にはあなたの商品やサービスを買ってもらうことが目的であることは間違いありません。しかし、だからといって商品やサービスの宣伝ばかり投稿しては、誰もあなたの投稿を読んでくれないでしょう。

人は押し売りをされると途端に心を閉ざし、あなたをシャットアウトします。

人は、まだ「買いたい」という気持ちが起きていない段階で「買ってください」と言われるのが大嫌いなのです。

「認知」の段階で心がけるべきことは「情報提供」と「メッセージ」の発信です。

情報提供は、フォロワーの人たちが「役に立った」や「心が動いた」と感じるような情報を発信することです。

5章　独立起業に向けた情報発信

281

あなたの専門分野の情報はもちろんですが、専門分野に投稿を限定すると ネタ切れを起こしやすくなりますし、堅苦しくなる場合もあるでしょう。

　「認知」の段階では、堅苦しく考えずあなた自身が「良かった」「誰かに伝えたい」と感じる情報を発信すれば良いのです。

　ある出版社の編集者さんが、IT関係の翻訳書を多く出されていた時期に、彼女が日常的に情報収集のため読んでいた、様々なIT関連のニュース記事をFacebookにシェアしていました。

　彼女の目的は自分が興味関心があるニュースを読み、知識を蓄えることだったでしょうが、それらの情報をご自身の意見を付け加えてシェアしたことで彼女は「キュレーター」として注目されることになりました。

　Facebookのフォロワーは1万5000人を超え、彼女のキュレーションを毎日楽しみにしている人が多数ファンとなったのです。

　彼女にとってキュレーションは本業ではなく利益にもなりませんが、彼女が強い影響力を持ったことは、その後彼女が手がけた本の売れ行きに大きな追い風となったことでしょう。

　読んで面白かった本、美味しかったレストラン、穴場のカフェ、感動した映画、旅先の素敵なホテルなど、あなたが感じたことを添えて自分目線で紹介すれば良いのです。

　そのときに気をつけたいことは、自分目線の中に自分の専門分野の匂いを少しだけ含ませることです。「なぜこれを紹介するのか」の「なぜ」の部分に自分目線、つまり自分の専門分野からの視点を含ませれば良いのです。

発信の実例

 立花岳志 @ ビジネス書作家・プロブロガー・心理カウンセラー　…
@ttachi

目覚めたらすぐに太陽の光を浴びると良い。

太陽光を浴びるとセロトニンという幸福物質が分泌され清々しく一日を始められる。

セロトニンは夜に睡眠を促すメラトニンに変化し睡眠の質を上げてくれる。

ぐっすり眠れば気持ち良く目覚められる。

そしてまた太陽の光を浴びて一日をスタートさせよう。

午前6:18・2022年10月4日・Twitter Web App

 立花岳志 @ ビジネス書作家・プロブロガー・心理カウンセラー　…
@ttachi

先日の東京滞在のときに宿泊した「コートヤード・マリオット銀座東武ホテル」の宿泊レポートです。
便利な場所で落ち着いた雰囲気、お気に入りのホテルの一つです。
詳しくはブログで↓
ttcbn.net/travel/tokyoch...

午前8:34・2022年10月7日・Twitter Web App

　毎回では大変ですから、時々で構いません。

　続いて「メッセージ」とは、自分が感じたことや心動いたことなどを発信することです。社会で話題になっていることや、自分が感じている問題意識、危機感などを発信しましょう。

　特に感動したことや情熱を感じることなどは、多くの人に共感される可能性があります。過去の辛かったことや失敗体験の告白なども良いでしょう。

　メッセージを発信するときに気をつけるべきことがあります。
　それは、政治や思想などのイデオロギーに関する投稿は、意図的に行う場合を除いては慎重にするべきということ。
　たとえば特定の政党を支持すると投稿すれば、その政党を支持しない人たちは、あなたから離れていく可能性があります。スポーツでも特定の球団やチームを応援する投稿が過熱すると、アンチの人たちの反感を買うリ

スクが出てきます。

日本人は議論に慣れておらず、ロジックに感情をくっつけてしまう悪い癖があります。

賛否両論、議論が過熱する可能性があるテーマは扱わない方が良いでしょう。

「認知」のプロセスの人の中には、「興味・関心」に進まない人もたくさんいます。

私はそれでもまったく構わないと考えています。

ファネルの形は逆三角形で、「認知」のプロセスが一番面積が大きくなります。

「認知」してくれる人数が多ければ多いほど、「興味・関心」に進んでくれる人の数も多くなるのです。見返りを期待せず、質の良い情報やメッセージを提供し続けましょう。

SNSを使うときに気をつけたいことは、複数のSNSに同じ情報をマルチポストしないことです。マルチポストを続けると、複数のSNSをフォローしてくれているユーザーにとっては情報が重複し、うっとうしく感じられることもあります。

それぞれのSNSに独立した情報を発信するようにしましょう。

独立した情報を発信するコツとしては、それぞれのSNSごとに「テーマ」を決めて発信すると、発信する側も受け取る側も認識しやすく、続けやすいでしょう。

60 起業家が行うべき 情報発信全部戦略 「興味・関心」とは?

起業家が行うべき「情報発信全部戦略」、続いては「興味・関心」のフェーズです。

あなたの存在を知ってもらったならば、次は「興味・関心」を持ってもらうことが大切になります。**そのときに活躍するメディアとしてSNSに加え、ブログ・YouTube・メルマガ・LINE公式などが登場します。**前の項でも触れましたが、SNSはフロー型メディアであるのに対しブログとYouTubeはストック型メディアとして知られます。

ストック型メディアは検索エンジン経由で未知のユーザーとの出会いを創出してくれます。公開してから時間がたった記事や動画でも、ユーザーが検索してくれる限りアクセスが発生し、長い期間読み続けられるという特徴があります。

メルマガとLINE公式はユーザーがあえて「登録する」という積極的なアクションを起こさないと読めないメディアです。そしてメルマガはユーザーのメールボックスに、LINE公式はLINEのトークに直接送り届けることができる「攻める」ことができるツールです。それぞれの特徴と役割について見ていきましょう。

ますはブログです。

ブログは前の項でも書いたとおり、個人の情報発信の母艦となります。
ブログは文字数制限もなく、写真や動画とも相性が良く、デザインの自

由度が高いのが特徴です。Googleなどの検索エンジンから読者がやって
くるのも魅力です。

　一部に「ブログは終わったメディア」という人がいますが、それは間違
いです。
　終わったのは「過熱したブログブーム」であり、ブログはまったく終わ
っていませんし、これからも絶対に終わりません。

　メルマガ、ブログ、Twitter、Facebook、Instagram、YouTubeなど新
しいメディアが登場するたびに、そこにユーザーが集中して一時的なブー
ムが起きます。
　ブームが起きると「ブログだけで年収数千万円」とか「ユーチューバー
で億単位を稼ぐ」みたいなスターが現れ、スターに憧れて一般ユーザーが
一斉に発信を始めます。
　しかしどのメディアにおいても生き残るのは一部の人たちだけで、一過
性のブームが過ぎると夢を実現できなかった大半の人たちが去っていきま
す。

　ブームは終わりますが、メディアが終わることはありません。
　特にブログは1社独占ではない、開かれたプラットフォームです。
　文字数制限なく、自由に好きなことを思う存分書け、画像や動画も埋め
込め、収益化もできるメディアはブログしかありません。
　一過性のブームが終わっても、ブログの重要性は変わりませんし、ます
ます増していくことでしょう。

　では、起業家はブログに何を書けば良いのでしょうか。
　大前提として、ブログは更新し続けることが前提で作られているメディ
アです。

　自分の商品やサービスの宣伝ばかりを書き続けることは不可能ですし、書き続けたとしても、宣伝ばかりのブログでは多くの読者に読んでもらうことはできません。

　ブログには、日々あなたの好きなこと、そして強みを書いていきましょう。

　ビジネスと直接関係がないことで構いません。

　どんなことを書いても構わないのですが、意識するべきことがあります。

　それは、**読者の役に立つこと、もしくは読者の心が動くこと、共感を得られることを書くこと**です。たとえば私は読書が趣味であり、多読家であることが強みだと思っています。

　そして、ただ本を読むのではなく、読んだ本の書評をブログに書き、YouTubeでも紹介しています。読んだ本をアウトプットすることは自分の学びのためでもあり、ブログやYouTubeを見てくれる人たちの役に立つと考えているからでもあります。

　日本の社会人は1ヶ月にまったく本を読まないか、読んでも1冊と言う人が9割となっています。本を読みたくても時間の余裕がない、精神的ゆとりがない人も多いでしょう。**本を1冊読む時間が取れない人でも、ブログの書評なら数分で読めます。**

　僕の書評を読み、興味を持った本を手に取ってくれる人が少しでも増えれば嬉しいと思って書評を書き続けています。

　ブログには「記事内に自由にリンクを張れる」という大きな特徴があります。

　ブログには、あなたのこだわりや強み、意識している習慣なども書きましょう。

ブログ発信

　それらの記事は、あなたのプロフィールページからリンクを張るように
してください。

　1つ1つの強みやこだわり、習慣などをプロフィールに書き連ねると長
くなり過ぎてしまいます。

　リンクを張ることで、興味・関心を持った読者がもっと深く読み込める
ようにリンクを張っておくのです。

　特に読んでほしい記事や、最初に読んでもらいたい記事などは、「最初
に読んでほしい記事10選」というような形で「まとめ記事」を作り、プ
ロフィールやブログのトップページに配置すると読者にも親切ですし、あ
なたのブランディングにもなるでしょう。ブログに初めてアクセスした読
者に、あなたの人となり、個性、強みなどが伝わるような構成にすること
が大切です。

　もちろんメニューにはあなたの商品やサービス一覧を載せることも忘れ
ずに。

288

61 起業家が行うべき 情報発信全部戦略 「動画」とは?

起業家が行うべき情報発信全部戦略、続いては動画についてです。

動画メディアの重要性は年々増す一方です。

動画メディアの代表格といえば、なんといってもYouTubeです。

10代、20代の人たちを中心に、文字媒体には触れず、YouTubeだけを見ている層も増えています。また、多くの若者たちはマスメディアの情報を一切無視しており、個人メディアからの発信で情報収集をしています。

私も含め、テレビも新聞も一切見ないという人が年々増えているのです。

YouTubeチャンネルを開設するといっても、人気ユーチューバーのように膨大な人数のチャンネル登録者を求める必要はありません。YouTubeチャンネルはあなたのブログの動画版、と考えてください。

ブログに書いた記事を動画で解説すれば良いのです。

文字媒体に書くときと、動画で口頭で話すときで、おのずから内容は変わってきます。

ブログとYouTube、それぞれにお互いのURLをリンクして、クロス戦略を取るのです。YouTubeは他のSNSと違い、始めるのにハードルがあります。

YouTubeは見ているだけの人と発信している人の人数の差が一番大き

5章 独立起業に向けた情報発信

YouTubeチャンネル

い個人メディアです。見ているだけの人が圧倒的に多いわけです。だから
こそ、起業家は自らのメッセージをYouTubeで発信する価値があるわけ
です。

　YouTubeチャンネルを開設し発信するときに、もっとも大切なことは、
人気ユーチューバーのように凝った編集をしようとしないことです。テロ
ップや効果音、BGM等を入れ、面白おかしく作ろうとすれば、膨大な編
集時間がかかります。

　エンタメ要素を多く含むなら、それらの編集も必要かもしれませんが、
コンテンツ、つまりメッセージを伝えたいなら、編集は不要です。凝った
編集はしない代わりに、毎日短い動画を公開し続けましょう。

　私が独立したときに「勝間塾」で大変お世話になった勝間和代さん、上

念司さんのおふたりは、それぞれYouTubeでの情報発信を積極的にされていますが、おふたりとも動画の編集は一切されていません。

スマホの画面を動画に写すときも、スイッチャーなどは使わず、そのままカメラの前にスマホをかざして映すなど、徹底的に手間を省いています。

オンラインでゲストと対談する動画のときも、ノートパソコンをカメラの前に置き、ゲストはノートパソコンの画面越しに話し、音声もパソコンのスピーカーから出したものをカメラで拾って収録しています。

「YouTube動画は凝った編集をしなければ見てもらえない」という概念をなくすことができると思いますので、ぜひおふたりの動画を参照してみてください。
私自身も毎日１本の動画をYouTubeに公開していますが、編集は一切しません。

動画収録に10分程度、編集なしでサムネイル画像だけ作り、概要欄もごく簡単に書くので、公開までにかかる時間は１日20分かからないくらいです。
それぐらいの負荷だからこそ毎日続けることができるのです。

もう１つ動画配信を始めるときに重要なことは、原稿を読まないことです。
重要な項目を箇条書きにするなどは構わないと思いますが、原稿を棒読みしたら、誰もその動画を面白く感じてくれないでしょう。

これは動画に限らずセミナーなどでも同じですが、視線を落とし原稿を読み上げては、視聴者に情報は届いてもエネルギーは届きません。動画で

5章　独立起業に向けた情報発信

届けるべきは情報とあなたのエネルギーです。話し方は続けていくうちに上達していきます。

最初は言い淀んだり、つっかえたりしても構いません。
前述の勝間和代さんの動画では、勝間さんがくしゃみをしたり、電動掃除機のルンバが動き始めてしまうシーンなどもカットされず、そのまま公開されています。

宅急便の配達員の方がやってきてインターホンが鳴って出なければならないので動画が終わりになる、という回もありました。

動画を収録する機材に多額のお金を使う必要もありません。
今のスマホは非常に高性能ですから、スマホのカメラで十分です。
ただし、三脚に立ててスマホで収録する場合、ピンマイクはあった方が良いでしょう。そして、画面が暗いと見づらいので、簡単な照明機材は買った方が良いと思います。

動画配信をスタートさせたら、1つ習慣化してほしいことがあります。
それは、毎日自分が配信した動画を見返して、自分の話し方の癖や、言い淀むときの特徴などを把握することです。

最初は恥ずかしかったり違和感が出たりして嫌なものですが、やがて慣れます。
多くの人は、無意識に同じ言い回しを使い過ぎていたり、「えーーーー」や「あーーー」など、言葉と言葉の間に不要な音を発していたりします。

自分の動画を毎日チェックすることで、それらの癖を客観視し、改善することができるのです。これからの時代は情報発信は文字と動画、そして

音声メディアでクロス発信するのがデフォルト、と認識して取り組んでください。

62 起業家が行うべき 情報発信全部戦略 「メルマガ・LINE公式」とは？

　起業家が行うべき情報発信全部戦略、続いてはメルマガとLINE公式について解説します。メルマガとLINE公式は他の個人メディアとは性質が異なります。

　この2つのメディアに共通する特徴は2つあります。
　1つは、読者が積極的に自分の意志で登録した場合のみ読めるようになるということ。
　もう1つは、発信者が読者のメールやLINEに情報を送り届ける、つまりプッシュしていけることです。

　ブログもSNSも、ユーザーがサイトやアプリを開き、読もうとしてくれなければ読んでもらうことができません。YouTubeに関しては、ユーザーが自ら通知設定をすべてONにしてくれた場合のみ、配信ごとに通知を出すことができますが、デフォルトの設定ではそうなっていません。
　従ってこれらのメディアを「**プル型メディア**」と呼びます。

　それに対してメルマガは読者のメールボックスに直接、LINE公式もLINEのトークに直接配信することができるのです。毎回すべてのメルマガを開封しているかどうかは別として、受信トレイに届いたメルマガの存在には気づくでしょう。

　スマホのメールアプリやLINEアプリの通知をONにしている人も多い

でしょう。

　すると、スマホのロック画面にあなたのメルマガやLINE公式が届いたことがユーザーに通知されるのです。

　このような特徴から、メルマガとLINE公式は「攻めのメディア」と言われます。

　ひょっとすると、「メルマガなんて古臭い」と感じる人もいるかもしれません。

　しかし、その考え方は間違っています。

　ブログが大ブームになる前に、メルマガが大ブームになった時代がありました。

　メルマガで一攫千金、大成功した人も多く現れました。

　今、メルマガはブームでないことは確かです。

　メルマガがブームだった時代は、何十万人という読者を獲得し、メルマガの広告収入だけで生活できるような人も現れました。

　今はそういう稼ぎ方ができる人はいないでしょう。

　しかし、起業家がメルマガに数百人から数千人程度の読者を持ち、自分のビジネスの商品やサービスをメルマガを通じて販売する手法は、今でも圧倒的に有効です。

　では、メルマガやLINE公式にはどんなことを書けば良いのでしょうか。

　もちろん読者の役に立つこと、読者の心が動くことを書くという点ではブログやSNSと同じです。**違うのは、メルマガやLINE公式の読者は発信者と1対1のコミュニケーションをしているイメージを持っていることです。**

プッシュ型メディア （メルマガ・LINE）	プル型メディア （ブログ・SNS）
・読者が積極的に自分の意志で登録した場合のみ読めるようになる ・発信者が読者に情報を送り届ける ・1対1のコミュニケーション ・個性を前に出し、情報は後	・ユーザーがサイトやアプリを開き読もうとしてくれなければ読んでもらうことができない ・役に立つ情報を前に出し、個性は後

　もともとメールもLINEも、クローズドなコミュニケーションをするツールです。

　友達や知人と日々やりとりをするツールに、あなたからの発信が飛び込んでくるわけです。従って、メルマガとLINE公式では、ブログやSNSよりも、パーソナルで親密な雰囲気を作り出すと良いと思います。

　読者はわざわざ自分から進んであなたのメルマガやLINE公式に登録をしたのです。

　それだけ積極的に、あなたから定期的に直接情報を受け取りたい、というモチベーションがある人だけが読者です。それだけモチベーションがある人に向けての発信であることを意識しましょう。

　私がブログとメルマガで発信の仕方を変えているポイントをご紹介します。

　ブログにおいては、情報が前面に出て、背景に私の人となり、個性が出るようにしています。

　たとえば書評を書くなら、その本がどのような本であるかがメインのコンテンツとなります。その上でバックグラウンドとして、「立花岳志が感銘を受けた点」「立花岳志が実践に移そうと思った点」を書いていきます。

　あくまでもメインは本でありつつ、しっかり立花の個性も含めるという書き方をします。一方メルマガでは、私の個性が前に出て、そこから読者の方たちに役立ったり心に響いたりする、何らかの「読んで良かったな」が余韻として響くような書き方をします。一見パーソナルな雑談のように感じつつも、僕自身が感じた「良かった」や逆に「失敗した教訓」などを含ませ、読者の方に響くように工夫するのです。

　日常のちょっとした出来事を、教訓とし、そこから学びに昇華させるのです。
　たとえば「寝不足で頭が回らず1日ダメダメでした」だけ書いたら、ただの日記です。
　追加して「睡眠こそが翌日のパフォーマンスを決定づける最重要タスクだと再認識しました。皆さんも睡眠に意識を向けましょうね」と持っていくわけです。

　毎日生きていれば必ず感じていること、考えたことは無数にあるはずです。
　それらの日常から思考や感情に落とし込み、さらにそこから学びや教訓へと昇華させ、メッセージとして届けるのです。

　メルマガとLINE公式の違いは、メルマガは文字数制限がなく、配信数に制限もありません。またメルマガはブログと同じく、多くのプロバイダーが運営しているメディアです。

「まぐまぐ」のように無料で配信できるメルマガスタンドもありますが、その場合誰が登録したのかのリストは手に入りません。一方有料で契約をするタイプのメルマガスタンドは、自由度が高く、登録ユーザーのリストも自分で管理することができます。

　一方LINE公式は無料で配信できるメッセージ数が決まっていて、それを超える場合は有料になります。また、1回の配信の文字数の上限が決まっているため、長文は配信できません。

　登録者の人数は分かりますが、登録者のリストは手に入りません。
　また、ユーザーの属性もメルマガとLINE公式で異なります。
　メルマガは比較的年齢層が高く、ビジネスマンや経営者等と相性が良い傾向があります。LINE公式は年齢層が若く、主婦や学生等の比率が高くなります。

　従って、あなたがターゲットとするユーザーの属性を考え、どちらに力を入れるか決めるのが良いでしょう。
　私はメルマガをメインに、LINE公式をサブという位置づけで活用しています。

63 起業家が行うべき 情報発信全部戦略 「比較・検討」とは？

　起業家が行うべき情報発信全部戦略、続いてはファネルの「比較・検討」のプロセスに進みましょう。

　各種メディアを駆使し、あなたは「認知」と「興味・関心」を集めてきました。

いよいよあなたの商品やサービスを読者の人たちに告知していきます。

　私の場合、セミナーや連続形式の講座、個人コンサルティング、個人レッスン、各種イベントなどをネットを通じ販売しています。今回はセミナーを開催するときの情報発信を例に説明しましょう。

　セミナーを開催すると決めたら、セミナーの内容に関連する情報発信を事前に行います。たとえばブログ入門セミナーを開催するなら、ブログ初心者が関心を持ちそうな記事をSNS、ブログ、メルマガ、YouTubeなどを通じて発信していきます。

　内容は重複しても構いませんが、コピー＆ペーストで複数のメディアに同じコンテンツを投稿することは避けます。そして大切なのは、すべてのメディアにおいて発信を続けることです。

　Twitterだけ、YouTubeだけといった形の単発の発信ではなく、手持ちのすべてのメディアで発信してください。そしてセミナー開催日を決めたら、何回か予告の投稿をします。予告とは、「近日中にブログ入門セミナ

5章 独立起業に向けた情報発信

ーを開催します！」というものや、「日程を決めました。○月×日は空け
ておいてください！」「×月△日からお申し込み受付を開始します！」と
いうようなものです。

　大企業が新製品を発売するときも、予告のCMを流すことがよくありま
す。
　私はiPhoneの愛用者ですが、毎年新型のiPhoneが発売されるときも、
アメリカで発表会があり、その後日本のキャリアやアップルの日本法人が
発売日や価格を告知し、予約の受付開始日が発表されるなど、華々しい予
告が続きます。

　それらの予告が発表されるたび、多くの人が新型のiPhoneに興味を持ち、
購入するかどうか、他社製品との違いを比較・検討するのです。
　それと同じことを我々起業家も自分の手で行います。
　セミナーや講座などの集客をうまくできない人のほとんどが「告知不足」
です。

　多くの人は「何度も告知をするとしつこいと思われる」と躊躇し、一度
サラッと告知をしただけで終えてしまうのです。しかし、ほとんどの人は
一度の告知ではそのセミナーの存在に気づきません。

　繰り返し予告をして自分で自分を盛り上げていくことで、少しずつ周囲
の人々が、あなたが開催するセミナーやイベントに気づいていくのです。

　そしてお申し込み受付を開始するタイミングでも、もちろん告知をしま
すが、一度で終えてはいけません。告知は「少しやり過ぎかな」くらいで
ちょうど良いのです。

　告知をするたびに確実にセミナー参加者は増えていきます。

　告知をすると、あなたのメルマガの登録を解除したり、Twitterのフォローを外す人が出てきます。**しかし、それらの登録解除を恐れてはいけません。**

　なぜなら、あなたが情報発信している目的は、あなたのことを知ってもらい、あなたの商品やサービスを買ってもらうことです。無料の情報だけ受け取って、商品やサービスのお知らせをした途端に登録解除をする人は、そもそもあなたのお客様にはならない人です。

　影響力の大きさは情報が届く範囲に比例しますが、商品を購入する可能性がない人が立ち去ることは、むしろあなたのフォロワーの質が上がることになると思い、気にしないことです。開催するセミナーにぴったりマッチすると感じる人がいれば、直接メッセージなどで声をかけることも大切です。

　その際には1つ気をつけるべき点があります。人間は興味がない商品を「押し売りされる」ことが大嫌いです。直接のメッセージでのお誘いは、「押し売り」と感じられるリスクがあります。

　そのため、メッセージの書き方に気をつけましょう。
私が気をつけているのは以下のポイントです。

・あくまでも「お知らせ」であることを強調し、無理に売りつけようとしないこと
・お誘いを送っている理由を明確にすること（あなたにぴったりフィットすると感じた、など）
・「興味がなければスルーしてください。返信不要です。この手のお

　最後の一文を入れておくと、先方がスルーした場合でも、お互いにわだかまりが生じません。興味がある人は返信してくれますし、興味がない人は気軽にスルーでき、人間関係に微妙な空気を生じさせることもない状態をキープすることが大切です。

　同じ人に毎回どんなセミナーでもお誘いを送れば「しつこい」「ちゃんと人選をしていない」と感じられ、関係が悪くなってしまう可能性がありますので注意しましょう。

　各メディアを駆使しての告知はセミナー開催前日、当日まで続けましょう。
　今はオンライン開催が主流になっています。

　オンライン開催の場合、気軽にアーカイブ動画を作成できますので、セミナー開催後も販売を続けられます。セミナー終了後１ヶ月ぐらいは「アーカイブ受講を引き続き受付中」という形で販売を続けます。

　その後は「動画セミナー・オンラインショップ」というような形で、すべてのセミナーをライブラリーにして継続販売することがオススメです。数が多くなっていくと、それだけ選択肢が増え、立派な動画セミナーライブラリーに育っていき、あなたの収益源の多角化に寄与してくれるようになります。

64 起業家がホームページより ブログを持つべき理由

　情報発信の全部戦略の中にホームページは含めませんでした。

　ホームページは、余裕があれば作る、程度の優先順位で構いません。

　ホームページの優先順位が低い理由は、ブログで事足りてしまうからです。

　ホームページはその性質上、ビジネスに何らかの変化が生じたときにしか更新しないものです。定期的に更新しないため、その存在を忘れてしまい、何年も放置した結果すべての情報が古い、ということになってしまいます。最新情報が掲載されていないホームページなら、ない方がマシです。

　その点ブログは、そもそも「定期的に更新するメディア」として存在しています。

　そしてWordPressなど本格的なブログを使えば、ホームページ的な要素を「固定ページ」という機能を使って持たせることが簡単にできます。

　ブログとホームページ2つを管理するのは煩雑になります。

　であれば、ブログにしっかりとしたプロフィールページや商品やサービスを説明するページを持ち、常にアップデートするようにした方が合理的です。

　もっとも重要なことは、ブログをできる限り毎日更新し続けることです。

　定期的に更新され続けるブログには、自然と人が集まってきます。

　そしてブログの目立つ場所にあなたのプロフィールや最新情報ページ、イチオシの商品やサービス、募集中のセミナーなどの情報を掲載しておき

ホームページ的要素

ます。

　ブログには、あなたの強みやこだわりを表現する記事をどんどん載せていきましょう。

　ブログがホームページより優れている点の１つが、ブログはどんなにたくさん記事があっても違和感がないことです。

　この原稿を書いている2022年6月の段階で、私のブログには１万以上の記事があります。１万記事あったとしても、世界には「ブログは頻繁に更新されるもの」「ブログにはたくさんの記事かあるもの」という共通認識がありますので違和感はありません。

　しかし、もしホームページに１万ページが掲載されていたら、訪問者は驚き、どのページを読めばいいか迷い、途方に暮れてしまうのではないでしょうか。

　ホームページは固定された情報を掲載する場所と認識されています。

専門性を積み重ねる

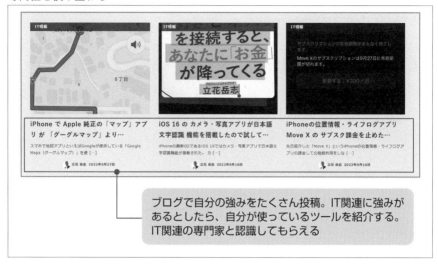

ブログで自分の強みをたくさん投稿。IT関連に強みが
あるとしたら、自分が使っているツールを紹介する。
IT関連の専門家と認識してもらえる

　それに対しブログは、現在進行形で常に変化しているもの、と誰もが分かって訪れます。だからこそ、毎日ブログを更新し続けることで、最新の自分、最新の自分のビジネス、最新の自分のメッセージを届け続けられるのです。

　たとえば、自分の強みがITならば、ITに関しての自分の強みやこだわりを、ブログでどんどん発信していきましょう。多くの人が知らない便利なアプリやツールを紹介することで、いかにあなたがITを駆使して効率化しているかが読者に伝わります。

　自分では当たり前と思っていることでも、得意ではない人にとっては目から鱗な情報であることが多いのです。私はセミナーなどでよく「クリップボード拡張ツール」を紹介します。

　非常に便利なのですが、ほとんどの人がその存在を知らないのです。

パソコンを使っていると、コピー＆ペーストを繰り返す作業が発生することがよくあります。

　私自身もブログやメルマガで、コピー＆ペーストを何度も繰り返すことがあります。
　たとえば、ブログの記事タイトルとURLを10記事分コピーし、Wordファイルにペーストする必要があるとしましょう。

　ほとんどの人は、ブラウザに10記事のタブを開き、最初の記事のタイトルをコピーして、Wordに移動してペーストし、ブラウザに戻って最初の記事のURLをコピーしてWordに移動してペーストする、という作業を10回繰り返すでしょう。

　単純作業ですが時間がかかり、イライラしますよね。
　私の場合、Google Chromeというブラウザの「GetTabInfo」という機能拡張を使います。この機能拡張を使うと、開いているタブの記事タイトルとURLをすべて自動でコピーできます。コピー＆ペーストしたい記事をすべてタブで開き、GetTabInfoのアイコンをクリックするだけで、10記事すべてのタイトルとURLがクリップボードにコピーされています。

　1記事ずつ手動でコピー＆ペーストしたなら、20回繰り返さなければなりません。
　毎回ブラウザとWordを行ったりきたりして、時間もかかりますし、ミスも起こりやすいでしょう。GetTabInfoを使えばタブを開いてアイコンをクリックするだけ、まさに一瞬で終わってしまいます。
　2分くらいかかる作業が、ツールを使うだけで1秒で終わるのです。

　このようなツールは、ほとんどの人が知らずに作業効率を上げられずに

います。

　ITが強みの人は、自分が効率化しているツールやアプリをどんどん紹介することで、「この人はITにとても強い」「この人は効率化ができている」というブランディングをすることができるのです。

　いくらプロフィールに「ITに強い」と書いても、読者は本当にITに強いかどうかを判断することができません。実際にブログにITを駆使している様子を書くことで、多くの読者が「こんなにITに強いんだ」と納得してくれるわけです。

65 SNS全盛期でも ブログを続けるべき?

　世の中はSNS全盛期で、毎年のように新たなSNSが現れ、多くのユーザーがアカウントを作り発信をしています。SNSには完全に人々のプラットフォームになったものもあれば、メジャーになりきれず廃れてしまうものも数多くあります。

　そんな中、起業家はSNSはもちろん、ブログも絶対に続けるべきと私は考えます。
　一般の人たちと起業家では、ブログに対する目的が違います。
　私がブロガーとして独立した2011年頃は、何度目かのブログブームでした。

　ブログでもSNSでも一過性のブームが起こり、加熱する時期があります。
　ブームが起こって過熱している間は、本気で発信したいというほどの熱意がない人でも続々と参入してきます。メルマガ、ブログ、Twitter、Facebook、Instagram、YouTube、TikTok、ライブ配信アプリと、流行が変わるたび過熱するプラットフォームは移り変わってきました。

　ブームが去ると、本気ではなかった人たちは発信を止め、受信するだけの人に戻っていきます。しかしブームが去ったからといって、そのメディアの重要性が下がったりなくなったりしたわけではありません。

　私がブロガーとして独立した頃に競い合ってブログを書いていた仲間のほぼ全員が既にブログを止めています。私が指導してブログを始めた人た

ちも、大半がブログを続けていません。でも、中には続けている人もしっかりいます。

　どういう人がブログを続けているかというと、「プロになった人たち」「起業家になった人たち」が大半です。

　私と同期でブロガーとして独立した人たちは、今でもほとんどの人がブログを続けています。また起業して自分のビジネスを始めたり、本を出版したりした人たちもやはりブログを続けている人がほとんどです。特徴と優位性については前項で説明したとおりです。ブログには他のSNSやメディアにはない特徴と優位性があります。

　今ブログは10年前のようなブーム状態ではありません。
　しかし、自分のビジネスやメッセージを発信するツールとしてのブログの重要性はまったく変わっていません。Google検索のアルゴリズム変更により、個人ブログがアフィリエイト広告などで莫大なお金を稼ぐことは難しくなっています。ブログによる直接収益だけで稼ぐビジネスモデルは過去のものになりつつあるといっても良いでしょう。

　この本を読んでいるほとんどの人は「プロブロガー」を目指しているわけではないと思います。起業家を目指す人は自分のビジネスを持ち、ビジネスや商品・サービス、そして自らのメッセージなどを伝えようとしているはずです。

　大半のアマチュアの人たちが退場した後のブログは「本気の人が本気で発信する場所」になっています。

　ブログには文字数制限もなく、デザインも柔軟です。

5章　独立起業に向けた情報発信

ブログを多数のSNSでリンクを張って紹介

　画像や動画も好きな場所に埋め込めるし、文字を大きくしたり強調したりすることも簡単です。見出しをつける、目次を加える、他の記事へリンクを張るなども自由自在。

　また、ブログ内検索機能もありますので、ユーザーが簡単に過去記事を見つけることができます。**SNSを週刊誌に例えるなら、ブログは百科事典というイメージ**です。

　ただし、ブログの重要性は変わらないといっても、発信の仕方は工夫が必要になってきています。個人のメディアはGoogleの検索エンジンで優先順位が下がっています。

　以前のブログはGoogleで検索してもらうことでアクセスを上げ、その結果多くの広告収益を得たり、イベントに集客したりしていました。しか

し検索で見つけてもらう可能性が低くなっているため、他の方法も組み合わせて発信することが大切になります。

　たとえば私のように本を出版することで、多くの人に私の存在を知ってもらい、ブログも読んでもらうという方法は非常に有効です。しかし、10年前には流行していた「RSSリーダー」を使ってブログを読んでいる人は、今はほとんどいないはずです。

　今ブログを読むきっかけは、「SNSで流れてきたから」が多いのではないでしょうか。もしくは、アメブロやnoteなど、スマホアプリがあるブログサービスは、アプリの通知で更新をする場合も多いかもしれません。特定の人のブログをブックマークして毎日読んでいる、という人も少数派でしょう。ですから、TwitterやFacebook、それにメルマガやLINE公式などにブログ更新情報を書いてURLのリンクを張る方法が有効です。

66 SNSに ブログ投稿の報告を!

　ブログが情報発信の母艦であることは既に何度か触れました。

　しかし、ブログには様々な強みがある一方で、ブログ単体で見ると大きな弱みもあるメディアです。

　ブログの最大の弱点は、ブログ単体では「待ちのメディア」「受身のメディア」であることです。ブログを更新しても、読者に見つけてもらうまでその記事は誰にも読まれることがありません。

　アメブロやnoteなどのスマホアプリをインストールして通知設定をオンにすれば、更新を通知で知ることができますが、自分がブログを書く人でない場合、アプリをインストールして通知設定までする人は少数派です。昔はブックマークをして特定のブログを毎日読む人も多かったですが、今はブックマークからブログを定期的に読む人も少ないでしょう。

　私が独立した頃は「RSSリーダー」というサービスが盛んで、多くの人がスマホにRSSリーダーをインストールして利用していました。今でも「Feedly」というRSSリーダーの無料サービスとスマホアプリはあり、本気で情報収集を効率化している人は活用しています。しかし、今はほとんどのユーザーはRSSリーダーを使いません。

　では多くの人はどうやってブログにたどり着いているのでしょうか。

　1つのルートはGoogle、Yahoo!、Bingなどの検索エンジン経由。

　2つ目のルートはアメブロやnoteなどの運営会社のサービスでのオス

スメや新着、ランキングなどから。

　そしてもう1つのルートがSNSのTwitterやFacebookに張られたリンク経由です。

　上に挙げた主な3つのルートのうち、最初の2つのルートと最後のルートでは、読者層が大きく異なります。

　検索エンジン経由で来る人は、知りたい情報のキーワードを入力して検索結果を表示させた結果一覧からあなたのブログにやってきます。

　検索一覧から来た読者はあなたが誰かを知らないし、あなたのことを知りたいとも思っていません。**検索一覧からたどり着く読者はあなたがブログ記事に書いた「情報」が知りたいだけです**（本を出したり、テレビに出たりしてメディアに露出している人は、本人の名前で検索されるようになるので、話は変わってきます）。

　世間で名前が知られている場合を除き、ブログの運営者の名前で検索されるケースはほとんどありません。検索結果からブログに来た読者の大半は、知りたい情報を知ったら満足し、知りたい情報が得られなかった場合は不満を感じつつページを閉じます。つまり、検索エンジン経由であなたのブログを訪れる人は、「あなたのことを知らない人」がほとんどです。あなたのことを知らないままあなたのブログにたどり着き、あなたに興味を持たないまま去っていく人が大半なのです。

　しかし、**少数の読者はあなたのブログにちょっとした興味を持ち、他の記事を読んだりトップページに移動したり、プロフィールページに移動したりしてくれます。**

　それに対してTwitterやFacebookなどのSNSでは、ユーザー名やユー

検索エンジン経由
検索一覧からブログにたどり着く → 何が書いてあるのか知りたいという情報優先

ブログ運営会社のサービスでのオススメや新着、ランキング経由

SNSに張られたリンク経由
ユーザー名やユーザーのアイコン画像が大きく表示され、「誰の投稿であるのか」が
最重要 → 好きな人が書いたものを読みたい

ザーのアイコン画像が大きく表示され、「誰の投稿であるのか」が最重要
です。

　ブログで情報発信をする際には、検索エンジンから知らない人が読みに
くることと同時に、SNS経由であなたを知っている人が読みにくることも
想定する必要があります。

　たとえば私は読んだ本の書評をブログに書いています。Googleから書
評記事にたどり着く読者は本のタイトルやタイトルに含まれるキーワード、
それに著者名などで検索して私のブログにやってきます。

　それに対しSNSから私の書評記事に来る読者にはタイトルやキーワー
ドなどに加え「立花が書いた書評記事だから読みたい」という人が一定数
います。多くの人がSNSを情報収集のメインの手段としている今、ブロ
グを書いたらSNSにリンクを張って報告する投稿をしないことは、あま

りにももったいないことです。

　ブログ更新の報告をSNSにすることで、「あなたのことを知っていて、あなたの投稿を読みたい」と思っている人、つまり一番のファンであり見込み客の人たちに、あなたの母艦からの発信を真っ先に届けることができるのです。

　FacebookもTwitterもリンク付きの投稿の表示を減らすアルゴリズムになっていますが、それでも投稿はすべきです。**検索エンジン経由のあなたを知らずに訪れる読者、SNS経由のあなたを知っている読者の両方にブログ記事を読んでもらうことが大切なのです。**

5章　独立起業に向けた情報発信

67 情報発信するときの「名前」はどうするべきか?

　情報発信に関して、日本人は欧米人と大きく異なる指向性を持っています。

　それは「匿名」です。

　日本人は情報発信をするときに自らの名前や顔、職業などを隠したがる傾向が非常に強いです。

　欧米人は自己主張することが当たり前なので、SNSやブログも実名で行うことが当然で、隠れて発信をしようという人はかなりの少数派です。しかし日本はインターネット初期の時代から匿名の掲示板「2チャンネル(現5チャンネル)」が大流行するなど、自分を隠して発信をするトレンドが定着しています。

　匿名で発信するメリットは、「気軽に何でも発信できること」「無責任な発言をしても現実世界の自分が傷つかないこと」などでしょう。

　しかし匿名性の高い発信は「荒らし」「炎上」などの温床ともなっており、ネットリテラシーの発達を妨げており、成熟したネット社会構築という意味ではデメリットの方が多いというのが私の考えです。

　そんな匿名性が強い日本のネット社会ですが、起業家を目指す人は匿名で発信するわけにはいきません。

　あなたを知ってもらい、提供する商品やサービスに関心を持ってもらうことが必要になりますので、「名前」は大切なアイデンティティーとなり

ます。

ただし、ここでいう「名前」は「実名」を意味するものではありません。

あなたが今後起業家として活動していくときの名前は、以下の3つから選択することができます。

1つ目が「実名」、2つ目が「ビジネスネーム」、そして3つ目が「ハンドルネーム」です。実名は説明する必要がないでしょう。

「ビジネスネーム」とは、「芸名」「ペンネーム」などと呼ばれるものです。

ビジネスネームは、人間の名前として認識されるものであることがポイントです。

「苗字 + 名前」または「カタカナ + 苗字」のような形が一般的です。

芸能人や歌手の方の多くは芸名を使っています。

落語家の方や歌舞伎役者の方も明確に芸名で、世襲されていきますね。

プロレスラーの方の場合は「アントニオ猪木」「ジャイアント馬場」のような、カタカナ + 苗字という組み合わせの方も多く見られます。

そして最後の「ハンドルネーム」に関しては、ネット社会になってから登場したネーミングの概念です。これはもう制限がありません。

筋トレ自己啓発書がベストセラーになった「Testosterone」さん、覆面評論家の「ちきりん」さんなど、アルファベットでもひらがなでもカタカナでもOK。

そして「苗字 + 名前」の形になっていなくても構わない、完全に自由なネーミングのスタイルです。それでは「実名」「ビジネスネーム」「ハンドルネーム」それぞれのメリット・デメリットを見ていきましょう。

まず実名ですが、**メリットは信頼度の高さ**です。

現実世界とネット上での氏名が一致しているわけですから、信頼度は抜

ハンドルネーム使用例

群に高くなります。弁護士や税理士など、士業で活動する人は実名での活
動が必要ですが、実名を露出する代わりに信頼度が担保されることになり
ます。

　パスポート、運転免許証、健康保険証など、国や自治体の身分証明書と
自分の活動名が一致していることで、社会的な信頼を得やすくなるのです。

　一方実名のデメリットは「逃げる場所がない」ことです。

　あなたが将来ビジネスで大きな成功を覚めたり、本を出版してベストセ
ラーになったりして有名になったことを想像してみましょう。実名で活動
すると、あなたの本名や住所などのプライバシーは、ビジネスネームで活
動する場合と比べ、格段に発見されやすくなります。

　たとえば郵便局や宅急便の配達員の方は、あなた宛の荷物を見れば、あ
なたが誰かを一瞬で把握することができるでしょう。ホテルの宿泊者名簿
などにも、あなたの名前がそのまま載ることになります。

　あなたの発信が不運にも炎上した場合などにも、実名で活動している場
合、住所や氏名などがバレるとネットに情報が流出しやすくなったりもし

ます。

　それだけのリスクがあるからこそ、**実名は信頼度が高くなる、というト**
レードオフでもあります。

　次は「ビジネスネーム」です。

　ビジネスネームで活動している人のほとんどが日本人の「苗字 + 名前」
と識別できるようにしています。お笑いタレントの人などは、わざとイン
パクトのある名前にしている場合がありますが、ビジネスパーソンの場合、
奇をてらう必要性はありません。

　ビジネスネームのメリットは、実名と正反対で、プライベートと人前に
出るときのペルソナを分けることができることです。

　プライバシーは格段に守りやすくなりますし、メリハリも効くでしょう。

　一点ビジネスネームを決めるときに注意すべきことがあります。

　それは「**今後あなたはその名前を一生使っていくことになる**」という覚
悟を持って決めることです。

　ネットでの情報発信は、現実世界で対面する人数よりもはるかにたくさ
んの人と触れ合うことになります。ビジネスが成功し、ブログがたくさん
の人に読まれたり、本を出版したり、テレビなどメディアに出演する可能
性も考慮する必要があります。

　つまり、ビジネスネームで活動するということは、今後ほとんどの人は
あなたをビジネスネームで認識するようになることを意味します。

　ビジネスネームを決める際は姓名判断などもしてもらい、万全の準備を
することをオススメします。

最後は「ハンドルネーム」です。私が起業した2011年当時は、ハンドルネームで活動する人はごく限られていました。意図的に覆面で活動する人、顔出しせずネットだけに活動の場を限定している人などに限定されたネーミングだったのです。

　しかしネットから出版する人や人気ユーチューバーのメディア進出などが進んだ結果、**現在ハンドルネームでの活動は以前に比べずっと社会で認知されるようになってきています。**ハンドルネームのまま出版してベストセラーになる人も出てきていますし、テレビに出演する人も多くなってきています。

　ハンドルネームもビジネスネームと同じくプライバシーを守ることができます。

　ハンドルネームの最大のデメリットは信頼性の低さでしょう。

　社会で認知されてきているとはいえ、まだまだ実名やビジネスネームに比べ信頼性が低いのが実情です。既に社会で認知されている人が別ペルソナ、つまり覆面で活動したい場合などを除いては、起業家がハンドルネームを採用するメリットは低いと感じます。

　ハンドルネームで活動していたらヒットしてしまった場合など、ハンドルネームを採用するメリットの方が大きい場合を除いては、実名またはビジネスネームが無難と思います。

　いずれにしても、活動する名前をコロコロ変えることは好ましくありませんし、ある程度知名度が上がってからは変えることが難しくなります。

　ネーミングは覚悟を持って決めてください。

68 ブログやSNSを
どう収益化するか？

　本書はブログをマネタイズする専門書ではありませんが、情報発信とマネタイズは切り離せないので簡単に触れておきましょう。

　まずは広告収益によるマネタイズです。
　私の基本スタンスは、「マネタイズのために情報発信をする」ではなく、「情報発信にマネタイズが付随している」形です。

　私は自分が読んだ本、自分が買って気に入っているガジェットやプロテイン、サプリメントなどをブログで紹介しています。それらの商品がAmazonや楽天などで取り扱いがある場合には商品ページへのリンクを張ります。

　そのリンクがアフィリエイト広告になっていて、読者の方が私のブログ経由で商品を購入すると、私に広告報酬が入る仕組みです。ブログで商品をオススメしているのですから、記事からすぐに商品が買えるページにリンクが張ってあるのは読者にとってもメリットになります。そしてそのリンクがアフィリエイトリンクか普通のリンクかは、読者にとっては関係ないわけです。アフィリエイトリンクであったとしても、読者が余分にお金を払うなどのデメリットはありません。

　たとえば私のブログ経由でAmazonで本が売れれば、**Amazonも得、著者も得、出版社や取次と呼ばれる問屋も得、私も得、そして簡単に商品が買えた読者も得**と、全員が得になる仕組みです。

5章　独立起業に向けた情報発信

ですから、ブログで何らかの商品を紹介する際はアフィリエイトにしておくことで、無理なくブログを収益化できます。

　ブログを収益化するもう1つの広告は、Googleのアドセンス広告です。
　アフィリエイトは商品を購入してもらわないと収益になりませんが、アドセンス広告はブログに掲載した広告を読者がクリックするだけで収益になります。また、掲載される広告はブログの運営者が決めるのではなく、Googleがブログ記事の内容から分析した結果に基づき掲載する広告を決めるのも特徴です。
　クリックされることにより収益が出るので、「売る商品がないブログ」でもマネタイズが可能です。たとえばニュース速報的なブログは、そのブログ自体アフィリエイトで売る商品を持たないケースが多くあります。

　そのようなタイプのブログでも、アドセンス広告で収益化することができるのです。
　アフィリエイトもアドセンス広告も、無料ブログサービスでは利用できない場合があるので事前に確認しましょう。特にアドセンス広告を利用できる無料ブログサービスは非常に少ないので、本気で収益化するならWordPressでブログを構築することをオススメします。無料ブログサービスは、運営会社が広告収益を得ることで成り立っているので、ブログを書く人が収益化はできないようにしていることが多いのです。

　次はブログ自体を有料化することで収益化できます。
　noteというブログサービスは、ブログを記事単位で有料販売できるようになっています。さらに、事前審査が必要ですが、継続課金マガジンという仕組みで、月刊購読スタイルでの有料販売も行えます。

　私はnoteに継続課金マガジンを持っており、週に2回ほどのペースで

有料記事を公開して収益化しています。noteで有料ブログを公開している人には、ノウハウ系の記事を書いている人も、エッセイ系のブログの人もいます。

　エッセイを収益化するには、それなりの文章力や切り口が必要です。
　一方ノウハウ系は、文章力よりも内容のノウハウの質が重要ですから、ノウハウに自信がある人はチャレンジすると良いと思います。

　ブログとSNSの収益化に関して、もう1つ重要な柱があります。それは、自分の商品やサービスをブログやSNSを通じて告知・販売することです。

　本書の読者の方には、この収益化がもっとも重要であり、かつ柱になるものでしょう。
　私の場合、本を出版するときにはブログやSNSで全力で告知をし、少しでも多くの人に知ってもらえるように、興味を持ってもらえるように努力します。

　また、セミナーを企画したらブログとSNSで繰り返し告知をしていきます。
　募集中のセミナーはブログのトップページの目立つ場所に表示しておきますし、SNSでも一番上の固定表示の場所に掲載しておきます。

　無理にアフィリエイトやアドセンス広告で売り上げを立てるより、自分の商品やサービスを得ることに注力する方がずっと効率的ですし、ブランディングにも有利に働きます。

　私はブロガーとしてブランディングしているので、私のブログにアドセンス広告があっても気にする読者は少ないでしょうが、固いサービスを販

5章　独立起業に向けた情報発信

収益化方法	メリット	デメリット
アフィリエイト	記事からすぐに商品が買えるページにリンクが張ってあるので、読者が購入しやすい	アフィリエイト＝詐欺まがいと考えている人もいる
アドセンス広告	クリックされることにより収益が出るので、「売る商品がないブログ」でもマネタイズが可能	広告がベタベタ張られていると不審に思われる
ブログ有料化	ブログを記事単位で有料販売することで、記事を書いたら収益につながる	ファンを増やして読まれるまでは時間がかかる
商品を売る	セミナーや商品をブログで紹介して売る	商品を実際に購入してもらうまでは時間がかかる

売している人のブログにアドセンス広告がベタベタ張られていると、「この人は何をしたいんだろう？」「金もうけ主義が過ぎている人では？」と不審に思われるケースもあるようです。

　一部の人はアフィリエイト広告が張ってあるだけでそのブログを毛嫌いする傾向があります。自分が損をするわけではないのですが、一時期読者を騙すような手口で広告に誘導する詐欺的なサイトが流行した時期があり、それを誤解した一部の人は、アフィリエイト＝詐欺まがい、という認識をしているのも事実です。

　ブロガーとして収益化を目指すわけではないなら、無理にアフィリエイトやアドセンスにこだわるより、自分の商品やサービスを売ることに注力する方が良い場合もあるでしょう。

6 章

本当に読まれる
コンテンツを書くコツ

69 誠実な記事を書き続ける

　起業家に限らず、個人の情報発信で一番大切なのは「誠実な記事を書き続ける」ことです。**情報発信はどうしても「目立つ」「検索で上位表示される」ことに意識がいきがちです。**派手な記事を書くと目立ちます。

　しかし派手という言葉の意味を履き違えてしまうと、正しい発信ではなくなってしまうことがあります。

　たとえば他人を攻撃するような文章を書いたり、SNSで他人に絡んだりすると目立ちます。

　芸能人や著名人のスキャンダルやゴシップなどをあることないこと書き立てれば、たくさんの人の興味を引くでしょう。誰かが書いてネット上に落ちている感動するストーリーを拝借して自分が書いたものとして掲載すれば、その文章をまだ知らなかった人はあなたが書いたと思い感動してくれるかもしれません。

　しかし、それらの行為は短期的にはメリットになっても、中・長期的にはデメリットにしかなりません。

　他人を攻撃したりSNSで絡んだりして目立っても、あなたの周りに集まっているのはあなたの「ファン」ではなく、ただの「野次馬」です。野次馬はあなたの文章やあなたの個性が好きなのではなく、単に騒動や炎上が好きで、たまたま集まっているに過ぎません。スキャンダルネタ、ゴシップなども同じで、アクセス数は増えたとしても、あなたの価値を上げることにはなりません。他人が書いた感動ストーリーを無断で借用して公開

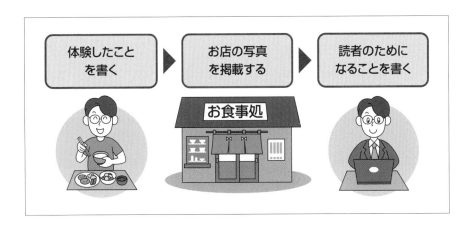

していれば、元ネタを知っている人に必ず気づかれます。あなたの無断引用に気づいた人物がそのことをネット上で告発すれば、あなた自身が炎上の「火元」になってしまう可能性もあるのです。一度ネット上で「この人は他人の情報を無断で引用する人だ」とレッテルを貼られたら、信頼を回復するのに非常に長い時間がかかります。

　特にこの本の読者は独立・起業を目指す人でしょうから、信頼の失墜は大きなダメージとなります。

　情報発信の際に心がけるべきは、本当のことを誠実に書き続けることです。
・できないことを「できる」と書かない
・行っていない場所なのに「行った」と書かない
・知らない人のことを「知っている」は書かない

　そういった1つ1つの積み重ねがあなたの文章に現れていきます。
　ネット上には行っていない場所のことを、いかにも行ったかのように書いている記事がたくさんあります。行った人の記事を参考にして、写真は

どこかから拾ったものを加工すれば、行ったかのように書くことができるのです。

　先日こんなことがありました。

　ある地方都市に新しいお寿司屋さんができました。そのお店の店主が私の知り合いだったので、オープン直後にお祝いのために訪れました。美味しく食事をし、お寿司やお料理の写真、さらには店主や一緒に訪れた仲間との集合写真を撮ったりして楽しい時間を過ごしました。帰宅後そのお寿司屋さんのことを自分のブログに書いて記事を公開しようとしたとき、私はあることに気づいてがく然としました。記事を書くためにお店の公式サイトや食べログのページをチェックしようと、店名と地名で検索をしたのです。

　すると、お店の公式サイトと食べログのほかに、個人のブログがいくつかヒットしました。私はお店がオープンした直後に行ったので、自分より先に何人もブログを公開した人がいることに驚きました。興味を持ってそれらのブログを開いたところ、なんと実際にお店に行った人は１人もいなかったのです。

　それらのブログは共通して「○月×日に ○○町に新しいお寿司屋さん「△△鮨」が開店しました！素敵なお店ですね！」というような文章です。掲載されている写真も公式サイトから無断転載したものが載っているだけ。実際に行っていないお店のことを、ネットの情報だけで書いているのです。

　そのようなブログが複数表示され、私はネットの負の側面を見た気がしてガッカリしました。

　確かにまだ誰も情報発信をしていない新規オープンのお店についてブロ

グに書けば、アクセスが集まりやすいことは事実です。私自身も近所に気になるお店ができると知ったら、そのお店に関する記事を真っ先に書くと思います。

　しかし、私なら実際に開店準備をしているお店の写真を撮ったり、お店の公式サイトへのリンクを張ったり、可能ならスタッフの方とお話をしてどんなお店になるのかなど取材をし、独自情報をできるだけ多く盛り込む努力をします。

　私が前述の寿司屋さんの記事を書いたときに目にしたブログには、お店に行った形跡もなく、独自性もまったくないのです。ネット上で簡単に集められる情報を組み合わせ、それを記事にしてアップしているだけ。情報価値がまったく含まれず、これでは読者のためにはなりません。

　当然のことながら、私がきちんと訪問して食事をした内容を盛り込んだブログが公開された後は、私のブログがそれらのサイトより上位表示されるようになりました。

　しかし、世の中には残念ながら「楽をして目立つ」ことを良しとしている人も多いのです。起業家を目指す人は、そのような目先のアクセスを稼ぐために読者の不利益になるようなことはせず、コツコツと自分の体験を誠実に語っていきましょう。

70 自分の好きなことと読み手のベネフィットをつなげる

情報発信で一番大切なのは「続けること」です。

時々起業家・ひとりビジネス運営者向けのコンテンツで、「自分のビジネスと関係ないことを発信してはいけない」という意見を見かけますが、私はその考え方には反対です。

私のところに個人コンサルティングで相談に来る方の多くが、「**自分のビジネスに関連することだけを発信しようとすると、ネタ切れしてしまい書き続けることが辛い**」と悩みを打ち明けてくれます。

書き手としても自分のビジネスの宣伝ばかりではネタ切れしますし、読み手も宣伝ばかりの投稿は苦痛に感じるでしょう。**私は発信者は「自分が好きなこと」を書くのが何より大切と考えます。**

ただし、単に好きなことをそのまま書いて、読み手に何も伝わらなければもったいない。書き手は読み手に何らかのベネフィットを届けられるように書き方を工夫しましょう。

たとえば私は読書が好きです。
本を読んだらブログに書評を書くことを習慣にしています。
書評を書くときには、読み手に何を伝えたいかを考えながら書くように心がけます。
忙しすぎて本を手に取ることができない人が、書評なら気軽に読める、

どんな本なのか、どのような良さがあるのかを知りたいだろう。もしくは、興味はあるけれど購入して面白くないと失敗したと感じてしまう、先に書評でどんな本かを知りたいというニーズがあるだろう。

そのように、読み手のベネフィットをイメージします。

その上で私がその本を読んで感銘を受けたり実践しようと思った点や、読者に「この本はここが良かったよ！」と伝えたいポイントを書評に書くのです。

単に「○○という本を読んだ。勉強になった。面白かった」では読み手に本の良さが伝わりません。**多くの人に読まれるコンテンツにするためには、自分の書きたいことを、読み手が読みたい内容に変換する工夫が必要です。**

読まれるコンテンツに変換するという意味では、ブログに日記を書くことに対しても注意が必要です。ブログや情報発信の指南書には「日記を書いてはいけない」と指導しているケースが多くあります。

私は日記を書くことに反対はしていません。

ただし、日記を書くときには注意が必要です。

日記記事は、書き手の1日を時系列に並べたものです。

1つの記事に、その日書き手が体験したことや思ったことなどが雑多に含まれる形になるでしょう。日記記事は情報価値やメッセージ性など、不特定多数の読者を惹きつける要素はほとんどありません。

では、どんな人が日記記事を読んでくれるのでしょうか。

それは、書き手のことを知っている人、書き手に興味がある人です。

たくさんのファンがいる書き手なら、たくさんの人が「あの人の日常に触れていたい」と感じ、日記記事を読んでくれるでしょう。人間は会う回数、情報に触れる回数が増えると相手に好感を持ちやすくなるといいます。「単純接触効果（ザイオンス効果)」と呼びます。

　繰り返しその人の日記を読んでいるうちに、相手に好感を持つようになる、というわけです。日々の生活を書いて公開することにより、「今日もあの人は元気に活動しているだろうか」と興味を持ち、日記記事を読み好感を持ってくれるようになるのです。

　一言で言えば、日記記事にはファン、友達や仲間とのオンライン上での接触回数を増やし交流するという役割があります。ただ、日記記事には新規開拓の機能はありませんので、日記ばかりを書いてはいけません。

　読者にベネフィットを与えられるような記事を書きつつ、並行して接触回数を上げる日記記事で交流する、というイメージで両立させると良いでしょう。

　ブログでもSNSでも、情報価値やメッセージ性とともに「その人の人となり」を伝えることが大切だと考えます。書き手がどんなことに価値を感じているのか、どのような世界観を描いているのか、どんなときに感動し心が動くのか、どのような社会との関わり方を望んでいるのか。

　自分の商品やサービスの宣伝や告知は、それら人となりと、あなたの強みや専門性が両方揃ったときに最大の効果を発揮します。SNSで商品やサービスを売るポイントは、「知ってもらう」「お知らせする」という感覚で告知をすることです。

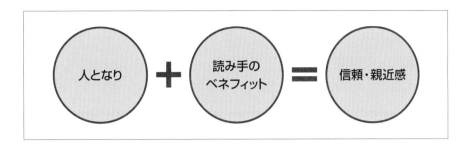

読み手はSNSを「買い物をする場所」とは認識していません。

　SNSは情報を得たり、友達や仲間と交流する場所だと捉えている人がほとんどでしょう。人は誰でも「買い物をしたいと思っていないときに押し売りされる」ことを何よりも強く拒絶するものです。

　SNSでは「このような商品やサービスがありますよ」とお知らせする形で発信します。

　興味がある人はリンクをクリックしてお申し込みページを開き、詳細な情報を読んでくれるでしょう。そこからさらにあなたの商品やサービスを購入したいと感じた人は、「購入」「申し込み」といったリンクをクリックし、決済ページへと進むのです。

　決済ページは、店舗でいうキャッシャーです。

　キャッシャーに行く人は買い物をする気持ちが決まっている人ですから、お金を払うことに抵抗はありません。いきなり商品を売りつけようとしても拒否されるばかりであなたの印象が悪くなってしまいます。

　SNSはお知らせの場、ブログやペライチなどで詳細情報を読んでもらい、決済ページで購入というステップを踏んでもらうわけですから、しっかり使い分けをしていきましょう。

71 ブログに載せる プロフィールは どう書くと良いのか?

　ブログには必ずプロフィールを載せます。

　プロフィールはサイドバーやフッターなどに載せるショートバージョンと、プロフィールページに載せるロングバージョンの2つ用意します。

　ショートバージョンには端的にあなたの名前、肩書や仕事で使う資格、強み、こだわり、著書がある人は著書などを150から200文字程度で書きます。

　プロフィールには必ず文章と一緒に顔写真またはイラストを掲載するようにしてください。

　顔出しできればベストですが、顔出ししたくない場合は似顔絵を描いてもらい掲載するようにします。時々プロフィール写真の代わりに男性は車や海、女性は花や猫などの写真を掲載しているのを見かけますが、オススメしません。

　プロフィール画像は、あなたがどんな人なのかを読者が認識するためにあります。

　人間ではない画像をプロフィール写真にしても、読者はその画像を「人間の顔」とは認識しません。あなたが何者かを知ってもらうための画像なのに、あなたを人間と認識してもらえないのでは本末転倒です。

　極力あなたの顔写真を載せるようにしましょう。

顔写真付きプロフィール

　顔写真を載せられない場合はプロに似顔絵のイラストを描いてもらい、それを掲載します。ネット上には多くの似顔絵を書いてくれる専門家がいます。

　スマホで顔写真を撮って送れば、似顔絵を送り返してくれます。
　似顔絵を見て本人がバレない程度に、ちょっとだけズラして描いてくれるのがポイントです。

　プロフィール写真はできればプロに撮ってもらいましょう。
　スマホで自撮りしたものとはクオリティーが段違いです。

　ネットで検索すればプロフィール写真撮影の専門家がたくさんいますので、自分に合いそうなテイストの人を選んで問い合わせてみることをオススメします。

プロフィールはすべての記事に表示されるショートバージョンを用意し、ショートバージョンからリンクを張って、ロングバージョンを見に来てもらうように誘導します。

　ブログのプロフィールページには文字数制限がありません。
　なので、自分の実績や強み、持っている資格や得意なこと、経歴やこだわりなどを思う存分書いて構いません。

　なぜなら、プロフィールページはあなたに興味を持った人しかクリックしないページだからです。ブログに訪れる人の多くは、ブログに書かれている情報やメッセージに興味を持ったためやってきています。

　大半の読者は記事を読んだら満足してあなたのブログから離脱します。
　そんな中、一部の人が「このブログを書いた人はどんな人だろう？」と、プロフィールへのリンクをクリックして、わざわざ読みに来てくれているのです。
　わざわざあなたに興味を持って訪れてくれた読者に対して、あなたを徹底的に知ってもらう絶好の機会なのですから、遠慮してはもったいない。
　思う存分あなたの強みや特徴、こだわり、実績などを書き連ねましょう。

　「そんなに長く書いたら飽きられて離脱されるかも」と心配する必要はありません。
　「ここまで徹底的に自分のことを客観視しているんだ」と驚かれることの方が圧倒的に多いですし、とにかく印象に残ります。

　プロフィールページに関してもう1つ大切なのは、定期的に更新をして常に最新状態を維持することです。

プロフィールの書き方

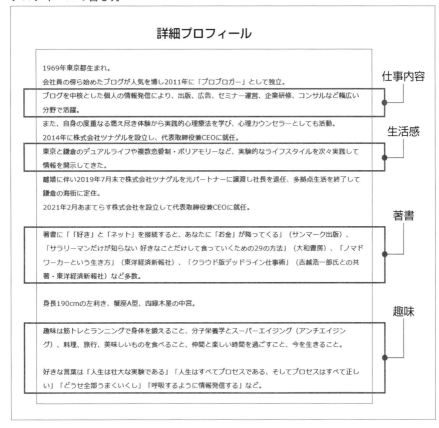

　時々何年も前のプロフィールのまま更新されていないブログを見かけます。

　魅力あるブログは、常に更新が続いているブログです。

　せっかくあなたのブログ記事から、またはGoogle検索であなたの氏名で検索してあなたのプロフィールページを訪れた人が、数年間放置されているプロフィールページを見たなら、どう感じるでしょうか。

　おそらくやる気を感じられず、読むのをやめて離脱するでしょう。

　期待しながらアクセスした分、ガッカリする度合いが強くなります。

6章　本当に読まれるコンテンツを書くコツ

プロフィールページは常にアップデートを続けるようにしてください。

「そんなに更新する内容がない」と感じるかもしれません。

その場合は、どんどんあなたについての情報を書き加えてください。

仕事の実績や経歴だけでなく、趣味、習慣にしていること、大切にしていること、好きな作家や映画、ドラマ、アニメなども書きましょう。

「そんなことを書いてどうするんだ？」と感じるかもしれませんが、人は自分との共通点を見つけると共感して嬉しくなるものです。たとえば自分がお寿司が好きで、プロフィール欄に「好きな食べ物 お寿司」と書かれていれば、「あ！ 自分と同じだ。ちょっと共感するな」と感じるのです。

共感する人とは波長が合うと感じ、接触回数が増えます。

接触回数が増えれば相手に共感しやすくなっていきますから、詳細を掲載することを躊躇する必要はないのです。プロフィール欄を更新したときも、SNSにリンクを張って更新報告をするようにしましょう。あなたのことを知っているつもりだった人も、実はあなたのことを知らない、ということはよくあることですから、改めてアクセスしてもらう価値は十分にあります。

72 ブログ名はどう決める？

　初心者の方からもっともよく受ける質問の1つが「**ブログ名はどう決めればいいですか？**」です。結論から言うと「ブログ名は好きに決めればいい」です。

　ブログのタイトルは「変えてはいけないもの」と思っている人が多いのですが、そんなことはありません。**ブログのタイトルは何度でも変えて構いません。**

　私自身、2008年にブログを開設して以来、3回ブログ名を変更し、結局今は開設時のタイトル「No Second Life」に戻して運営しています。

　また、最近はnoteのようにブログ名がつけられないサービスも出てきています。

　ブログのタイトルは読者はあまり気にしておらず、書き手がしっくり来ているかどうかが一番大きなポイントだという印象です。

　ただ、起業家がブログを運営するなら、自分のビジネスにプラスに作用するタイトルをつけることは意識すべきです。屋号がある場合は、屋号をブログタイトルにする手もあるでしょう。商品やサービス名をタイトルにすることもできますが、商品やサービスは永続するとは限らないので、あまりオススメできません。

　自分の名前をブログ名にするのもオススメです。
　自分の名前をブログに関する場合、それだけだとやや味気ないので、自

分の名前に座右の銘や、メッセージ、ブログへのこだわりなどを添えると良いでしょう。

自分の名前をブログ名に入れる最大のメリットは、検索エンジンで読者が名前で検索した場合に、ブログが確実に1位表示されるからです。 自分の情報発信の母艦をブログにする場合、読者が検索したときに真っ先にブログが表示されれば、スムーズに読者をブログに誘導することができます。

Facebook や Instagram、Twitter、YouTube など、複数メディアで発信している場合、ユーザー名は統一しておくことが大切です。

ユーザー名が統一されていれば、Google で氏名で検索した場合、あなたのブログ、Facebook、YouTube、Instagram などが順番に検索結果に表示されていきます。

5章でも説明したとおり、実名で活動するかビジネスネーム、ハンドルネームで活動するかは本人の自由ですが、一度自分の名前を決めたらすべてのメディアで名前を統一して使い続けることが重要になります。

ビジネスが軌道に乗ると雑誌から取材の依頼が来たり、ネット媒体に寄稿する機会なども出てくるでしょう。雑誌の連載から出版に至るケースなどもあるかもしれません。

ネットメディアに名前が出るようになれば、検索結果の上位にその記事が表示され、多くの人が検索経由でその記事を読む可能性が出てきます。

あなたの名前は、ネット上のあなたのすべての情報を串刺し検索できるための「フック」になるのです。検索であなたのブログをトップ表示させ

るためのフックとして、ブログタイトルにあなたの名前を入れるのは、とても有効と考えます。

　経済評論家でベストセラー作家、そして人気ユーチューバーでもある勝間和代さんは、ブログ名もYouTube名も、ご自身の名前を含めて目立つようにしています。

　ブログ名が「勝間和代が徹底的にマニアックな話をアップするブログ」、YouTube名が「勝間和代が徹底的にマニアックな話をするYouTube」です。

　また、勝間さんはご自身が出版する書籍のタイトルにも「勝間和代の」や「勝間式」など、ご自分の名前を冠する形で統一感を出すとともに、「勝間さんの本」と一目で分かるように工夫しています。

6章　本当に読まれるコンテンツを書くコツ

　私の場合は2008年にブログをスタートしたときから「No Second Life」
というタイトルで書いてきた期間が圧倒的に長いことと、書籍を7冊出版
しておりGoogle検索をすると「著者」として表示されること、立花岳志
で検索するとブログが1位表示されているため、あえて「立花岳志公式ブ
ログ No Second Life」という形にはしていません。

　現段階ではあなたが今後、メディアに登場することは想像しにくいかも
しれません。

　しかし、自らビジネスを立ち上げ、自分を露出していくからには、やがて出版やメディア登壇なども目指したくなることを想定しておいた方が良いのです。自分の名前で勝負ができるステージまで自分を高めていくつもりで戦略を練っていきましょう。

73 本当の自分を露出させるコツとは？

　起業家の情報発信の目的の1つが「ブランディング」です。
ブランディングとは、「正しく自分を露出すること」を意味します。

　この「正しく」という部分がくせ者で、世の中には間違ったブランディングを行っている人、間違ったブランディングを教えている人もたくさんいるのが現実です。
　どう間違ってしまうかというと、「正しく」ではなく「大げさに」自分を見せようとすることがブランディングだと勘違いしてしまうのです。
　自分が好きなこと、得意なこと、強みと感じることを「正しく」露出するのが本当のブランディングです。**できないことをできると書いたり、10できることを100できると書くのはブランディングではなく「嘘つき」「虚偽」「誇張」です。**

　くれぐれもこの点を間違わないように気をつけてください。

　その上で、「本当の自分を露出させるコツ」についてお話ししたいと思います。
　コツは大きく2つあると考えます。
　1つは等身大の自分の何気ない出来事も躊躇せず書くことです。
　ブログやSNSの発信は「特別なこと」を書かなければならないと思っている人が多いのです。しかし、現実を生きていれば、毎日そうそう特別なことばかりが起こる人はいません。ほとんどの人が何気ない日常をコツコツと努力しながら生きているのです。

特別なこと、カッコ良いことだけを書こうとすると筆が止まります。

筆が止まるとハードルが上がってしまい、ますます書けなくなっていきます。

ハードルを上げず、ちょっとした日常、繰り返しの日々でも写真を添えて書いていくことが大切です。

日常を露出するときのポイントは、何でもかんでも露出する必要はない、ということです。**日常生活の中で、あなたが好きなことや、自己投資のために習慣化していること、こだわりがあることなどを中心に書けば良いのです。**

たとえば私は身体作りのためにランニングと筋トレを習慣化しています。

運動を習慣化することは難易度が高いため、私はブログやSNSに筋トレやランニングの写真を定期的に投稿します。毎日同じダンベルやヨガマットを使って筋トレをし、似たようなコースでランニングをしていますが、それでもアップするのです。

アップを続けることにより、自分の中で「筋トレ→投稿」「ランニング→投稿」というリズムが生まれて継続しやすくなります。

さらに、私の投稿を繰り返し見る周囲の人たちは、「立花はいつも筋トレとランニングで身体を鍛えている人だ」と認識してくれます。

同じように、私は料理の写真、そして読書をしたときはブログに書評を書いて公開するようにしています。料理は私の趣味であるとともに、運動と同様に身体作りの根幹をなす物と認識しています。身体に悪い物、ジャンクフードを遠ざけ、栄養があって身体に良い物を、美味しく、さらに見栄えもよく作って食べることを目指しています。

6章　本当に読まれるコンテンツを書くコツ

345

写真を撮って公開することで、見た目にも気を使いますし、より美味しそうに作る意識が働きます。そして周囲の人は「立花は食に気を使っていて料理が上手な人」と認識してくれるようになるのです。

　読書も同様で、本を読んだら書評を書く、というサイクルを日々繰り返すことで、「立花は読書家」というブランディングができていくのです。裏返せば、日常生活で自分に特にこだわりがない点については、無理に露出する必要はないということです。

　本当の自分を露出させるもう1つのコツは、失敗や悩み、落ち込んだことなども書いていくことです。 うまくいっている自分、成功した自分、達成した自分だけを出そうとすると苦しくなります。周囲の人たちも、「常にうまくいき続ける人などいない」ことを分かっています。

　「**周囲はその人の長所を尊敬し、短所を愛する**」という言葉があるとおり、人間誰しも欠点がある方が人間味が出て、愛されるものなのです。

　日常でうまくいっていないことや悩んでいること、試行錯誤していることなども、できる範囲で隠さず書いていきましょう。

　いきなり全世界へ公開することに不安を感じる人は、Facebookの友達限定投稿を活用し、公開範囲を狭くして投稿するところから始めると良いでしょう。
　私自身2018年に2回目の離婚があり、翌2019年には夫婦で経営していた会社を元妻に譲渡して自分が設立した会社から自分をクビにして去る、というかなり精神的にキツイ出来事がありました。

　この時期を何とか乗り越えることができたのは、辛いこと、しんどいこ

刺さるストーリー

とをnoteの有料ブログやメルマガ、Facebookなどに包み隠さず書いたことで、多くの友達や仲間が私に寄り添ってくれ、励ましてくれたからです。

　離婚や共同経営した会社を離れることなど、一見ネガティブと思われることを包み隠さず書き続けたことを疑問視する人も多くいました。

　「ネガティブなことを書いたらブランド力が落ちるのでは？」と。
　しかし、ネガティブで、しかも大きな出来事だったからこそ、私は公開する必要があったと考えています。

　私と元妻は2人で会社を経営していただけでなく、2人一緒にセミナーや講座を企画し、2人で講師として登壇したり、2人でコラボのコンサルティングを行ったりしていました。つまり、会社経営だけでなく、「2人でステージに立つコンビ」でもあったのです。

　このコンビを解散するわけですから、こっそりなんとなく、というわけにはいきません。
　また、逆境と思われる時期を隠さず公開することで、**逆境を乗り越える**

6章　本当に読まれるコンテンツを書くコツ

プロセスが可視化され、私が復活していくプロセスを多くの人に見てもらうことができたのです。

　個人メディアがどんどん発達し、自分の良い面だけを露出することは「薄っぺらい」「カッコ悪い」とも感じられる時代になってきています。
　どんなときも等身大で、強みも弱みもさらけ出す。それがこれからのブランディングなのだと私は確信しています。

74 Googleの
アルゴリズム変更により
するべきことが変わった？

　起業家が情報発信をしていく上で必ず知っておくべき大きな環境の変化があります。

　それはここ数年で推し進められているGoogleのアルゴリズム変更です。

　Googleのアルゴリズム変更で、ブログ運営者がやるべきことが変化しつつあるのです。

　Googleの検索結果に自分のブログを上位表示させるための手法をSEO（検索エンジン最適化）と呼びます。正しく努力して自分のブログやサイトが上位表示されるべきですが、**残念ながらSEOの歴史はGoogleと不正なやり方で自分のページを上位表示させようとする人々の戦いの歴史でもありました。**

　かつてのGoogleは、そのサイトを誰が運営しているかは重視しておらず、記事がキーワードを含んでいるかどうかを優先的に判断していました。

　また、その記事を運営しているドメイン（aaa.comやbcd.jpなど）が、どれぐらいアクセスされているか、特定の記事がどれぐらい読まれているかなどを判断材料にしていました。そのため、まったく無名のブログでも、ニッチなキーワードを組み合わせることにより上位表示がされることが多かったのです。

　ところが、このGoogleのアルゴリズムを悪用する人が後を断ちません

でした。

　キーワードの使い方さえ押さえれば、上位表示できるため、キーワードだけが入っていて中身のない品質が悪いサイトが続々と上位表示されるようになってしまったのです。

　特に問題になったのが、医療関係のポータルサイトが、医学の知識がないライターに低価格で書かせた記事が大量に上位表示されたことでした。

　医学の知識がないライターが書いた記事には誤った情報が掲載されており、読んだ人たちが間違った認識をして病院に相談するケースなどが多発して社会問題化しました。結局そのサイトは閉鎖されたのですが、誤った情報かどうかを精査することなく検索結果に上位表示させていたGoogleの姿勢も問題視されることになりました。

　その結果Googleはキーワードやドメインへのアクセス数などよりも、**「誰がその記事を書いているのか」「サイトの運営者は信頼性が高いかどうか」「専門性がある人のサイトかどうか」**などを重視するようにアルゴリズムを変更したのです。

　このアルゴリズム変更は大半のユーザーにとっては歓迎すべきことです。専門性、信頼性の高いサイトが上位表示されるようになったのですから。**しかし、ブログやサイトを運営する側からすると、歓迎できる部分と対策を講じる必要が出てきた部分があります。**

　あなたのブログをGoogleの検索結果で上位表示させるためには、あなたが何者で、どの分野で専門性を持っていて強みがあるのかをブログ上で明確にする必要があります。また、社会的にどのような立場で、どのような形で信頼性を有しているかも明らかになっていることが大切です。裏を返すと、専門性がなく、社会的立場や地位が明確になっていない人のブロ

グは上位表示されにくくなった、ということです。

　私がブログをスタートさせブロガーとして成長していった2008年から2011年頃は、無名の人間がブログを成長させ続けることで知名度を上げ、「人気ブロガー」という肩書や地位を得ることができました。ブログで有名になる、ということが比較的簡単だったのです。しかし、今は「専門性があるブログ」「信頼性が高いブログ」とGoogleから認識してもらわないと人気ブログになりにくい状況になりました。

　つまり、「なんとなくやっているブログ」「徒然なるブログ」で、たまたま書いた記事が検索で上位表示されてブレイク、というようなステージアップの経路はなくなったと思った方が良いでしょう。

　アルゴリズム変更により、ブログ運営者はより戦略的にブログを設計する必要が出てきました。ブログを通じてどのようなコンテンツを発信しているのか、これからしていくのか、自分が発信するコンテンツと自分のブログの間にはどのような関係性があるのか、なぜその記事を書いているのか、明確になっている必要があります。

　ですから、自分のビジネスに関係する資格などを持っている場合はプロフィール欄に列挙しましょう。商業出版した経験がある人、雑誌に寄稿したりインタビュー記事が掲載されたりしたことのある人は、プロフィールに盛り込みましょう。

　セミナーや講座などを運営している人も、その実績を書くことを忘れずに。

　そのように自分の立場、専門性を明らかにしていくことで、Googleから信頼を獲得することができるのです。

　たとえば私の名前「立花岳志」でGoogle検索をしたときの表示は、以

Googleのアルゴリズム変更への対策

キーワード&アクセス	・キーワード対策のみ行い、内容のない記事が多数 ・上位表示されるサイトでさえ質が担保されていないケースもあり
アルゴリズム変更	・サイト運営者の信頼性が高いか ・誰がその記事を書いているか ・専門性がある人のサイトかどうか
対策の必要	・自分が何者でどの分野で専門性を持っていて強みがあるかを明示 ・発信するコンテンツとブログに相関性があるか

前とは大きく異なるようになりました。私のブログがトップ表示されるのは変わりませんが、パソコンで見ると右側に「**ナレッジパネル**」という項目が表示され、そこに「著者」と肩書が付与されています。

写真も私の公式プロフィール写真のほか、著作の表紙の画像などが並び、オフィシャル感が出ています。私のブログの下の検索結果もFacebookやInstagramなどのSNSのプロフィールに加え、私が受けたインタビュー記事やAmazonの著者ページなどが続々と並び、非常に分かりやすくなりました。

Googleは常に「**読者にとってもっとも有益な検索結果を表示させる**」ことを目指してきました。従って我々書き手は、書いた記事の価値とともに、「書いた人物が何者で、どんな背景を持った人間なのか」をブログ上で明らかにする必要が出てきているのです。

75 芸能人の真似をしてはいけない?

　ブログやSNSで情報発信をする際に、1つ気をつけるべきことがあります。

　それは「芸能人の真似をしない」ことです。

　芸能人はマスメディア越しに存在しており、我々にとってある意味「非現実的存在」です。テレビや映画、雑誌などに登場し、自分の歌や演技などを披露することで、桁外れの人数から認識され、応援されています。芸能人と並んでプロのスポーツ選手や政治家、テレビに出ている文化人なども同じ扱いになります。

　これらの人々のことを「著名人」と呼ぶことにします。

　著名人のSNSにおける仕事は「自分を露出すること」です。

　多くの人々からしたら著名人は存在自体が非日常的なものです。普段はテレビや映画越しにしか見ることができない著名人の「素の姿」をブログやSNSで露出するのです。

　非日常的な存在である著名人が普段どんなことをしているのか、どんな日常を送っているのか、ファンは興味があるのです。

　従って著名人の多くはブログに日記しか書きません。

　SNSにも日常の一部を「チラ見せ」するような投稿をすれば十分なのです。

　著名人はファンの母数が数百万人から数千万人にもなります。

　著名人の公式ブログは、ごく短いブログを公開するだけで、1日でアクセスが数百万ページビューにものぼるのです。その現象はブログだけでなく、SNSやYouTubeでも同様です。

6章　本当に読まれるコンテンツを書くコツ

そして我々の多くは、多かれ少なかれそれら著名人の発信の影響を受けてしまいます。

　しかし、そのときにやってはいけないのが、芸能人やお笑い芸人がやっている発信の真似をすることです。彼らは存在自体が非日常的だからこそ、「日常のチラ見せ」がファンサービスになるのです。著名人が何を食べたとか、どこに行ったとかが、ファンには知りたいことだからです。

　しかし、我々は著名人と違い「非日常的存在」ではありません。
　一般人である我々が、ブログやSNSに日常のチラ見せをしても、ほとんどの人は関心を持ちません。しかし多くの人が芸能人の影響を受けたり、もしくは「自分もその人みたいになりたい」と願ったりして、真似をしてしまうのです。

　私は一般人が日常を発信することを否定していません。
　私自身も日々の活動を日常的にSNSに投稿しています。しかし、ここで重要になるのが、**日常のチラ見せ「だけ」を発信していては、あなたのネットにおけるプレゼンスは上がっていかない、**ということです。

　あなたが起業を目指していたり、既に起業していたりするなら、ネットにおける発信はビジネスにプラスになるようなものであってほしいと望んでいるでしょう。
　ならば、あなたが発信するべき内容は、より多くの人があなたとあなたが持つ専門性・権威性・信頼性を認識するものであるべきです。
　あなたの発信を多くの人が「役に立った」と感じたり、「知らなかった。勉強になった」と感じたりすることが大切です。

　ただ、直接ビジネスに関わる内容ばかりを投稿する必要はありません。
　常に学び進化しようとしている姿勢、心身を整え万全の体調を維持しよ

多角的に発信

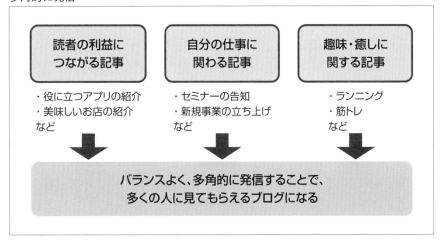

うとしている姿、高い視座を持ち多くの人を惹きつけるようなメッセージなどを、多角的に発信していくのです。趣味や癒やしに関する投稿も遠慮せずどんどん投稿していきましょう。

何かしらの専門性を持って活動している人の多くが、尖った趣味やこだわりを持っているものです。その趣味やこだわりを投稿することも多くの人を惹きつけますし、ときには共通の趣味を持つ人から共感され、趣味を通じてあなたのファンになってくれる人も出てくるでしょう。

私は身体作りと趣味でランニングを習慣としています。

趣味が高じてマラソンレースに出場するようになり、初めてフルマラソンにチャレンジしたときのことをよく覚えています。私は日常的に自分のランニングの記録をブログに書き、SNSでシェアしていました。レースに向けて練習の距離が伸び、何度か「ひとりフルマラソン」と称して、42.195キロを走り、その様子を投稿していました。

6章　本当に読まれるコンテンツを書くコツ

すると多くの人が「ひとりでフルマラソンを走る変わった人がいる」と私のことを認識してくれるようになりました。その結果、私が初のフルマラソンに参加したときに、ファンだという若い男性がスタート地点で声をかけてくれたのです。私が日々走っている様子を投稿しているのに影響を受けて走り始めたとのことで、私のブログで自分が私と同じレースに出場すると知り、当日わざわざ探して声をかけてくれたのです。

　その後、その方は私のセミナーやイベントに参加してくれるようになりました。
　趣味と自分を高めるための活動を投稿していた結果、ビジネスにも結びついたということです。堅苦しく考えると難しくなりますから、自分の日常を「学びや進化に変換する」ことを意識して投稿することを心がければ良いと思います。

76 キーワードを入れよう

　ブログで情報発信をする際に、意識してほしいことがあります。

それは、記事ごとに1つのテーマを決めることです。

　1つの記事に複数のテーマを盛り込むことは混乱のもとですので避けましょう。

　たとえば、映画を観に映画館に行きその映画にすごく感動し、売店でハンバーガーを買ったらとても美味しかったとします。

　そして「○○という映画を観に行って感動した！」というタイトルのブログ記事を書こうとしています。その際に、映画の記事の中に、買ったハンバーガーがいかに美味しかったか、どんな具材が入っていたか、運営会社はどんな会社かなどを詳細に語ることは避けましょう。

　あなたにとっては映画とハンバーガーは連続して起こった出来事ですが、読者はあなたがタイトルに載せた映画のタイトルに興味を持ってアクセスしているのです。

　読者があなたと同じ映画館に行く可能性は低いでしょう。通常封切り映画は日本中で同時に公開されているからです。

　読者は映画の内容には興味があっても、特定の映画館で売られているハンバーガーには興味がない可能性が高いわけです。そのような場合はどうしたら良いかというと、映画の記事とハンバーガーの記事を別々に書くのです。

6章　本当に読まれるコンテンツを書くコツ

映画の記事は「○○という映画を観に行って感動した！！」で良いでしょう。

　そしてハンバーガーの記事は「△△町の□□映画館の××ハンバーガーが絶品だった！！」というようなタイトルにします。

　その上で、それぞれの記事からお互いの記事にリンクを張る形を取ります。

　大切なことは、1つの記事には1つのテーマ、そして1つの「キーワード」だけに絞るということです。

　キーワードを1つに絞ればテーマが明確になり、記事の内容がシンプルに、分かりやすくなります。記事の内容がシンプルになれば話が途中から脱線して意味が分からなくなるようなこともなく、スッと気持ち良く読めるものになります。

　記事内で扱うテーマがタイトルと見出しに「キーワード」として載っていることは、読者にとっても分かりやすく親切です。

　さらにキーワードがタイトルや見出し、本文中に適切に使われている記事は、検索エンジンにとっても分かりやすく、高く評価されやすくなります。

　既にお話ししましたが、検索エンジンはブログの記事タイトルや見出し、本文中のキーワードを解析して検索結果の順位を決めています。

　昨今のアルゴリズム変更により、ブログ著者の専門性・権威性・信頼性がより重視されるようになったことも説明したとおりです。従って、以前のようにキーワードさえ合っていればブログが上位表示されることは少なくなっています。

記事タイトル

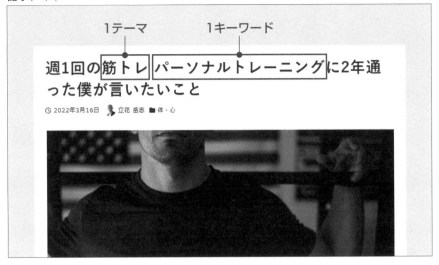

　しかし、**読者のニーズが大きく変化したわけではないこともまた事実で
す。**

　たとえば、まだ行ったことがない飲食店に関する口コミを見たいとき、
私は大手グルメサイトではなく、個人のブログに書かれている口コミを探
すことがあります。

　同じように、旅先のホテルについての情報を探すときも、旅行サイトで
はなくブログから情報を得ようとする場合が多いです。その理由は、1つ
にはグルメサイト、旅行サイトの口コミは短く稚拙なものも多く、写真な
ども小さかったり掲載されていなかったりと、情報が不十分と感じること
が多いのです。

　また、グルメサイトや旅行サイトの口コミは一部操作されているという
噂もあり、信頼性が低いと感じるためでもあります。

　個人でブログを書いている人は、「ブログを書こう」という高いモチベ

ーションがある人です。ブログの場合文字数や写真の枚数の制限などはありませんので、ボリュームのある、しっかりとしたレビューがされていることが多いのです。

　そのような場合、私は普通に検索エンジンで**地名＋飲食店名**や**地名＋ホテル名**などで検索します。

　アルゴリズムの変更により、検索結果の上位には、ホテルやレストランの公式サイト、そして大手や中小のグルメサイト・旅行サイトが並びます。

　私はそれらのサイトはチェックせず、検索結果の2ページ目、3ページ目と進んでいきます。

　だいたい2ページ目の途中か3ページ目くらいになると、個人のブログが多くヒットするようになってきますので、その中から気になるブログをクリックして内容をチェックするのです。検索結果の1ページ目上位に表示されることは難しくても、ニーズが明確である人は2ページ目、3ページ目と進んでいきますので、その中で上位に表示されていることは大切です。

　正しくキーワードを入れていない記事は検索結果に表示すらされませんので、常にキーワードを入れること、そしてテーマは1つに絞ることを意識しましょう。

77 1日を 何分割にも分けよう

情報発信を習慣化するには発信する時間帯を決めるとスムーズです。

私は今はフリーランスとして自由に1日中発信できる立場です。

それでも、原則として発信していく順番を固定し、習慣化しています。

たとえば今私はこの本の原稿を書いているわけですが、**1日の発信で本の原稿は朝スタートから2番目**としています。

最初の発信はTwitterを強化したいと考えているので、真っ先に取り組んでいます。

習慣化のコツは、まだ習慣化ができていないことに、朝真っ先に取り組むことです。

朝一番ということは、その日最初のタスクということになります。

最初のタスクには割り込みが入る可能性はほぼありませんから、もっとも習慣化しやすいのです。人間の心理的にも、朝一番のタスクを先送りしたりやらずに済ますことには抵抗がありますから、スムーズに取り組むことができるのです。

Twitterに関しては、以前からもっと強化したいと感じていましたが、なかなかうまく習慣化できませんでした。習慣化できなかった間はTwitterの投稿を、本の原稿やブログ、YouTubeなどの更新が終わった後に行おうとしていました。

結局は1日の情報発信の中で、もっとも優先順位を低く扱っていたわけですから、集中力も落ち、やる気も出ず、「今日はまあいいか」という気

持ちで、先送りしてしまっていたのです。これでは習慣化できないと危機感を持ち、Twitterへの投稿を朝一番、最優先にしたのです。投稿自体は140文字制限がありますから、5分もかかりません。しかし、短いからこそぎゅっと濃縮した投稿にしたいわけで、少々頭を使います。**その「少々頭を使う」ことが、優先順位が低いと「億劫」「面倒」になってしまっていたんです。**Twitterへの投稿を最優先にした結果、毎日スムーズに投稿できるようになって嬉しいです。

　Twitterの次が本の原稿です。

　本の原稿はもっとも集中力を使う仕事の1つですから、一番集中力と覚醒度が高い朝の時間帯に行います。本の原稿の後は、ブログの中でも難易度が高いnoteの有料記事や書評を書きます。

　難易度の高いものから、徐々に難易度が低い仕事へと切り替えていきます。

　その後、ブログで難易度が低い記事、そしてYouTubeの動画を収録してから配信予約をします。そして翌朝のメルマガの記事が1日の原稿の中では最後となります。メルマガは前日のブログとYouTube、Twitterの投稿へのリンクを張るため、最後になるのです。私の場合これらの自分でできる「**クリエイティブ ルーチン**」をだいたい昼までに終えるようにしています。

　午後は個人コンサルやレッスン、セミナーや講座、打ち合わせ、会食などを入れていきます。私の場合1日を自由にデザインできますが、組織で働きつつ独立・起業を目指す人は、1日中自由に発信することはできないでしょう。

　その場合、1日をいくつもに分割して、細かく発信していくことをオススメします。

　朝目覚めてから出勤するまで、通勤時間中、会社の昼休み、夕方の帰宅中、そして帰宅後という形です。それぞれの時間帯にどのメディアに投稿するかをあらかじめ決めておくと良いでしょう。

　私が会社員だった頃は、早朝、昼休み、夜と3本のブログ記事を投稿することを目指していました。仕事が長引いたりして書けないときもありましたが、原則1日3記事投稿を目指していました。

　内容は、朝はランニング日誌、昼は書評、夜はガジェット系の記事を書くようにしたのです。そして通勤時間帯にはTwitterに投稿していました。
　通勤時間には読書もしたかったので、ささっとツイートをして、残りの時間は読書に充てるという形です。

　当時私はブログネタのアイデアが浮かんだらTwitterに短く投稿していました。
　Twitterへの投稿がブログの予告のような形になるのです。
　Twitterは文字制限があるため突っ込んだ長い文章は書けません。
　その代わり「連投」という形で、続けざまに短いツイートをすることができます。
　メモアプリにメモする代わりにTwitterに投稿することで、フォロワーの皆さんに「近々こんなブログが出てきますよ」と期待してもらえるようになっていました。

　会社の昼休みに書評ブログを書くために、自宅から毎日MacBookをカバンに入れて持っていき、15分でお弁当を食べ、残りの45分でブログを書くことを習慣化していました。45分で書評を1本書くのは大変ですし、書けない日もありましたが、時間制限を設けて書くのは良い訓練になりました。

6章　本当に読まれるコンテンツを書くコツ

習慣化例

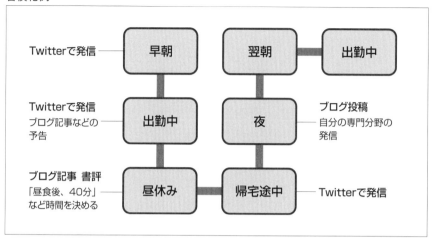

　そして夜は帰宅して食事を終えたらじっくりブログに取り組む時間にしました。

　1日の仕事を終えて疲れていましたが、眠るまでたっぷり時間をかけてブログに取り組めるのが、何より嬉しい時間だったことを鮮明に覚えています。

　そのような形で、1日を分割し、どの時間帯に何をするか、どのメディアに投稿するのかを決めておくと、取り組みやすくなると思います。

78 誰のために書く?

　ネットにおける発信は、「継続する」ことが何よりも大切です。

　継続するために大切なことは、自然体の自分で書き続けることです。

　自分の商品やサービスを宣伝するような投稿ばかりを続けては、読み手から飽きられてしまいます。**情報発信は読み手の「役に立つ」ことと、「心が動く」ことがポイントです。**

　発信する側は、読み手と同時に自分のために書く、という意識が大切になります。

　自然体で情報発信を長い期間継続するためには、**世の中で起こっていること、世の中に存在するものを自分のフィルターを通して変換し、発信する能力を身に付けることが求められます。**その際に書き手は自分のフィルターを通すことにより、世の中の事象を切り取り、読者の役に立ったり心を動かしたりするコンテンツを生み出すのです。

　このような書き方をすると難しく感じるかもしれません。

　しかし実際にやるべきことは難しくはありません。

　たとえば、あなたが睡眠を記録してくれる良いスマホアプリはないか、と感じているとします。現状あなたは「満足できる睡眠管理アプリが見つかっていない」という「不便」「不満」を感じているわけです。

　あなたは「満足できる睡眠管理アプリを探す」という行動を起こします。

　ネットや雑誌などで調べて複数のアプリをダウンロードして比較・検討します。

　さらにSNSでフォロワーやお友達に「睡眠管理アプリのオススメはな

いですか？」と質問して、お友達からオススメを教えてもらったりもします。

その結果、3つのアプリを実際に試してみて、その中からもっとも自分にしっくりくるアプリを1つ選びました。あなたはそのアプリに満足し、日々睡眠管理を行った結果、睡眠の質も量もアップし、寝不足を解消して日々の生活の満足度が上がりました。

この経験を記事にして発信するのです。

発信する際のポイントとしては、現在進行形の悩みや相談についても発信して構わないということです。特にTwitterやFacebookなどの双方向性が強いSNSには、現在進行形で感じている「不便・不満」を投稿し、周囲からサポートしてもらいましょう。

複数のアプリを試そうとしているタイミングでも、SNSに「このアプリを試そうと思う」というような、進行形の投稿をしていくことで、トピックに興味がある人が定期的に読んでくれるようになります。そして最終的に満足のいくアプリを見つけられたなら、全体の経緯と比較検討したアプリ、それぞれの特徴や気に入ったポイント、イマイチだったポイントなどを書き、最終的に選んだアプリの気に入った点などをブログにまとめて投稿するのです。

この記事の例でいうと、投稿はあなたと同じように「良い睡眠管理アプリがなくて困っている」人や、「睡眠管理アプリに興味がある」人たちにとって役に立つ記事です。

そして、それと同時に、何よりもあなた自身が不便に感じていた状況を改善することができ、睡眠の質と量を改善させ、生活の質がアップしたこと、つまりあなた自身のための記事になっていることが大切なのです。

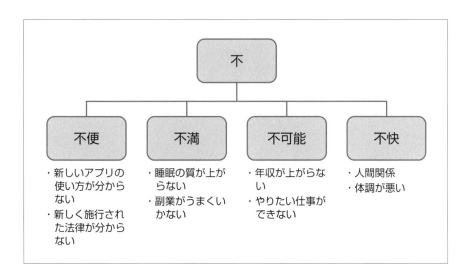

　誰もが毎日生活していく上で、様々な「不」を感じています。

　「不」とは、「不便」「不満」「不可能」「不快」など、困っている、悩んでいるという状況です。読者は自分が感じている「不」を何とかしたいと思いネットにアクセスしています。そしてあなたが書いた記事により「不」が解決されたとき、読者はあなたに感謝し、あなたに興味を持つこともあります。

　もともとはあなたが発信する「睡眠管理アプリ」に興味があったにすぎなかった読者が、「この人の記事をもっと読みたい」「この人の発信をフォローしたい」と感じてくれるとき、その読者はあなたのファンの入口に立っています。

　TwitterやInstagramなどであなたをフォローしたり、YouTubeのあなたのチャンネルに登録したりして、定期的にあなたからの情報を収集しようとし始めます。

6章　本当に読まれるコンテンツを書くコツ

そのような人は、あなたが有料のセミナーを開催するという告知を受け取れば、「より濃密なコンテンツに触れたい」「この人から直接学びたい」と感じ、申し込んでくれる可能性が出てきます。

　もしあなたが書籍を出版する機会があれば、積極的に書店に出向き購入して読んでくれるでしょう。さらにあなたの本を読み感じたこと、実践していきたいことなどをブログにまとめ公開してくれるかもしれません。このような形で読者の役に立つ情報を発信するためには、あなた自身が自ら行動し、自分の感じている「不」の解決をし続けていくことが大切です。

　我々が生きる社会は日々どんどん変化していきます。変化が生じるたびに世の中は便利になる一方、新しい技術やテクノロジー、トレンドに戸惑い不便に感じる人が必ず出てきます。常に最新の情報に触れ、自らをアップデートし続ける姿勢が、発信者には何よりも大切なのです。

7章

章

持続可能な
起業家の心得

79 心を封印しては いけない理由とは?

「考えるな、感じろ」。

ブルース・リーの有名な言葉です。

我々人間は「思考」と「感情」という2つの機能を持っています。

この2つは車の両輪のようなもので、どちらか片方だけでは生きていくことができません。

しかし、現代社会において、特に競争社会、目標達成、ゴール思考で生きてきた人は、感情を封印し、思考だけで生きてきた人が多いのです。

たとえば週明けの朝、目覚めたらザーザー降りの雨だったとき、思わず「今日は会社に行きたくないな」と感じるのが「感情」の作用です。感じてしまうのだから仕方がないのですが、我々はそう感じていても結局会社には行かなければなりません。

なので、「そうはいっても結局行かなきゃな」と思考で自分を納得させ、あきらめて会社に行く選択をするのです。

しかし、この感情と思考のやりとりが次第に面倒くさくなってくると、我々はこのやりとりをショートカットしようとし始めます。

そもそも「会社に行きたくないと感じること自体が無駄だ。感じなければ良い」と判断し始めるのです。そして「会社に行きたくない」という感情を封印し、なかったことにしてしまうのです。

　我々人間が持つ感情は大別して「快・不快」に分類されます。

　「会社に行きたくない」という感情は、本来行きたくないのに行かなければならないのですから、「不快」の感情です。毎日繰り返し朝に「不快」の感情と直面することは辛いので、感情を封印することは一見合理的に思われるかもしれません。

　しかし感情を封印することは、短期的には良い結果をもたらしたとしても、中・長期的には非常に危険なことなのです。まず、我々人間は「特定の感情だけを封印する」ことはできません。

　感情を封印するということは、「快・不快」の感情全体を封印することになってしまうのです。

　「嫌だなぁ。会社に行きたくないなぁ」という不快だけを封印したはずが、「やった！！　めちゃくちゃ嬉しい！！」や「映画を観て感動して号泣した！！」というような感情も一緒に封印してしまうことになります。

　極端に不快な感情も持たなくなる変わり、劇的な喜び、爆発的な快感も得られなくなります。のっぺりした平板な、無感覚ともいえる感情の起伏のない、表情の変化も乏しい、サイボーグのような状態になります。

　自分自身の感情を封印すると、他人の感情を感じ取る力も弱まっていきます。

　論理的思考、合理主義、目標達成などを突き詰め、自分と同じようにできない人のことは見下したり、突き放したりするようになっていきます。

　我々人間が持つ素晴らしい感情、つまり「心」が死んでしまうのです。

　心を封印してはいけない最大の理由は、本当に心を封印することはできないからです。

心を封印した人は、刻々と生まれる感情をどんどん封印して心の奥、つまり潜在意識側に投げ込んでいきます。ひどいたとえで恐縮ですが、生ゴミを次々と押し入れの中に放り込んで、押し入れの扉を閉め「ゴミはない」と言っている状態を想像してください。

　ゴミはないでしょうか？　ないわけがないですよね。
　生ゴミは押し入れの中で腐敗し悪臭を放ち、しかもどんどん量が増えていくのです。
　やがて押し入れの中の腐敗した生ゴミは扉の外にまで悪臭を放ち、やがて扉から溢れ出てしまいます。

　心を封印した人にも同じことが起こるのです。
　封印した感情はなくなるのではなく、見えない場所に押し込められているだけです。

　存在することを認められなかった感情は、見えない場所、つまり潜在意識側にどんどん溜まり、腐敗し、悪臭を放ち始めます。それでも我々が感情を投げ込み続けると、ついに潜在意識側の容量がいっぱいになり、腐敗した心が溢れ出してしまいます。心が壊れてしまうのです。

「もう無理。もう我慢できない」

　封印され続けた心が悲鳴を上げても無視していると、心が「もうやめて！」と実力行使に出ます。そして反乱を起こすのです。

　それが「鬱」です。

　封印し続けた心が爆発し、思考を乗っ取ることで人間としてのバランス

372

を回復しようと強硬手段に出るのが鬱です。無理をし続けた結果鬱になる
と、回復までに長い時間がかかります。そして回復までの間、本人も周囲
の人も辛い時期を長く過ごすことになります。

　我々はよく「良い感情」「悪い感情」という表現を使います。
　良い感情はあってもいいけど、悪い感情はあってはいけない、とも言い
ます。
　しかし実際には、感情には「良い」も「悪い」もないのです。

「良い」と「悪い」のジャッジをしているのは我々自身です。
感情は封印せず、全部存在することを認めてあげましょう。

　時々Twitterに愚痴ばかり書いている人を見かけますが、そうやって愚
痴を書くことで「ガス抜き」するのも大切なことです。感情はあっていい
のです。
　嫌なものは嫌、辛いものは辛いのです。

　感情の存在を認め、自分に寄り添った上で、現実問題としてどう行動を
起こすかを思考で考える。このプロセスはとても大切なものです。
　このプロセスを省略して、最初から思考だけで行動するのはとても危険
なことです。

　心は封印せず、感情と思考が常に対話していくようにしましょう。

7章 持続可能な起業家の心得

80 数字を追い求めすぎてはいけない？

　独立・起業してビジネスを起こしていくと、当然「数字」を意識することになります。

　しかし、1つ気をつけたいことがあります。

　それは、「数字を追い求めすぎないこと」です。

　自分で掲げた目標に向かい邁進するのは一見良いことのように思われます。

　しかし問題は、数値を追い求めると視野が短期的になり、無理をしすぎる傾向が出てくることです。

　起業したなら、ビジネスはずっと続いていきます。

　そしてどのビジネスにも、しかるべき「季節」というものがあります。

　起業したてのときは、まずはビジネスの種まきが必要です。

　種まきの時期にどんなに「収穫したい」と願っても、果実は1つも実っていませんから収穫は無理です。種まきの後はビジネスを少しずつ育て、少しずつ人々に知ってもらう時期がやってきます。春が過ぎて夏になると明るい太陽がサンサンと照りつけ、ビジネスはぐんぐんと伸びていきます。

　急に身の回りが忙しくなり、たくさんの仕事が舞い込んでくるでしょう。

　そして真夏の暑さが過ぎ、秋風が吹く頃には、ビジネスが収穫のときを迎えます。

　それまで費やしてきた時間や労力、お金などを一気に回収できる黄金のときです。

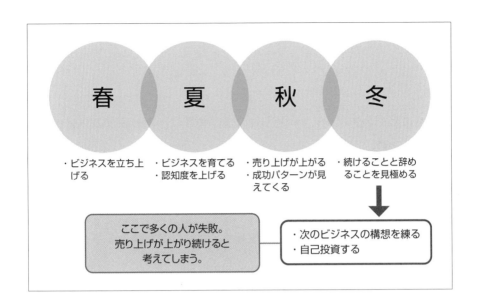

この時期は迷うことなく目一杯収穫することが大切です。

　そして黄金の収穫のときを終えると、周囲は木枯らしが吹き夜の時間が長くなり、もう収穫する実は残っていません。我々は収穫した実の中から、冬の間に食べてしまう物と、次の春にもう一度種を蒔くのに使う物を選別し、冬の間は次のビジネスの構想を練ったり、自己投資の時間にしたりしながら、春をじっと待つのです。

**　このように、ビジネスにも人間にも春夏秋冬のサイクルがあります。**

　実際の季節は気温の変化や太陽の位置などを目で見たり肌で感じたりすることができます。作物を収穫し尽くした畑を見れば、「もう収穫できる物は何もない」ことは一目瞭然です。

　しかし、ビジネスを含めて人間の春夏秋冬は、目で見ることができませ

7章　持続可能な起業家の心得

ん。

　そしてこの春夏秋冬は、1周ぐるっと経験してみないと、自分が今どの季節にいるかをあらかじめ体感することが難しいのです。

　多くのビジネスパーソンが犯してしまう失敗は、秋の収穫の時期が絶好調であるため、「これからもっと良くなる」と勘違いしてしまうことです。たわわに実った果実をどんどん取っていく、つまり売り上げがどんどん上がっていく。

　しかし、実っていた果実を全部収穫すれば、木は丸裸となり、それ以上の収穫は望めません。もう果実は残っていないのに、「もっと売るぞ！」とアクセルを踏んでしまい、気づいたら冬に突入して売り上げが急減して途方に暮れる、というパターンです。

　私自身もまさに独立後このパターンで苦労をした時期がありました。
　右も左も分からない状態で独立してビジネスをスタート。

　春から夏の勢いに乗り順調にビジネスを拡大させていきました。
　六本木に144平米のマンションを借り、自宅兼オフィス兼セミナールームにして、自主開催の講座をどんどん開発して開催していきました。開発するセミナーが次々大ヒットし、売り上げは急上昇、独立後7年間で売り上げは7倍強になりました。

　しかし、このとき私は自分の限界をまったく意識していませんでした。
　セミナー開催を増やすということは、自分の時間をどんどん切り売りしていくことです。**セミナーや講座の数が多くなりすぎ、自分の時間が確保できなくなってきました。**

　中・長期的ビジョンを描き、5年後、10年後の戦略を考えて次の手を打つ、ということができないくらい忙しくなっていってしまったのです。毎日日本中を飛び回って講座やコンサルの仕事をし、夜は会食でストレスを発散する日々になりました。

　その間も売り上げはどんどん右肩上がりだったので、「とりあえずこれでいい」と思考停止してしまい、収穫の時期が終わろうとしていることに気づいていませんでした。
　気づけば周囲はすべて収穫し尽くした丸裸の木ばかりになっており、そのことに初めて私は「ビジネスの春夏秋冬」のことを思い知ることになったのです。

　ビジネスで数値目標を決めることは悪いことではありません。
　しかし、現実問題として、その数値目標に何らかの根拠はありますか？

　多くの場合、目標は机上の空論で、「やってみないと分からない」のではないでしょうか。

　私はビジネスの目標は「これぐらいあったらいいな」という感じで「ふわっ」とイメージする程度です。そして、その数値を毎月意識していきますし、「どうやったらこの数値に到達できるかな？」とアイデアは出したりします。

　しかし、自分で自分の立てた売上計画を達成できるかどうかに一喜一憂することはありません。常にビジネスの環境は変化しますし、新たなチャレンジは、やってみないと分からないことばかりだからです。

　ビジネスは一生続けていくものです。短期的な目標にこだわって無理を

しすぎると、長く続けることができなくなります。数値はあくまでも数値、
ビジネスは波乗りのように、ふわっと楽しむ感覚で行うことが大切です。

81 目標は達成できなくてもいい？

　ビジネスを展開していく上で、多くの人が様々な目標を設定します。

　しかし、**私は目標というのは、あってもなくても良いもの**だと感じています。

　独立して11年になりますが、売り上げや利益の目標を設定したことはありません。

　必要だと感じないからです。

　私は売上金額に関しては「これぐらいのイメージ」という形で、目標ではなくイメージをするようにしています。金額だけではなく、どの事業でいくら売り上げられる、という感覚をつかむのです。

　たとえば月の売り上げを100万円にしたい場合、どの事業からいくら売り上げになるかを積み上げてみるのです。

　全部積み上げても80万円にしかならないなら、残り20万円をどこかから売り上げないと100万円に届きません。

　その20万円の売り上げに対する具体的な行動・活動がリアルにイメージできるなら、20万円のプラスは難しくないでしょう。もしその20万円の売り上げが、ぼんやりとしかイメージできなかったり、そもそもイメージが湧かないなら、実現できるところまでリアリティーが持てていないことになります。

我々は自分が想像できないことは行動に移せません。

行動する前に、しっかり全体像をイメージし、隅々までカラーでリアルに想像できれば、そのイメージは実現するでしょう。

私はそのような形で、ビジネスはイメージできればそれで良い、と考えています。

そもそも、売り上げの目標は誰のために設定するのでしょうか?

株式を公開していたり、自分の外にオーナーがいたりする場合、株主やオーナーのために目標を設定し、納得してもらう必要があるかもしれません。

しかし、そういう事情がないのであれば、売り上げ目標はあってもなくてもどちらでも良いと私は考えます。

目標設定することで、我々はその目標に向かって誘導ミサイルのように邁進するというメリットはあります。**楽しみながら目標に向かって邁進できるなら、目標はあっても良いと思います。**

そういう意味では私の売り上げのイメージも毎月更新していますし、日々ちょくちょく進捗を確認して、ゲーム感覚で「今月は後どれぐらいいけそうかな?」と楽しんでいます。

目標設定のマイナスの作用は、目標が独り歩きし始めてしまい、目標だったはずの数値が目的にすり替わってしまうことです。

「何が何でも達成する」と考えてしまうと、視野が狭く短くなり、中・長期的な物の見かたができなくなります。

がむしゃらに目標を達成することに燃えてしまうと、達成することがすべてになってしまい、達成した瞬間に燃え尽きてしまうなんてことも起こ

ります。

ビジネスは短距離走ではなく長距離走、一生続く長い道のりです。

自然な成長スピードよりはるかに高い目標を設定し、がむしゃらに目標達成に向け突っ走る、という姿勢で毎月、毎四半期、毎年、そして10年、ずっとダッシュを続けられますか?

誰しもビジネスをスタートさせるときにはモチベーションが高まり、やる気に満ちていることでしょう。しかし、何十年もビジネスを続けていけば、モチベーションが高い日ばかりではありません。

ビジネスにも好調・不調の波があります。

好調のときも不調のときも変わらず淡々と日々生きて、ビジネスを回していかなければなりません。高い目標設定するのであれば、「達成できなくても構わない」くらいの姿勢で臨むことをオススメします。

「目標は達成できなければ意味がない」という考え方もありますが、オール・オア・ナッシングの考え方は長期スパンでは危険です。

100点を目指したけれども、結果60点だった。

60点という結果が出たからこそ、「次はどうやったら80点を取れるか」を考えて改善案を実行することができます。

改善案を実行したら、85点が取れたなら、次は90点を狙う。

そのように改善を繰り返し、気づけば100点を超え、120点を取れるようになっているかもしれない。実際のビジネスはそのようなものです。

1回のチャレンジで華麗に目標をクリア、ということはほとんどなく、

7章 持続可能な起業家の心得

目標達成思考

何としても達成!
→燃え尽き症候群、長きにわたってはモチベーションを維持できない

未達でOK

100点を狙って60点
→80点になるように、淡々と改善し続ける。いいときも悪いときも改善できるメンタリティー

泥臭く何度もチャレンジして、1つずつ目標をクリアしていくのです。

　そして目標をクリアする頃には、次の景色が見えてきているでしょうから、また次の山を登るイメージをして、チャレンジを開始するのです。

　大切なことは、チャレンジは常に楽しみながら行うこと。
　日本人は「真剣に」と「深刻に」を混同してしまう傾向があります。
　常に真剣に、でも楽しんでゲーム感覚で取り組むこと。
　頑張りすぎてポキッと心が折れるようなことになってはもったいないですから。
　心には常に笑顔を。そして数値はあくまでもイメージくらいに捉えておくと良いでしょう。

82 結果にとらわれない心を持つ!?

これから独立・起業を目指す人に知っておいてほしいことがあります。
世の中で仕事をしている個人事業主やひとりビジネスの経営者の多くは、肩肘を張らずビジネスを楽しみながら展開させています。

確かに世の中にはビジネスを急拡大させ、資金調達したりM&Aをしたりしながら頑張っている起業家もいます。しかし、そのようなビジネスの形は起業家のすべてではなく、一部であることを知ってほしいのです。

私の周囲にも、どんどん従業員を増やし拠点も増設、売り上げも利益も拡大させている経営者がいます。その一方、私のように従業員を雇わず自分のビジネスを楽しみながら展開している経営者もいるのです。

インターネット時代より前は、ビジネスにレバレッジをかけて売り上げを拡大するには、ビジネスの規模を大きくすることが必須条件でした。従業員を増やし、支店を次々開設し、営業規模を大きくしていくことで、売り上げと利益が最大化されていくのです。

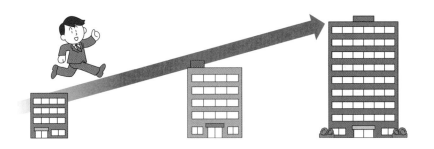

もちろん今もその図式は有効ですが、インターネットを最大限活用することにより、「規模を拡大しなくてもビジネスにレバレッジをかけることができるように」なりました。

　たとえばテレビといえばマスメディアの代表格で、以前は地上波の5～6社のテレビ局が視聴率を奪い合う、まさに「規模のビジネス」を展開していました。しかしネット時代になり個人のYouTubeチャンネルが少人数で番組を制作し、何百万人もの視聴者に見てもらうことができるようになったのです。

　個人のYouTubeチャンネルであれば、巨大な本社ビルも社長が乗る黒塗りの車も必要ありません。**自分たちが食べていくのに必要なお金を稼ぎ、必要な経費を払えば、後は全額利益**になります。

　これは素晴らしい変化だと思います。
　ビジネスの世界もまったく同じことが言えます。
　ネット時代になる前は規模のビジネスがすべてでした。
　しかしネットの時代になり、消費者の選択肢は無限大になっています。

　大手が必ずしもベストではないことを多くの消費者は知っています。
　個人が行うビジネスでは、大手のような莫大な金額を稼ぐことはできません。
　しかしその分、個人が行うビジネスには、完全な自由があります。

　無理に規模を拡大しなくても、ファンの人に向けて発信を続け、自分と
関係者が豊かに暮らしていく金額を稼いで、お隣の人とも競合ではなく共
存共栄で生きていくことができる時代なのです。ビジネスと言うと「結果」
「成長」「達成」など、男性的なキーワードを思い浮かべる人が多いかもし
れません。

　確かに急成長、急拡大、そして勝利を目指す経営スタイルもありです。

　その一方で、あえて人を雇わず拡大させず、その分自分らしさを追求し
ながらファンを開拓し、ITを駆使して自動化を進めることでゆったり拡
大し、自由に生きていくというビジネスモデルも十分可能なのです。

　あなたは「起業家鬱」という言葉を聞いたことがあるでしょうか。
　**起業したばかりの人は自分のビジネスを急拡大させ市場価値を高め、他
社よりも抜きんでようと必死で頑張ります。しかし、それらの目標は、他
社と比較をしている限り、目標を達成すればもっと上が現れ、永遠に終わ
らないラットレースなのです。**

　無理をして頑張ってきた起業家ほど、終わらないレースにどこかの時点
で気づき、心が折れて鬱になってしまうのです。何でもかんでも急拡大さ
せれば良いというものではありません。また、ビジネスは他人と比較した
り自分の虚栄心を満たすためにするものでもありません。

　**ビジネスというのは、ライフスタイルの1つの形だと私は認識していま
す。**
　生きてビジネスを続ける限り、毎年結果が出ます。
　毎年の結果に一喜一憂するのでなく、長い人生をともに歩むものと捉え、
ゆったりと気軽に進むのが良いと思います。

7章　持続可能な起業家の心得

私の祖母は2014年に100歳の天寿をまっとうしました。

　祖母はもとはクラシックの歌手で、自ら音楽教室を起業し経営しつつ自ら教える仕事を続けていました。彼女は亡くなる1ヶ月前まで自宅の音楽教室に生徒を持ち、教える仕事を続けていました。

　まさに自然体、生きること ＝ ビジネスを続けることでした。

　私も彼女のように、生涯現役、そして自然体でビジネスを続けてきたいと願っています。

83 人生100年時代に 起業することの意義

「人生100年時代」が現実味を帯びています。

私の祖母も100歳まで生き、亡くなる1ヶ月前まで仕事をしていた人だったので、人生100年時代のリアリティーは人一倍強く感じています。

人生を100年と見ると、会社員として働くか独立・起業するかの意義が大きく変わってきます。

会社員として働く場合、満60歳に1つ大きな転機がやってきます。

今でもほとんどの企業が60歳定年制となっています。

60歳を区切りとして、社会人としてのポジションが失われるのです。

65歳までの再雇用制度を採用している会社も出てきていますが、肩書もなくなり給与も大幅に下がり、まさに「期間限定の延長戦」のような扱いになってしまいます。

そして再雇用も65歳で終了となります。

65歳で仕事を終え、100歳まで生きるとすると、その後「余生」がなんと35年間もあります。**35年という期間は、「余った人生」と呼ぶには、あまりにも長い期間ではないでしょうか。** 心身ともに健康であれば、毎日ぼんやりと生きるより、社会に関わり仕事をして、対価として収入を得続けたいと考えるのではないかと思います。

しかし現実問題として、**ずっと1つの会社で働いてきた人が、65歳を**

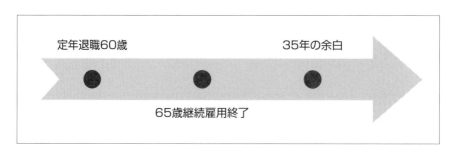

定年退職60歳 　　　　　　　　　35年の余白

65歳継続雇用終了

過ぎてから新しい仕事につくというのは、なかなか難易度が高いことなの
です。

　求人件数も限られますし、仕事の内容も単純労働が多く、稼げる金額も
アルバイト程度となってしまいます。

　昨今世の中では公的年金の額が不足する「老後2000万円問題」がクロ
ーズアップされています。

　老後が長くなるにつれ、必要となる老後資金が多くなるのに、社会イン
フラがまったく追いついていないことが問題視されているのです。

　そのような社会不安に対して、独立・起業をすることで、まったく異な
るアプローチが可能になります。

　独立・起業すれば、定年退職は関係なくなります。

　心身ともに健康で世の中に価値を提供し続けることができれば、何歳ま
ででも働くことが可能になるのです。

　60歳を過ぎたからといって、急に売り上げが激減したり、肩書がなく
なったりするようなこともありません。よく「年齢は単なる記号にすぎな
い」と言いますが、会社組織で働く限り、人は年齢により選別されていき
ます。

　しかし独立・起業することで、年齢は本当に単なる記号となります。

　年功序列で年齢とともに収入が増えることもない代わりに、実力があれば何歳まででも市場（マーケット）とともに働き続けることができるのです。

　実際、勤務先の会社を定年退職する前に自らビジネスをスタートさせる「定年ひとり起業」をする人が増えているといいます。定年退職を迎えてから起業するよりも、体力のある50代のうちに自らの意思で早期退職をし、自分のビジネスを立ち上げるのです。

　詳しくは大杉潤さん著『定年起業を始めるならこの1冊！　定年ひとり起業』『定年後のお金の不安を解消するならこの1冊！　定年ひとり起業マネー編』（ともに自由国民社）を参照してください。
　大杉さんは8章のインタビューにも登場してくださっていますので、ぜひご覧ください。

　何歳で起業しようと、独立・起業の魅力の1つが「何歳まででも働ける」だと私は考えています。

　この話をすると、必ず「そんな年齢になってまで働きたくない」「早くのんびり老後を迎えたい」という声が聞こえてきます。
　そのような考え方をしている方のほとんどが、「仕事は苦痛」「仕事はやらされているもの」という仕事観を持っています。しかし独立・起業している人の多くは、**「仕事は楽しい」「仕事は生きがい」「仕事はクリエイティブ」「仕事は人生そのもの」**という考え方をしている点に注目してください。

　たとえば、私は今この本の原稿を書いています。本を書いたことがない人は想像できないかもしれませんが、私にとって本の原稿を書くことは何

定年前に起業　　　　　　　　　定年の無い、生涯現役

２〜３年で事業を軌道に乗せる

よりの喜びです。まったくのゼロだった原稿が毎日コツコツ書き続けることで、少しずつ形を帯び、やがてそれが１冊の本となって全国の書店に並び、お会いしたことがない人の手に渡り、今こうしてお読みいただいている。僕にとって本の原稿を書くことは仕事でもありますが、喜びの活動であり、人生を通じて続けたいライフワークでもあります。

　私は80歳になろうが90歳になろうが本やブログを書く活動を止めたいとは思いませんし、書き続けられるように身体を鍛え心身とも若々しく保つための努力を続けるつもりです。

　私の母はジャズのミュージシャンですが、70代となった今も積極的に音楽活動を続けています。彼女も演奏活動を「辛くてしんどい、やらされる仕事」とは捉えておらず、喜びの表現、自分自身の存在証明と感じていると思います。

　企業の経営者や政治家、それにミュージシャンや俳優などにも高齢でも生き生きと活動されている方が多いのは、仕事を心から楽しんでいて、使命を感じているからではないでしょうか。起業をすることで、何歳になっても自分の仕事を楽しみ尽くすことが可能になるのです。

　人生100年時代に、大きなヒントになるのではないかと確信しています。

84 有意義な目標の立て方とは？

前に述べたとおり、私は売り上げに関する金額的な目標は立てません。**その代わり「こんなことを実現したい」「こんな企画をやってみたい」と行動に対する「ビジョン」を描くことが多いです。**

たとえば私は2021年のお正月に「65歳までに35冊の本を出版している」というビジョンを描きました。「目標」というよりも「夢」に近いものでしょうか。

そのビジョンを2022年に「生涯100冊を出版する」にアップデートしました。

ビジョンをアップデートした最大の理由は、「65歳までに35冊」だと、66歳以降は出版しないような印象を与えると感じたからです。

私は120歳まで健康に生き、生涯現役を貫こうと決めています。

今書いているこの本が8冊目ですので、残り92冊ということになります。

この本を書いてきて、1年に3冊くらいのペースがもっとも負担もなく、弛むこともなく、コンスタントに書き続けられると感じています。

1年に3冊の本が出るということは、3冊分の印税の売り上げが入ってくることになります。売れ行きが良ければ増刷がかかり、増刷分の印税も期待できます。

さらに本が出るタイミングで、本の内容をさらに深めていくようなセミ

7章 持続可能な起業家の心得

391

ナーや動画講座などを用意して、たくさんの方に学んでいただけるように
したいと思っています。

セミナーや講座を企画してリリースすれば、それらも売り上げになり、
私のビジネスにプラスの影響があるでしょう。

本が出ることも、セミナーや講座を行うことも、当然売り上げを伴うも
のです。

**でも私は「この本の売り上げを○万部にして、印税は○万円で、セミナ
ーからの売り上げは△万円で」という目標の立て方はあまり好きではあり
ません。**

なぜなら、それらは不確定要素が強すぎて、自分の努力でどうにかでき
るものではないからです。もし目標額を決めたとして、その目標に到達し
なかった場合に、「目標に到達しなかった失敗プロジェクト」的な扱いを
するのは、本に携わってくださった皆さん、そして自分に対しても失礼と
感じるのです。

よく売れる本もあれば、そうではない本もあります。セミナーの企画も
同様で、多くの方にお申し込みいただくセミナーもあれば、肩透かしを食
ったような結果になる場合もあります。

あまりにも売れ行きが悪いのは問題ですが、一定レベル以上の売り上げ
を確保している前提で、後はさらなる上積みを「期待」して「良い結果を
イメージする」ようにしています。お金にフォーカスするのではなく、や
りたいこと、実現したいことなどの行動にフォーカスするようにするので
す。

その際は、**実現したいことのスケールをできるだけ大きく描くことが大**

切です。

　目標を立てる上で、必ず押さえておきたい重要なポイントがあります。

　それは、「やりたいこと」とセットで「やらないこと」を決めることです。

　私は本やブログを書き、セミナーや講座、講演、コンサルティングなどをしていく未来を描いています。しかし私は、「執筆に取り組んだり、読書やセミナーなどで学ぶ時間、自己投資の時間を確保できる程度にしか仕事は入れない」とも決めています。

　つまり「やらないこと」として、「全国を飛び回って忙しく講演する」を掲げたのです。

　全国講演をまったくやらないというのではありません。
　しかるべきタイミングで講演させていただくことはあるでしょう。

　しかし私は過去の一時期、仕事をすればするほど売り上げが上がることが嬉しくてやりがいを感じるあまり、自分の時間を削り、消耗してしまうという体験をしました。

　毎日予定が目白押しで地方から地方へと飛び回り、昼はセミナーや個人コンサル、夜は交流会が続き、本もブログも書く余裕がなくなってしまいました。

　せっかく旅をしても、ゆっくりその土地を味わうこともできず、ブログに旅行記を書く余裕もなく、ただネタ帳に死蔵記事が増えるばかり。
　あのとき私は「人間は一定水準以上忙しい状態が続くと、「忙しい状況」に満足してしまい、全体の状況が見えなくなる」ことを学びました。

「これだけヘトヘトになるまで働いたんだから、今日も充実した良い1日だった」と、結果の分析よりも先に目一杯働いたという事実に満足して、思考停止してしまうのです。あの状況は充実していたとは感じますが、もう繰り返したくないと考えています。

そのためにも、私は「タイムリッチとキャッシュリッチの両立」、つまり時間にもお金にも余裕がある状態を目指し続けています。**時間に余裕があれば、常に「改善するための時間」を作り出すことが可能です。**フル稼働してしまうと、もう改善に使う時間の余裕がなくなってしまい、現状維持が精一杯になるのです。

目一杯働くことには快感もありますが、そこは慎重に、常に時間に余裕を持ち、「少し暇すぎるかな」くらいのペース配分を心がけたいものです。

85 起業するということが そもそも 目標を持つことと同義!?

　私は起業するということは、それ自体目標を持つことと同じだと考えています。

　なぜかというと、**起業する時点であなたの人生は、あなた自身が行き先を決める人生へとシフトしているからです。**

　会社に勤めている間は、会社の目的や目標などは経営者や幹部たちが決めています。

　会社の方向性に基づき、あなたの仕事における立場や役割が割り振られ、その役割に基づき目標が設定されるのです。つまり、組織で働いている限り、働くことの目的や目標は、人から与えられる物で構わないのです。

　与えられた目標に従って働くことは悪いことではありません。

　大きな組織がスムーズに運営されていくには統一された目標が必要で、指示命令系統に従い、その目標を達成するために多くの人が動く必要があるのです。しかし、独立・起業すると、働くことの目的や目標を与えてくれる人は、自分以外誰ひとりとしていなくなります。

　あなた自身があなたのビジネスの最高の意志決定機関になるのです。

　あなたが数値的目標を立てようが立てまいが、商品やサービスを企画し

7章 持続可能な起業家の心得

てリリースするという活動を行った時点で、あなたのビジネスは動いているのです。前項でも書いたとおり、私は独立して11年、数値的目標を掲げたことがありません。

　数値的目標がなくても、やりたいことはあります。
　そしてそれと同時にやりたくないこともあります。
　やりたくないことをやらずに、やりたいことをやっていく。

　それは、口で言うよりも難しいことです。

　やりたくないことをいかにやらずに、やりたいことに集中し、しかもビジネスとして成功させていく。

　そのために必要な戦略を学び、行動を実行に移していくのです。
　戦略を考え行動を起こせば、何らかの結果が出ます。ときにはイメージ以上の結果が出ることもあるし、まったく思いどおりにいかない場合もあります。

　活動した結果が出れば、その結果に基づき「次は何をしよう」と新しい「やりたいこと」のアイデアが湧いてきます。

　私はよくビジネスを山登りに例えます。麓から見たときの景色は、あくまでも登る前に見えている姿に過ぎません。麓からコツコツと山を登り始め、1時間経ったとき、立ち止まって麓を見下ろせば、「ずいぶん登ってきたな」と感慨深く感じるでしょう。
　そして上を見れば、麓から見たときとはかなり印象が違う頂上が見えていることでしょう。進んだ分見える景色が変わり、その景色に身を置いて初めて感じる世界観が新たに現れるのです。

さらに山を登り続け、広い高台にたどり着いたとしましょう。

高台にたどり着くと、今まで見えていた頂上のさらに奥に、もっと高い山々の尾根が連なっているのが見えました。

その景色を見たあなたは、「奥の山にも登りたい」と感じ、目的地を変更することになるのです。この奥の山々は、麓に立っていた時点では見ることができない景色です。

つまり、最初から計画することはできない道のりだったのです。

山を登り続けたからこそ見えてくる新しい景色に気づき、気づいた時点で目的地を変更する。現実のビジネスとはそういうものだと私は感じています。

目標を立てたときの自分が一番古い自分なのです。

目標に向けて歩き始めれば、立てた目標はどんどん古くなっていき、目標とは違う現実が次々と現れてきます。

実際に体験している自分が一番新しく進化しているのです。

まだ経験したことがない時点の古い自分が立てた目標に固執するよりも、新しく体験している今の自分の感覚を信じた方が良い。

それは11年間絶好調のときも不調のときも経験してきた私が感じていることです。

３年前に最高の結果を出してくれた企画を３年後に引っ張り出して、同じように成功することは、まずありません。世界は３年分どんどん進化しているのです。

強い追い風が吹いているときもあれば、逆風のときもあります。

現実世界では追い風も向かい風も肌で感じることができますが、ビジネ

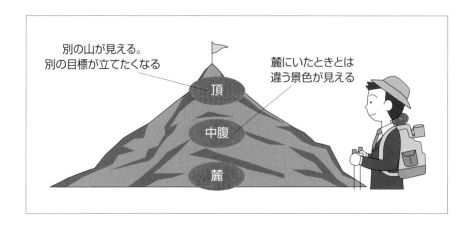

別の山が見える。
別の目標が立てたくなる

麓にいたときとは
違う景色が見える

頂

中腹

麓

スにおける風は目に見えないことが多いのです。

　そのときそのときの風を心で感じ、どの向きに進めば自分にとっての追い風になるかをつかみ取る嗅覚が必要です。北からの強い風が吹いているときに北に向かえばその風は強い逆風になります。

　「北に向かう」という目標を立てたからという理由で、北に向かって歩き続けるのは辛いことです。しかしあなたが機転をきかせて「南に向かえば良いのだ」と決断できれば、あなたは強い追い風を受けながら南に進むことができるのです。

　「一度決めたからには、北に向かわなければいけない」と目標に固執すると苦しくなります。時代の波を敏感に感じ取り、風と波に乗る柔軟性を持つことが、ビジネスでは目標にこだわるよりもずっと大切なことです。

　ダーウィンの言葉にもあるとおり、生き残るのは「強い種」ではなく、「変化に対応できる種」なのです。

86 ゴールは楽しむこと!?

　独立・起業を目指す人にぜひ覚えておいてほしいことがあります。

　それは、どんな仕事であれ自分が置かれた環境を徹底的に楽しむことが何より大切だということです。**しかめ面をして深刻に思い詰めて行動しても、笑顔で鼻歌交じりに行動しても、結果は一緒です。**

　むしろ深刻に思い詰めていると、悪い結果をイメージし、悪い現実を引き寄せてしまう可能性が高くなります。100％断言できることは、独立・起業すると、人生のアップダウンは会社に勤めている頃の何十倍、何百倍も大きくなるということです。

　会社に勤めている間は、上司や関係部署、そして経営者があなたのことを何重にも守ってくれます。守ってくれる代償として、会社には様々な規則や規制、縛りがあり、自由度は減っていきます。

　起業するとそれらの規制や規則は一切なくなり、「俺がルールブック」状態にできます。100％の自由を手にすることができる人は、代償として「100％の自己責任」をも手にする必要が生じます。

　自由と責任は完全にセットです。

　誰からも縛られず自由に生きるためには、誰からも守られず、自己責任で生き抜く覚悟が必要なのです。自己責任で生き抜く覚悟が持てない人は起業には向かないかもしれません。しかし必要以上に自己責任を恐れる必

要はないのも事実です。

自己責任で生きる世界は一度慣れてしまえば二度と手放したくないほど心地よいものです。

たとえば、些細な話ですが、朝目覚めるとき多くの人は目覚ましのアラームを使っていると思います。仕事に遅れないように、遅刻をしないように、目覚ましアラームをセットして、強制的に目覚めさせるわけです。

仕事が休みの日にはアラームをオフにし、思う存分眠るのが楽しみ、という方も多いでしょう。私は独立して10年以上、目覚ましアラームを使わずに生活をしています。

夜眠くなったら眠り、朝自然に目覚めるまで寝ているのです。朝起きるのが遅くなれば、その分仕事の進みが遅くなります。

しかし、私は午前中には対外的なアポは入れないルールにしているため、執筆時間が多少減るだけで、誰にも迷惑をかけることはありません。
そして、何時に起きても構わないという自己責任の生活の中で、私は規則正しく5時から5時30分くらいには自然と目覚める生活を送っています。
日々自分がやりたいことを仕事にし、好きな時間に眠り好きな時間に目覚め、ゆっくりと自分の生活を丁寧に送る時間も確保できる。

自己投資のための時間もしっかり確保し、人と交流して刺激を受けたり楽しんだりする時間も持つことができる。自己責任の世界とは、このように、自らのクオリティーオブライフを高めるように設計することもできるのです。

　私は起業するとは、「**自らのワークスタイルとライフスタイルを融合さ
せること**」と考えています。

　決して仕事のために自分の時間を犠牲にすることなく、楽しんで日々生
きることがそのまま仕事になる、そして学ぶことも生活することも仕事と
融合している。
　それこそが理想のライフスタイル ＝ ワークスタイルと感じています。

　しかし、私自身この境地に至ったのは最近です。
　独立当初は自分の時間をどんどん切り売りし、仕事をしまくりお金に換
えていました。
　**仕事の効率化を考えずひたすら仕事を増やせば、売り上げと反比例して
自分の時間はどんどん減っていきます。**

　それでも当時は「もっと働けばもっと稼げる、もっと稼げばもっと豊か
になる」、と単純に思い違いをしていました。家の掃除をする時間がなく
なればハウスクリーニングの代行会社に頼み、洗濯物は全部クリーニング
に出し、食事はどんどん外食に依存し、移動は全部タクシーを使うように
なっていきました。

　稼いでいるからお金を使うことができるわけですが、でも裏を返すと、
お金のために自分の丁寧な暮らしを捨てて、せっかく稼いだお金で自分の
家や自分自身を整えることにお金を使ってしまっていたわけですから、あ
まり意味がないわけです。

　丁寧な暮らしに憧れがない人はそれで時間効率を上げて満足かもしれま
せんが、私の場合丁寧な暮らしに憧れつつ、正反対のことをやっていたわ
けで、完全に矛盾してしまっていました。

7章　持続可能な起業家の心得

しかし、「稼ぐことだけが起業の目的ではない」ことに気づいてから、私はライフスタイルを重視し、そのライフスタイルとワークスタイルを研ぎ澄ましていくこと、そしてその中で時間に追われない生き方、働き方を追求することこそが起業の最大の楽しみでありゴールであることに気づいたのです。

　もちろんその中で最大のレバレッジをかけ、最大の効率で稼ぐことを目指しています。
　大切なのは「自分にとって一番大事に感じること」を捨ててまで稼ぐことには何の価値もないと、１日も早く気づくことです。

87 制約から 解き放たれることとは？

　起業というと、規模を大きくして売り上げをひたすら拡大していくイメージを持つ人も多いもしれませんが、それはあくまでも起業の1つの形に過ぎません。

　私も含め多くの起業家が、金銭的な豊かさと同じくらい、自由なワークスタイル、ライフスタイルを追求して生きています。

　ネットやAIを最大限に活用することで、人に雇われず、人を雇うこともなく、ひとりでビジネスを継続していくことが可能になっています。

　働く場所、時間、仕事の内容など、あらゆる制約から解き放たれ、自由に働くことができるのです。

　たとえば私は今この本の原稿を執筆しているわけですが、今は日曜日の朝7時37分です。日曜日の朝7時半といえば、多くの会社員の人は休日の朝で、のんびりと過ごしているかもしれません。私は今週は金曜日と土曜日をオフデーに設定し、ゆっくり過ごしましたので、日曜日の今日は稼働日です。

　金曜日は午後から地元鎌倉で「ランチ & 放談会」というイベントを開催し、参加者の方々とワインと美味しい食事をいただきつつ、楽しい時間を過ごしていました。

　今日は日曜日ですが、早朝から執筆の仕事をして、午後からはZoomで個人レッスンが夕方まで入っており、通常の仕事の1日という形です。

　何曜日に休むか、何時から何時まで仕事をするか、どの時間帯にアポを

7章　持続可能な起業家の心得

入れるかなども、すべて自分の意志で決めることができます。

　一例を挙げると、私は「早朝から昼まではアポを入れない」というルールを持っています。私は完全な朝型人間で、早朝から昼までの時間帯がもっとも集中力が高く、効率的に仕事を行うことができます。従って、その時間帯は難易度が高く集中力が必要な執筆や企画の仕事に割り当てることにしています。

　本の原稿の執筆、ブログの記事でも難易度が高い有料記事や書評などを早めの時間帯に割り当てます。

　通常は昼までにだいたいの執筆は終えられるペース配分で進めます。

　セミナーや講座、レッスン、個人コンサルティングやカウンセリングなどの仕事、また打ち合わせなどもすべて午後に行うようにしています。
　午後の時間帯は緩やかに集中力が落ちていきますが、対面の仕事は使うエネルギーが異なり、夕方までスムーズに行うことができるのです。
　一方執筆の仕事は午後遅くなると集中力が落ち効率が悪くなるので、できるだけ早めに終えるようにしています。
　夕方以降は原則仕事は行わず、リラックスタイムとします。

　このように、1日の過ごし方を完全にカスタマイズすることは、組織に勤める働き方ではまずできないことです。

　時間だけではなく場所の制約もネットの発達で年々少なくなっています。
　2022年8月現在、私はセミナーや講座はすべてオンラインで開催しています。
　個人コンサルティングやレッスンもほぼすべてのプログラムがオンライ

ン対応です。

　コロナ前はセミナーも個人コンサルティングもほぼすべてがリアル開催でした。

　コロナの影響でオンライン化が進み、セミナーやコンサルティングもオンライン開催が当たり前になりました。

　オンライン開催だと開催する私も参加者の皆さんも時間と場所の制約が大幅に軽減されます。開催者の私は開催時間には縛られますが、受講者の皆さんはアーカイブ動画での受講を選択すれば、リアルタイムで参加するという制約から解放されるのです。

　オンライン開催の場合、事前にネットの環境だけ確認できていれば、旅先のホテルの部屋から開催ということも可能です。私自身旅先のホテルの部屋からオンラインセミナーを開催したことはありませんが、Zoomでの個人コンサルティングや打ち合わせを行ったことはあります。

　また、毎日更新しているYouTube動画の収録も旅先のホテルから行うことも問題ありません。

　もちろん本の原稿やブログの執筆などは移動中の電車や飛行機の中も含め可能で、私の仕事の中では一番時間と場所の制約が少ないものになります。

　執筆に関しては、最近１つ新たな制約が生まれてしまいました。
　それは音声入力ができる環境とできない環境の違いです。
　自宅で仕事をしているときは、私は常に音声入力で原稿を書いています。

　しかし、電車での移動中やカフェで執筆する場合、音声入力は使ってい

ません。

　電車やカフェで音声入力を使うと、周囲の人に迷惑をかける可能性があります。

　キーボードのタイプ音も周囲に配慮が必要ですが、音声入力だと車中で電話を使うのと同じ状況になるため、私は使わないようにしています。従って移動中やカフェでの執筆の際は音声入力ではなく親指シフトによるキーボード入力となるため、音声入力ほどのスピードが出ないという制約ができました。

　同じ外出先でもホテルの部屋や、最近増えてきている駅のブースなどなら音声入力が使えます。

　細かい制約はありますが、このように日々自分で完全にカスタマイズしたスケジュールで生きることができること、制約から解き放たれた生き方ができることも、起業の大きな魅力だと私は感じています。

88 起業家を目指す人に エールを!

どうせ全部うまくいくし!

起こっていることは1つでも、解釈の仕方によってチャンスにもピンチにもなります。

どんなときも「どうせ全部うまくいくし!」と唱えてチャレンジするのです。

「どうせ自分なんて」とか「またきっと失敗する」なんて唱えては、うまくいくものもうまくいかなくなってしまいます。

人生はプロセスである。そしてプロセスはすべて正しい。

我々はすぐに結果を求めてしまいます。

しかし1つの結果は次の出来事のスタートにつながっていて、結局はすべてがプロセスなのです。一見すると「失敗だった」と感じるようなことでも、長い目で見れば、起こるべくして起こったことで、必要なプロセスだったと後から気づくのです。

起こる必要がないことは起こらない。起こっているプロセスはすべて正しいのです。

人生は壮大な実験である。

やったことがないことをやるときには常に不安だし、リスクも大きくなります。

しかしやったことがないことだからこそ、やる価値がある。

人生はすべて実験と捉えれば、ゲーム感覚で難しいことにもチャレンジできます。

常に新しいことにチャレンジし続けることで未来を切り開くのが起業家スピリットなのです。

　心が変われば行動が変わる。　行動が変われば習慣が変わる。　習慣が変われば人格が変わる。　人格が変われば運命が変わる。
　イギリスの哲学者、ウィリアム・ジェイムズの言葉です。
　人生はある日突然変わるのではありません。
　一見すると突然ブレイクしたように見える人も、それまでコツコツと水面下で努力を続けてきているのです。毎日を全力で生き、全力で生きることが習慣になることが、人生を切り開くための第一歩だと私は信じています。

　サラリーマンから独立・起業を誓ったとき、私はノートに毎朝このウィリアム・ジェイムズの言葉を書き移し続けました。
　今でももっとも大切にしている言葉の１つです。

　起こっていることはすべて正しい。
　意に反することが起こったとき、我々はつい「こんなことありえない」と、起こったことを否定してしまいがちです。しかし起こったことは既に起こっているのです。
　起こったことを受け入れ、起こったことが正しいと認めることが、前に進むために絶対に必要なこと。起こったことを否定している限りあなたは苦しく辛い日々を送ることになります。どんなときも起こったことが正しくて、間違うのは自分と捉えることは、すぐにはできません。しかし起こったことが常に正しいことが腑に落ちると、生きることが楽に、楽しくなりますよ。

　「このような能力（集中力と持続力）はありがたいことに才能の場合と

は違って、トレーニングによって後天的に獲得し、その資質を向上させていくことができる。毎日机の前に座り、意識を一点に注ぎ込む訓練を続けていれば、集中力と持続力は自然に身に付いてくる。これは前に書いた筋肉の調教作業に似ている。日々休まずに書き続け、意識を集中して仕事をすることが、自分という人間にとって必要なことなのだという情報を身体システムに継続して送り込み、しっかりと覚え込ませるわけだ。そして少しずつその限界値を押し上げていく。気づかれない程度にわずかずつ、その目盛りを こっそりと移動させていく。これは日々ジョギングを続けることによって、筋肉を強化し、ランナーとしての体型を作り上げていくのと同じ種類の作業である。刺激し、持続する。刺激し、持続する。この作業にはもちろん我慢が必要である。しかしそれだけの見返りはある。」

　村上春樹さんの『走ることについて語るときに僕の語ること』（文藝春秋）109ページの中の言葉です。

　私は村上春樹さんに憧れて小説を書いていた時期があり、彼に憧れてランニングを始め、フルマラソンも完走するようになりました。この一文は走ることと書くこと、鍛錬の共通項について春樹さんが語っている名文です。

　私はいつもこの「少しずつその限界値を押し上げていく」というフレーズを意識しながら仕事も運動も続けています。

「徹底的」を習慣化して、淡々とやる。
　作家の中谷彰宏さんの言葉です。本当にすごい人は、すごいことを当たり前のように淡々と実行しています。誰もが最初からすごかったわけではなく、スタートポイントは皆一緒。努力すること、進化すること、自分に負荷をかけることを習慣化して継続していくことで、日々一歩ずつ自分を

7章　持続可能な起業家の心得

鍛え進化させ、やがて大きな差がついていくのです。カッコ悪い時期を経ずにカッコ良くなった人はいない。

　私はそう信じています。

「やる気がなくなった」のではない。

「やる気をなくす」という決断を自分でしただけだ。

「変われない」のではない。

「変わらない」という決断を自分でしているだけだ。

　小倉広さんの著作『アルフレッド・アドラー　人生に革命が起きる100の言葉』からの言葉です。

　「すべてあなたが決めたこと」という言葉も紹介されていますが、起業とはまさにすべてが自己責任の世界。あなたがいなくても世界は動き続けている中に、あなたのビジネスを割り込ませ、広げていくための努力を毎日続けるのです。

　あなたにやる気があろうがなかろうが、あなたがいなくても世界は回っている。

　その現実から目を背けて社会のせいにしても、何も現実は変わりません。

　コツコツと1人でも多くの人にあなたとあなたの商品やサービスを知ってもらうことが、何より大切なのです。

8章

起業すれば
人生は変わる

独立後の仕事は圧倒的に楽しい!

大杉 潤

1958年東京都生まれ。フリーの研修講師、経営コンサルタント、ビジネス書作家。
早稲田大学政治経済学部を卒業、日本興業銀行(現・みずほ銀行)に22年間勤務
したのち東京都に転職して新銀行東京の創業メンバーに。人材関連会社、グローバ
ル製造業の人事・経営企画の責任者を経て、2015年に独立起業。

年間300冊以上のビジネス書を新入社員時代から40年間読み続け累計1万2000冊
以上を読破して、約2900冊の書評をブログに書いて公開している。
静岡放送SBSラジオ『IPPO』に毎月レギュラー出演のほか、NHK『あしたも晴れ!
人生レシピ』、テレビ朝日『スーパーJチャンネル』、文化放送『ロンドンブーツ1
号2号田村淳のNEWS Club』に出演。
妻が社長の合同会社ノマド&ブランディング・チーフコンサルタント。

著書に『定年ひとり起業』(自由国民社)、『定年ひとり起業 マネー編』(自由国民社)、
『定年後不安 人生100年時代の生き方』(角川新書)、『入社3年目までの仕事の悩
みに、ビジネス書10000冊から答えを見つけました』(キノブックス)、『銀行員転
職マニュアル 大失業時代に生き残る銀行員の「3つの武器」を磨け』(きずな出版)
がある。
公式Webサイト　http://jun-ohsugi.com/

大杉さんの会社員時代のキャリアと今のお仕事を教えていただけますか?

　私は新卒で当時の日本興業銀行に入りました。

　仕事は楽しかったのですが、最後の7年間は不良債権の回収の部署に配属になりました。後ろ向き、しかもハードな仕事だったことに加えメガバンクの合併でみずほ銀行になり行内の文化が大きく変わったこともあって、前向きな仕事がしたくて転職を決意しました。

　転職先は東京都で、当時の石原慎太郎都知事が立ち上げようとしていた新銀行東京の創業メンバーになりました。新銀行東京では4年間働きましたが、金融ベンチャーをゼロから立ち上げるという大変濃密で充実した時

間を過ごすことができました。

　しかし皆さんご存知のとおり、残念ながら銀行の経営がうまくいかなかったんです。

　業績悪化による大幅なリストラをすることになりました。創業メンバーである私が銀行に残るわけにはいかないと思い再び転職を決めました。

　次の仕事は国際会議の運営会社でした。洞爺湖サミットや上海万博の日本政府館など国際会議の運営を行い、間近に天皇皇后両陛下にお目にかかるような仕事です。
　仕事はとても楽しかったんですが、1年のうち364日働くようなハードな環境で、2年しか身体が持たず、さらに転職先を求めました。

　その時点で、51歳。なかなか転職先が見つからず、興銀時代の縁で広島県のメーカーに単身赴任で行き、約6年間人事と経営企画の責任者を任されました。
　天才的な社長の下で急成長する会社を支える仕事ができて本当に勉強になりました。
　ところが社内の後継者争いに巻き込まれることになり、このままいても仕方がないと感じて退職しました。

　その時点で57歳ですから、もう転職先もないだろうということで起業することにしたのです。

　独立後の仕事は、当初は経営コンサルティングをメインにしていたのですが、その仕事だけだと毎日オフィスに出勤して働くためサラリーマンと同じになってしまうことが分かりました。

そこで3年目からは企業研修の講師をメインにするようにビジネスモデルを転換しました。

研修講師の仕事をメインにしてからビジネスが軌道に乗り、今は仕事の比率としては研修講師がメイン、コンサルティングと執筆を空き時間に行う形です。

ただし私は執筆をメインの仕事にしたいので、優先順位は①執筆　②研修講師　③コンサルという順序になります。

57歳での起業だったわけですが、転職先が見つからなかったから仕方なく起業したということでしょうか？

いえ、実は私は興銀を辞めるときから起業したかったんです。

しかし当時は子供がまだ小さくて教育費がかかるタイミングでした。そこで、起業するリスクを取ることができなかったんです。もちろん家族も大反対でした。

もう2人の子供も大きくなっていて、かかる学費も少なくなってきたので、家族にも承諾してもらうことができて悲願の独立となりました。

会社員時代と独立後で価値観やライフスタイルなどが変化しましたか？

3つあります。

1つ目は、とにかく独立後の仕事は圧倒的に楽しいです。

会社員時代は楽しいこともあったけど、辛いこともあり、ときとしてメガトン級に辛いこともあったりしました。

　独立後はそういった辛いことが一切ないんです。

　100%好きなことしかやっていないので、年々楽しくなっていく感じです。起業して最初の2年は売り上げが安定せず苦労しましたが、3年目に軌道に乗ってからは本当に楽しいことしかありません。

　2つ目は時間の自由です。

　時間を自分でコントロールできるのが嬉しいですね。

　私は100%自分の好きなようにスケジュールを組んでいます。秘書もいないので、自分で自分の予定をグーグルカレンダーに入れて管理しています。

　3つ目は場所の自由ですね。

　私は今埼玉と伊豆のデュアルライフをしており、ほぼ半々の生活を送っています。コロナのおかげで研修がオンラインになったため、伊豆の事務所でも研修の仕事ができるようになりました。

　執筆の仕事だけは伊豆だけでやるようにしています。

　伊豆の環境の方がよりクリエイティブになれるので。必要な物はすべて両方の家に置くようにしているので、完全に身一つで移動できるようになっています。

　働く場所の自由は私にとって人生の満足度を大きく上げてくれる物だと感じています。

研修がオンラインでできるようになったのは場所の自由を大きく拡張してくれましたね？

　はい、でもコロナが拡大し始めた当初は大変でした。

　感染拡大防止ということで、4ヶ月間研修の仕事がゼロ、つまり売り上げもゼロになってしまったんです。

　その間は本当に大変でしたが、その後オンラインの環境を整えたことでピンチがチャンスに変わりました。

オンラインでなければ埼玉と伊豆の比率を半々にはできなかったですし、リアル開催だったら今のように研修をたくさんブッキングすることもできなかったと思います。

　リアル開催だと会場までの移動などの時間も取られますし、打ち合わせにも出向く必要がありました。

　今は打ち合わせも全部オンラインになったので、伊豆からでも打ち合わせに参加できるようになり、本当に助かっています。

起業してから一番大変だったこと、苦労されたことは何でしょうか？

　起業して1年目と2年目は売り上げが安定せずに苦労しました。

　当初はコンサル業しかなかったのですが、コンサル業は単価が決まっているので売り上げを増やしたいなら仕事の数を増やすしかない。

　そうすると結局月曜日から金曜日までずっと顧客オフィスで働くことになってしまい、サラリーマンと変わらない働き方になってしまう。それだけ仕事を入れても売り上げはサラリーマン時代に届くかどうかというくらい。2年やってみて、結論としてこの働き方ではダメだと判断して、研修講師をビジネスに加えることにしました。

　しかし研修講師に軸足を移すためにはビッシリ入っていたコンサル顧問先の数を減らさなければならず、一時的に売り上げが大きく落ちることになりました。

　講師の仕事は実績が重視されるので、新規参入の私にはなかなか仕事が入らずその時期は苦労しました。

　幸いいくつものありがたいご縁をいただき実績を積むと、リピートオー

ダーが入るようになり仕事が増え、お客様との信頼関係もできて軌道に乗っていきました。

　リピートで仕事をいただけると準備にかかる時間などが大幅に少なくなって時間効率が良くなります。年々リピートオーダーの比率が高くなっているので、どんどん仕事が楽になっていっています。

起業に際しては資金面でかなり準備してスタートされたのでしょうか？

　いえ、教育費と単身赴任にかなりお金がかかり、貯金と呼べるようなものはない状態でのスタートでした。

　なので売り上げが上がらなかったときは本当に大変でしたが、3年目に事業転換したのと子供が大きくなって教育費がかからなくなったことで60歳からお金が貯まるようになりました。

　やはり「ピンチはチャンス」と捉えて、苦しいからこそ何か新しいビジネスを企画したりやったことがないことを試したりすることでチャンスに変えることができると考えます。余裕があるときはあまり真剣に考えないので、起死回生のアイデアというのは出てこないものです。現実には万全の準備をして順風満帆に起業して伸びていったという人はいないんじゃないでしょうか？

お仕事の優先順位としては執筆が一番とのことですが、起業当初から本の出版を考えられていたのですか？

　最初から本の出版をする、執筆業で食べていくことが目標でした。

執筆業をメインにするためのステップとしてコンサルティングや研修講師の仕事をしました。

　執筆の仕事は生涯現役、ずっと続けていこうと考えています。

　独立当初は1冊目の本を出すことに全力を注ぎ、独立から約1年で1冊目の本『入社3年目までの仕事の悩みに、ビジネス書10000冊から答えを見つけました』（キノブックス）を上梓することができました。

生涯現役で本を書き続けるビジョンということは、1冊目が出た時点から既に2冊目、3冊目と出していく目標だったのでしょうか？

　はい、立花さんもいらしてくださった出版記念パーティーのときに、私は200人のお客様の前で「100冊出版する」と宣言していました。

　新人著者がそんな大きなことを言うなんてと笑われたかもしれませんが、私は本気です。私の目標はスティーヴン・コヴィー博士の『7つの習慣』を超え、世界で4000万部以上売れる本を、大好きな土地・ハワイで執筆して出版することです。

　この目標は独立当初からまったくブレていません。

起業されて約7年とのことですが、ここまでは描いたシナリオが順調に来ているということでしょうか？

　順調とはいえないですが、紆余曲折を経ながらも、何とか目標に向かっているという感じだと思います。

　今までのところ、出版し続けることができているというのが一番大切だと感じます。自分としては、毎回前作を超える、より良い物を作ろうという意気込みで執筆しています。

　今も6冊目となる新刊を執筆中で、2023年春には刊行予定です。

起業されて7年で一番嬉しかったことは何でしょうか？

　嬉しいことが多すぎて選ぶことが難しいですね。毎日嬉しいことばかりです。

　研修のアンケートで「大杉さんの研修で人生が変わりました」というような嬉しいコメントをいただくこともたくさんありますし、本を読んでくださった方から「大杉さんの本を読んで起業して本当に良かった」というご連絡をたくさんいただいています。

ひとり起業されると自分の代わりの人がいませんが、健康管理に対する意識は変わりましたか？

　そうですね。ただ私はもともと健康にはとても関心がありました。

　少なくとも100歳まで健康長寿で生きて、生涯現役でありたいと思っています。興銀のOB会が毎年開催されていて、その会で「白寿（99歳）のお祝い」がされるんです。

　毎年2、3人の方が白寿のお祝いをされているんですが、私も99歳になってお祝いしてもらうことを目標にしています。

　働くだけでなく、社会と接点を持って活動している人は長寿だと思うので、私も生涯現役で執筆活動をしていきたいと思います。

これからの最大の野心、野望は何でしょうか？もう既に聞いてしまったような気もしますが（笑）。

　起業するときに様々なプランをシミュレーションしました。

　自分のこだわりや強みのキーワードを出していったんです。

　そこで出てきたのが「ビジネス書」や「財務諸表」「多彩な発信力」な

どのキーワードで、それをビジネスにして実現させてきました。

　そのとき出てきたキーワードのうち、まだビジネスで実現できていないのが私が大好きな場所「ハワイ」なんです。

　コロナでここ数年ハワイに行けなかったこともあり、まだ実現できていないのですが、ハワイ絡みの仕事はぜひ実現させたい。

　そう思い、手始めにYouTube動画でウクレレを披露したりしています。将来的には研修の仕事は縮小させていく予定なので、そうしたらハワイと伊豆のデュアルライフにして、2～3ヶ月おきに行き来しながら執筆する生活にしたいと思っています。ただハワイに滞在している間に執筆以外何もせず遊んでいてもつまらないので、何かしらハワイに関連した仕事をしたいですね。

　拙著『定年起業を始めるならこの1冊！ 定年ひとり起業』（自由国民社刊）で「トリプルキャリア」という働き方を推奨しています。

　私にとって生涯現役の最後となる「サードキャリア」は執筆だけに仕事を絞って、先ほどお話しした4000万部を超える本を書きたいと思っています。

　世界的にヒットにするためには日本語で書いたものを英訳するのではダメだと思っていて、英語で書く必要があるでしょう。

　そのためには今の英語の実力では足りないので、アメリカの短大などに通って英語力を磨いていこうと計画しています。真剣に考えているので、実現するためにもハワイに1年の半分は滞在する形にしようと思っています。

　実現させるためにも有言実行、あちこちでこの話をしていますので、ぜひ立花さんの本にもこのことを書いてください。

INTERVIEW 2

時代に流されない生き方
「好き」を仕事に!

税所 伸彦

寿司店「銀座さいしょ」オーナー店主。
1968年秋田市生まれ。高校卒業後上京、タイルメーカーの営業として就職。バブル期を経て勤めていた会社が倒産、その後取引先に就職するが建築業界から離れ寿司屋になることを決意。このとき26歳。8年の修行を経て34歳で独立、大井町に「すし処さいしょ」出店。13年の営業の後銀座に移転。5期連続黒字経営で順調だったがコロナにより創業地大井町に撤退。約2年の後2022年8月銀座に再移転。今年12月をもって創業20周年を迎える。

ウニと肉のコラボ寿司「うにく」の登録商標を持つ。趣味はランニング（フルマラソンサブ4ランナー）。アマチュアオーケストラにてホルンを演奏。2人の娘を持つ。「銀座さいしょ」 https://saisho.net/

会社員時代の経歴と今のお仕事を教えていただけますか？

　まず、私は、東京の小さなタイルメーカーに就職しました。9歳年上の姉は両親が離婚したとき父に引き取られ、東京で働いていて、姉の紹介で彼女の勤務先の取引先に入社したのです。

　主にマンションの外壁タイルを作るメーカーに営業職で入社したわけですが、入社した翌年から世の中がバブル経済に突入し、建築資材のニーズが増え続け、会社は急成長していきました。

　しかし、ご存知のとおりバブル経済は弾け、取引先がバタバタと潰れ手形が続々と不渡りとなり、私の勤務先も倒産してしまいました。24歳のときのことです。そのときは取引先の建築会社の社長が私を拾ってくれ、その会社でも3年ほど営業として勤めました。

　建築業界は苦しい時代で、一家離散したり中には自死された経営者がい

たり、つい先週まで営業していた事務所に行ったら夜逃げして完全なもぬけの殻といったりする例も目の当たりにしました。

そういった人たちを見ているうちに、自分の人生やりたいことをやった方が後悔しなくていいなと思うようになり、26歳のときに寿司職人に転身することを決意しました。

母親がお肉屋で働いていたこともあり、母が帰宅してから食事を作るのを自然と手伝うようになったことで、子供の頃から料理に関心を持つようになり、料理好きだったんです。

高校卒業のときに料理の道に入るという選択肢もあったのかもしれませんが、当時は料理の世界、特に和食の世界は上下関係が厳しい印象があって気が乗らず、そちらの方向には行きたくなかったんです。

建築の仕事では営業をしていたので、対面でお客様とコミュニケーションできる仕事、そして私自身が食べ物の中で寿司が一番好きということ、カウンターで華麗な包丁さばきを見せる職人さんがカッコ良いと思っていたことで寿司職人を選びました。

そうして、26歳で寿司職人として働き始めることになりました。
最初に働いたお店は東京の品川区にあるお寿司屋さんで、そのお店は1社目のタイルメーカーの社長が通っていたお店だったんです。

そのお店の大将に頼み込んで面接してもらい、ほかに18歳の若者2人が既に面接に来ていたそうですが、女将さんが「社会人も経験していて家族も大事にしている税所さんがいいんじゃない？」と大将を説得してくれ、私が選ばれました。

　普通、業界に入る人は18歳から修業しますが私は26歳、8年遅れでの
スタートですから、追い上げていくのは大変でした。

　そのお店には約5年お世話になり、その後は大手飲食チェーンを展開す
る会社でお台場、赤坂アークヒルズなどの回転寿司部門で約3年で働きま
した。私は英会話の勉強をしていたので、英語が喋れたため、外国人客が
多い赤坂店に引き抜いてもらったのでした。

　少し脱線しますが、私が英語を勉強し始めた経緯をお話しします。
　26歳で寿司屋に入った翌年に店のスタッフ一同でハワイ旅行に行きま
した。

　現地の飲食店のアメリカ人スタッフは日本人には日本語で話しかけてく
れるんです。そのとき私は「あ、これは負けてるな」と感じました。お店
に外国人が来ても英語でサービスできない自分ではダメだなと感じたんで
す。

　そこで、ハワイから帰国した翌週から英会話スクールに入り英語を学び、
今では海外のお客様には英語でサービスをしてジョークを言ったりもでき
るようになっています。

　私のお店は口コミ評価が高いのが自慢なのですが、海外のお客様から高
評価をいただけているのは、英語でのコミュニケーションができているか
らという要素もあると思っています。27歳から英会話を学び始めて流ち
ょうに喋れるようになり、やがてアメリカで寿司職人として働きたいと思
うようになりました。

　33歳のとき、英会話の個人レッスンの先生がカリフォルニア出身の方で、
「夏休みにカリフォルニアに帰るから一度遊びに来ないか」と誘われ、妻

8章　起業すれば人生は変わる

と当時まだ2歳にもならない長女を連れてアメリカに行くことにしました。

　現地の様子を視察・偵察するためで、現地の新聞の求人広告で寿司職人の募集をチェックして、いくつか当たりをつけて面接を受けてみようと考えていました。

　ところが我々がアメリカに着いた翌日にニューヨークで同時多発テロ、9.11が起こってしまいました。

　英会話の先生は海軍関係の人だったのですが、「これから戦争になるからアメリカで働くのは止めた方がいい」と言いますし、妻も「こんなときにアメリカに住むのは嫌だ」と言うので、アメリカで働くことはあきらめて帰国しました。

　でも私はもう独立する気満々だったので、「だったらまずは日本で独立して、その後でアメリカに行こう」と考えて東京の大井町に自分の寿司屋を出すことにしました。渡米した翌年、2002年、34歳のときです。

　当時の大井町は古くて高齢の店主がやっている地元民向けの寿司屋は何軒もありましたが、若い人向けのオシャレな寿司屋は1軒もありませんでした。

　そして大井町は若い人に人気の町で、別の場所から引っ越してくる若い人が増えていた時期でもあったので、オシャレな「寿司ダイナー」のようなお店は、ニーズがあると考えて店作りをしました。

　実際、「すし処さいしょ」はロケットスタートとなりました。

そうでしたね！ その後、2号店を出店しましたよね？

　お店は繁昌して業績好調で3年目には大井町駅前に2号店を出すことになりました。たまたまオープンして半年の新しいお店が閉店した場所を引継ぎ、無担保で銀行融資を受けてオープンすることができました。

　2号店は客単価を安くして、若い会社員や学生向けのお店にして深夜営業もしました。仕入れは私が行い従業員を雇って営業しました。2号店も最初の数年は大変好調だったのですが、そこにリーマンショックがやってきました。メインの客層の若い会社員は、外食して飲むどころではなくなり、売り上げはどんどん減っていったんです。

　ただ、当時の私は撤退時期を見極めることができず、銀行から追加の融資を受け頑張ってしまいました。でも結局は出血多量、どうにもならず数ヶ月後には閉店することとなりました。2009年のことです。

　結果としてポルシェやベンツが買えるような額の焦げ付きが発生し、お店は再び1店舗になりました。

ただ、その後、Twitterでの情報発信がすごかったですよね？ その話を詳しくお聞かせください。

　はい、そうですね。

　その後私はSNSに力を入れるようになり、日本の飲食店で初となる「Twitter割引」いわゆる「ツイ割り」を始めて話題になりました。Twitterのフォロワーの人数と同じ金額を割引するサービスなのですが、私はフォロワー人数の上限を設けなかったことで話題になりました。

フォロワーが5,000人なら5,000円割引、1万人なら1万円割引になるというわけです。

　ツイ割りがバズり、あちこちの雑誌やTwitterの手引きのような本に「成功事例」「飲食店ツイ割り第1号」として取り上げられました。Twitterを始めたきっかけは、私が2号店を潰して打ちひしがれているときに、常連のお客様が「Twitterで成功しているお店があるからやってみたら？」と言ってアカウントを作ってくれたんです。

　そのお客様に「ツイートするテーマを決めた方がいいよ」とアドバイスされ、毎朝の仕入れの様子を写真とともにツイートする**「市場なう」**を始めました。

　市場なうは、12年経った今もFacebookに場所を移して続けています。

　当日予約しているお客様からネタのリクエストをいただくこともありますし、SNSをチェックしてその日のネタを確認してから来店される方もたくさんいらっしゃいます。

　やがて大井町の店に大きな変化が起こり始めます。
　ネットで有名になったことで、お客様の層が変わり始めたんです。
　大井町の住民の方ではなく、ネットで私のことを知った方たちがわざわざ大井町まで来てくれるようになりました。

　お店は駅から10分ほど歩くのですが、不慣れな方には道が分かりにくく、迷ってしまうお客様が続出するようになってしまいました。

　道に迷ったお客様は、来店されるときに機嫌が悪かったり、テンションが下がったりしていて、「これは良くないな」と思うようになり、大井町

駅の近くに移転したいと思うようになったのです。

　ところが実際に物件を探し始めたところ、大井町はりんかい線が開通したことで家賃が高くなっていて、良い物件も見つからなかったんです。

　近隣も探したのですが、高かったり広すぎたりと、ニーズに合う物件は見つかりませんでした。

　そんなときにSNSで「物件探してます」と書き込んだところ、同郷の秋田つながりで銀座で2軒の飲食店を経営している女性が、1つの店舗を閉めようとしているとのことで、その物件を引継がないか？　と声をかけてくれたんです。

　最初は「銀座かぁ」というくらいの印象だったのですが、新しいチャレンジが好きな性格もあって、あれこれイメージを膨らませているうちに本気で挑戦したくなり、銀座への移転を決断しました。
　2015年8月に13年間続けた大井町から銀座8丁目に移転し、店名を「寿司さいしょ」に変更しました。

　銀座移転に伴ってメニュー構成も大きく変更し、今の「極みコース」を中心としたコースのみのラインナップにしました。
　大井町時代と違って雑居ビルの中に入りますし、住宅地ではないのでフリーのお客様はほとんど望めません。

　SNSをフル活用することで全国、いや海外からのお客様をターゲットとする戦略に切り替え、それが当たったのです。

　ちょうどその少し前の時期に門崎熟成肉で有名な「格之進」の千葉社長

と知り合いコラボのイベントを開催したときに、ウニの軍艦を格之進の肉で巻いた「ウニの肉巻軍艦」を提供したところ、お客様に大好評となりました。

　銀座に移転するにあたり、コースの最後はこのウニの肉巻にしようと決め、「うにく」と命名してお店の名物となりました。
　翌年には「うにく」を商標登録して、トリュフオイルとトリュフ塩をあしらった進化バージョンになって今に至っています。

　銀座に移転して3ヶ月、ようやく何とかなるかな、と感じ始めたときにとんでもないトラブルが起こります。
　入居していたビルのオーナーが突然ビルを建て替えるから退去してくれと言ってきたんです。

　結局、銀座移転からわずか8ヶ月で再び移転をせざるを得ないことになりました。再移転したお店は銀座7丁目のビルの3Fで、ここで4年強営業しました。

これはお店をやっている税所さんに特に聞きたいのですが、コロナの影響はどうでしたか？

　私は銀座での商売が肌に合っていたようで、銀座にいた5年間は順風満帆で業績も増収・増益が続きました。
　英語が喋れるため、海外からの観光客の方たちが来てくれて、高評価の口コミをたくさん投稿してくれています。
　その口コミを見た海外の方たちが「東京の銀座で寿司ならここへ」とまた来てくれて、という好循環が生まれました。
　そして、私の店はコースにして明朗会計、金額が明確なのも安心して来

てもらいやすい要因かなと。

　銀座の寿司屋は高くて金額が分からないところが多いですから、明朗会計は大きいと思います。

　どんどん海外からのお客様が増えていたので、「東京オリンピックのときは大変な混雑になるだろうな」と予想していたのですが、ご存知のとおり2020年にコロナが流行し、オリンピックも延期となり、銀座は人がまったくいない無人の街となってしまったんです。

　銀座には住民の方というのはほとんどおらず、周囲をビジネス街に囲まれた日本でも有数の繁華街です。平常時はそれが有利に働き人が集まるエリアなのですが、コロナになって状況が一転します。

　テレワークが推進されたことで通勤しない人が多くなり、銀座の街から人が消えることになりました。

　当初は協力金のほかに家賃補助などもあったのですが、半年で打ち切りになり、これはちょっと耐えられないんじゃないかと判断するようになりました。

　そこで創業地である大井町付近に移転することに決め、足りない資金をクラウドファンディングを実施して補うことにしました。
　2020年10月に銀座を撤収して京浜急行の立会川駅近くに移転しました。この決断が正しかったどうかは私を含め誰にも分かりません。

そして、銀座に戻る決断をしました。なぜ銀座に戻る決断をしましたか？

　コロナの2年間を立会川で営業してきて、2022年の3月23日をもって時短協力金などの給付がすべて終わりになり、自力で生き残らなければならなくなりました。

　私は立会川でのビジネスが順調なら、そのまま立会川でお店を続けても良かったと思っていました。しかし4〜6月の3ヶ月間ずっと赤字が続き、自分の営業スタイルが立会川という場所にマッチしていないという結論に至りました。このまま立会川で続けるより、自分がもっとも評価されていたと感じる銀座に再挑戦しようと思ったのです。そして2022年8月に銀座に再移転して店名を「銀座さいしょ」に変更、このインタビューの時点で1ヶ月が経とうとしているところです。

　足りない資金に関しては2回目のクラウドファンディングを実施して補わせていただきました。まだ移転して1ヶ月ですが、やはり銀座の方が肌に合っているなと感じますし、ビジネスの環境も良いと思います。銀座は周囲に良いホテルも多数あり東京駅も近く利便性が非常に高い。私の店に来るだけでなく、買い物をしたり観光したり、食事の後はクラブのようなお店に行ったりできますし。

　コロナが収束してインバウンドのお客様が戻れば、銀座でのビジネスは再び軌道に乗ると期待しています。

会社員時代と起業してからで価値観はどのように変わりましたか？

　起業したら守ってくれる人はいなくなります。

　会社員時代は組織が守ってくれて、出勤していれば安定した給料がもらえ、多かれ少なかれボーナスもあったりします。

　ですから、起業は適性があると思います。リスクが絶えずある中で、ハイリスク・ハイリターンを目指してやるわけですよね。

　自分の責任ではない外的要因でうまくいかなくなることもあります。お話ししてきたとおり、リーマンショック、大震災、極めつけに今回のコロナみたいなこともあったりします。

　そのような荒波も「楽しむ」というか、このピンチを乗り越えられたら自分はまた成長して違う景色を見られる、と考えられる人が向いているんじゃないかと。

　前回の立会川への移転、そして今回の銀座への移転とも「コロナのせい」と言ってしまえば簡単ですが、それを言っても始まりません。今回もまた借金をしてチャレンジをしているわけですが、これを外的要因のせいにしても仕方がないわけです。負けたくないからまた勝負に出ているわけです。

　すべてが自己責任、それは自分で商売を始めたときからの約束事です。

　今回のコロナはさすがにひどいな、とは思いますが、条件はすべてのお店が同じです。このコロナ禍でも生き残っている飲食店はたくさんあるわけで、最終的にはお客様に必要とされているお店が生き残るんだと思っています。

8章　起業すれば人生は変わる

毎日ヒリヒリするようなリアリティーを感じることで、そこが会社員時代とは大きく変わったと思います。

独立してから20年間で一番キツかったことは何ですか？

筆頭は完全に今回のコロナです。

自分でイニシアチブを取ることができない。しかも当初飲食店は悪者みたいなレッテルも貼られてしまいました。

自分でできることは全部やりましたが、コロナがまん延していて「飲食店に行くな」という国レベルでの流れはどうすることもできなかったのです。リーマンショックのときも景気が悪くなって大変でしたが、まだ「安いメニューを工夫しよう」とか「ランチをやろう」とか行動できたんですよ。

今回のコロナは「営業するな」「行動するな」となってしまい自分でできることがないという状況が辛かったです。

独立してから一番嬉しかったことは？

一番は大井町で創業したとき、お店をオープンしたときですかね。

自分で戦略を練って作ったお店に狙いどおりのお客様が来てくれてロケットスタートができた。当時からずっと通ってくださるお客様も多いんです。

後は大井町から銀座に移転するときに、大井町の最終日に常連の方たちが詰めかけてくださって、朝の5時まで飲み明かしたのも印象に残ってます。

　皆さんが「銀座で頑張ってきてよ！」「税所さんは大井町の代表として銀座で頑張って！」と送り出してくれたことも嬉しかったですね。

　それから2020年に銀座を撤収して立会川に移転するときに実施したクラウドファンディングは300万円の目標に対して850万円ものご支援をいただきました。

　20年間いろんな試練やアクシデントがありましたが、皆さんに応援してもらい、支えられてきたというのが何より嬉しいことですね。
　これはやっぱり起業しないと味わえない喜びだと思いますね。

　今20年を振り返って思うんですが、もしSNSがない時代だったら、果たして私は生き残れただろうかと思います。SNSやクラウドファンディング、インターネットを活用することでトラブルや試練を乗り越えたり、ネットの口コミを通じて多くのお客様にお越しいただけるようになってきたのです。

今後の夢や野望はありますか？

　もともと私はアメリカで寿司屋をやろうと思っていたわけで、実は今もその思いはあきらめたわけではないんです。

　今回銀座に戻ったのも、「銀座の寿司屋」というブランドを手に入れるステップかなと思っています。

　今後どんな展開になるのかはまだ分かりませんが、ニューヨークかロサンゼルスあたりで寿司屋をやることにチャレンジしてみたいですね。まだまだ夢や情熱はまったく衰えていません。

趣味でアマチュアオーケストラでホルンを吹いておるのですが、それが
ご縁でベルリンフォルなどドイツのオーケストラのメンバーのドイツのご
自宅で寿司パーティーを開催して喜んでいただいており、海外での需要に
手応えを感じております。

　まずはコロナをしっかり切り抜けて、財務的にも今はまったくお金がな
いのでそこもしっかりケアして次のステップに進めるようにしたいですね。

これから起業を目指す方へ、メッセージ

　独立すると、真面目にやっていたとしてもどうにもならないことも起こ
ります。

　金融危機、震災、国際的なテロ、さらにパンデミックなんてことが起こ
るわけで、自分ではどうにもならないことが起こっても守ってくれる人は
いません。それでも一度だけの人生にやりたいことがある、自己表現をし
て生きたいと思う人はぜひトライすべきだと思います。

　トライしてダメだったら会社員に戻ることだってできるので、自分の心
の中に情熱の種火のようなものがあるのなら、消化不良にせずにチャレン
ジした方が良いと思います。そしてやるなら他人のせいにしない、言い訳
しないことが何より大切です。

「起業家はメンタルが強くないといけない」というのは嘘

廣島 真智子

株式会社 Fun Live 代表取締役社長。元 SE、企業向け（toB）コンサル会社、事業会社複数経験。2019 年 11 月～、会社員卒業と同時にフリーランスで月商 100 万円超え。2021 年 2 月に法人化。自分ビジネス（toC）起業コンサルを始めて、4 ヶ月で月商 100 万、6 ヶ月で月商 300 万、10 ヶ月で月商 450 万、1 年 3 ヶ月で月商 1000 万超え。東京都在住、12 歳児のママ。

会社員時代に、ビジネススタイルがハードモードすぎて、鬱になった経験から、マインドとビジネススタイルを変えたことで、もっとラクに楽しく働けるということを体感。対個人（toC）向けには、ビジネス・お金にまつわる思い込みを外して、軽やかに稼ぐ"楽らくビジネス"を提唱。"潜在意識"×「ビジネス」でラクにはたらく"をコンセプトに、SNS 起業をメインとして、ロジック＋潜在意識両方面からアプローチした起業コンサルを実施しています。

■ブログ『GOODBYE ハードモードビジネス』：
https://ameblo.jp/future-reverse/
■ Youtube『楽らくビジネスチャンネル』：
https://www.youtube.com/channel/UCyFztUyW_0gDY4rn7Ah06uw

会社員時代と今のお仕事を教えていただけますか？

　今は対個人、主に女性向けの SNS の発信や集客をメインとした起業・開業のビジネス コンサル業をやっています。もともと私は会社員時代に SE や企業向けコンサルの仕事などをしていました。当時はかなり厳しい環境で、ハードモードな仕事の仕方を続けた結果、鬱になってしまったんです。

　仕事自体は好きだったんですが、もうハードモードな働き方は続けられないな、と。自分をハードモードから脱出させるために自分の「潜在意識の書き換え」をやってみたんです。

　自分の潜在意識を見ながら「どうしてこんな苦しい働き方をしているの

8章 起業すれば人生は変わる

435

か」を見て苦しさを外していった結果、自分がすごく楽になりました。

その経験を活かし、クライアントの方が心と身体が楽な状態でビジネスできるようなコンサルティング「楽らくビジネスコンサルタント」として活動しています。

潜在意識の書き換えは、どのようにしてできるようになったんでしょうか？

そもそもは最初に鬱になったときに、カウンセラーの方のブログや本を読んでなんとなく自分の心の仕組みを理解しようと独学で学んだところがスタートですね。

その後、会社員から独立して対法人向けのコンサルティングの仕事を始めたんですが、1年ほどその仕事をしているときに、再びビジネスの苦しさが発動したんです。

たとえば自分にとっての成果とは「常に人から求められている以上の成果を上げないといけない、プラスアルファを加えなければいけない」と自分で自分を追い込んでしまうような。

苦しい自分を設定していると、自然と周囲も自分に厳しい状態になっていき、どうにもこうにも苦しくて。

「もう一度鬱になるのは嫌だなぁ」と思っているときに、「潜在意識の書き換え」という手法と出会い試してみたところ、1ヶ月程で本当に楽になったんです。

　自分が楽になると対人関係も楽になり、やっていることは変わらないのに、対法人コンサルの仕事が驚くほど楽になりました。

　その結果、苦しいことに費やされていたエネルギーが解放され、私の中にものすごくエネルギーが湧いてきたんです。そのエネルギーを「対個人ビジネス」に使ってもいいかな、と思い、講座を受講して個人ビジネスの仕組みを学びました。

　その講座も潜在意識を見る学びがあったので、自分のためにできるようになっていた「潜在意識の書き換え」をビジネスコンサルに採り入れるようになったのです。

　そういった経緯を経て、2020年12月に対個人向け「楽らくビジネスコンサルタント」の仕事をスタートさせました。

　約1年間は対個人向けのビジネスに集中していましたが、今は対法人向けコンサルも並行して行っています。

今後も対個人と対法人のビジネスを2本の柱として行っていくのでしょうか?

　対法人と対個人のコンサルはまったくやっていることが違うんです。対法人向けコンサルは会社員時代の流れで、会計とITに関するコンサルを行っています。

　売上的には対個人の方が多いのですが、対法人コンサルも楽しいので続けたいなと思っています。

　バランス的にメインの仕事は対個人、エネルギーも対個人コンサルに使っていますし、今後も対個人が中核ではあると思います。

やっている仕事の内容は異なりますが、どちらの仕事も人と人の信頼関係が成立すれば、続けていけるものだと思っています。

収入という意味では、対個人の方が価格設定などを自由に行える自由度がありますが、その分波もあります。

対法人コンサルはだいたい相場があるのですが、私にフィットする案件であれば、仕事は常にあるという感じです。ただ、対法人の仕事だけをやっていると、私がつまらなくなってしまうかな、と。

まったく違う仕事で異なる感性を使えるので、両方をやっていきたいですね。対法人の仕事はゴリゴリにロジカルで、担当もシニアの男性が多いのですが、対個人は感性を重視してクライアントも女性中心です（笑）。

会社員時代と独立後で働き方、ライフスタイル、価値観はどのように変化しましたか？

端的にいうと、会社員時代には絶対に無理だと思っていた、真逆の生活になっています。会社員時代は時給仕事というか拘束時間がありましたが、今は自分の裁量で仕事ができます。

働く時間も1日平均して3時間くらいですね。

自宅で仕事してるので、ゴロゴロ寝っ転がりながらパソコンやったりしています（笑）。

どこにいてもできる仕事なので、2022年は2回海外に出かけて、旅をしながら現地で仕事もしたりしました。そうした経験から、対個人も対法

人も、どこにいてもパソコンとネットがあれば仕事できるんだって分かりました。

収入面でも会社員時代より大きく上がりました。

先日税理士さんと打ち合わせがあったんですが、直近半期の売り上げが2600〜2700万円くらいでした。

立ち上げた1年目が通期で2000万円弱の売り上げだったので、半期で1.5倍弱くらいに伸びています。

コラボしてくださる方へのお支払いや自分自身がコンサルを受けるなどの自己投資には使いますが、原価がほぼない仕事なので、利益率はとても高いです。

会社員時代の収入はいっても月収50万円くらいだったんで、全然違いますよね。価値観にしても、会社員時代に信じていた成功法則とは全然違うって思いました。

会社員時代、鬱になった頃の私はズラーッとToDoリストを作って「やるべきことを全部やってからじゃないと、やりたいことはやってはいけない」って思ってたんです。

結局、ToDoリストは常に増えていくので、やるべきことが終わらないから、やりたいことは絶対できないということに後から気づいたのですが（笑）。

今は「やりたいことは全部やる・できる」という価値観に変わりました。

起業して一番良かったと思うことは何でしょう？

　時間、働く場所、お金、すべての自由を手に入れられることです。

　時間と働く場所に関しては会社員でも多少の自由はあると思うんですが、お金に関しては会社員だとどうにもならないですよね。

　独立すると自分のビジネスを作って金額も決められるんで、そこは大きいです。

逆に起業してしんどかったことってありますか？

　価値観が大きく変わっていく中で、「月商思考」にとらわれているとしんどいな、と思いました。対個人の仕事の売り上げは波があるんですが、「毎月一定の額を稼がなきゃ」と思うと思考がとらわれてしまうんです。

　会社員時代の給料以下の売り上げだと、「だったら会社員の方がいいじゃん」みたいな考え方をしてしまって。

　波がある、波があってもいいんだと馴染むまで、最初のうちはちょっとしんどかったです。

今後のビジョンや夢はありますか？

　そんなに大きなものはないんですけど、年商１億円はやってみたくて、今期できるかなと思ったんだけど、どうかな？　という感じなので、来期は狙ってみたいです。

　ビジネスを広げるとかはまだ考えていなくて、今のビジネスをさらに育てたいです。

　多分年商1億円を達成する頃には次の世界が見えてくるんじゃないかと思うんで、次のビジネスはその頃に、という感じですかね。

情報発信で意識していることとは？

　起業家になりたい人は、自分と相性が良い、自分が発信しやすいメディアを使えば良いと思っています。

　インフルエンサーになりたいなら話は別ですが、起業家は最初は10人の顧客がいれば良いと思っています。

　なので自分が発信しやすい場所でファンを作っていけば良いかと。私はFacebookとアメブロをメインで使っていますが、初めて月商450万円を越えたとき、アメブロの読者数は130人程度でした。

　読者数が多ければ売れる、というのは嘘だと私は思っています。

　売り上げを上げる上で必要なのは読者数ではなく、コアなファンです。発信する上で意識していることは、「自分の発信に嘘をつかない」ことです。

　自分のポリシー、内容に嘘をつかない。

　正しい方に寄せて、「〜するべき」という「べき論」を語り出すと、だんだんしんどくなると思うんで。「正しい」よりも「楽しい」をモットーに発信しています。

これから起業を目指している人たちに応援メッセージをお願いします！

　会社員をやっていて副業がOKだったら、さっさと開業届を出して何か

しらスタートすると良いと思います。

　やりたいことがあるなら8割の完成形を待たずに、2割でも1割でも、始めてしまった方がいい。「独立して有名になって出版したい」という人は会社に行きつつブログを書き始めるとか。

　「今の会社の仕事がしんどいから起業する」という理由での起業はうまくいかないと思うんです。会社員はある意味何重にも守られていて、毎月安定したお給料も入ってくるから、実は楽といえば楽なはず。

　その場合は、まずは「今の仕事の何がしんどいのか」を見て、いかに自分を楽にできるかを会社に勤めている間に見ていった方がいい。

　つまり、楽な自分になってから起業すると良いのではないかと。

　ゴリゴリのハードモードな自分のまま起業すると、そのまま超男性脳なハードモードの起業をしてしまい、途中で折れてしまうと思うので。

　あと、「起業家はメンタルが強くないといけない」というのは嘘です。むしろメンタルが弱いことを認めていった方がいい。

　弱い自分でもどうやったら稼げるかを見ていった方が、持続可能・サステナブルなビジネスを作れると思います。

　私のコンサル生の方たちも、いかに弱い自分でも楽らくにビジネスが作れるかを実践して結果を出されています。

INTERVIEW 4

自分に忠実に自分を活用していくことで 周りを幸福にしたい

まごめ じゅん

1969年5月30日　熊本県生まれ
臨床分子栄養医学研究会　指導認定カウンセラー
株式会社ヴイエー　代表取締役

分子栄養学の講師と、食事・栄養指導をベースにしたカウンセリングを行っています。また、栄養カウンセラーを育成するスクーリングの講師も行っています。難解な分子栄養学を分かりやすく伝え、生活に取り入れやすい形に翻訳するが得意です。「分子栄養学は面白い」と感じていただけると喜びます。個別のカウンセリングでは、心と身体の両側面から健康であることにこだわり、栄養療法にプラスして心理技術を加えたセッションを行っています。栄養・医療関連の勉強会での講義、企業依頼のセミナー、自主開催セミナーなど、講師業開始から7年足らずで講演回数500回を超えました。2020年からスタートした栄養カウンセラーを育成する「PNTトレーナー養成講座」は、募集開始と同時に即完売する人気講座に成長。開始から2年で100名を超える卒業生が各専門分野で活躍しています。現在は第四期生（40名）が受講中です。

趣味は、より良い講義をお届けする目的で始めたボイストレーニングと、分子栄養学を駆使した身体の再構築実験のために始めた筋トレ。普段はゼン吉（4歳の茶白猫）の下僕。
公式ブログ「ビタミンアカデミー」　https://vitaminj.tokyo/

独立前のキャリアと今のお仕事を教えてもらえますか？

　独立前はIT系、セキュリティ関連の仕事をしていました。

　クレジットカードを使うとそのデータが地球を半周ぐらいするんですが、その通信経路のセキュリティを担保する「IT監査」の部門にいました。

　30代の頃オーストラリアに2年半ほど留学していて英語ができるということで、英語を使う仕事をさせてもらっていました。

　独立後の今は栄養カウンセラーの仕事をしています。

　栄養カウンセラーを育てるという人材教育と、相談に乗ってほしいという人に対しての個人セッションの提供、後は栄養療法といってドクターや

クリニックが治療の手法として採用する栄養学の講座や勉強会の講師、それに自主開催のセミナーなども行っています。

今の仕事を始めて2022年で6年経ちました。今7年目です。

今のお仕事を始めることにした経緯を教えていただけますか？

前職はやりたいかやりたくないかではなく、できるかできないかで選んだ仕事でした。

仕事に対する情熱が薄く、会社に対しても居心地の悪さを感じ続けていました。

私はもともと若い頃から摂食障害があり、身体が丈夫な方ではなかったんですが、そのような形で選んだ仕事を続けていると、身体に不調が出やすくなるわけです。

病名がつくような病気ではなくても、あちこちに調子が悪い箇所が出てきてしまいました。

そんな中で栄養療法というものに出会い、私自身が患者という形で栄養療法に取り組んで体質改善をしていき、「ああ、これはすごくいいな」と感じました。

そして私自身は食べ物や栄養のことを学ぶのがすごく好きなんだと気づき、どんどん学んでそこにハマっていきました。

栄養学を「趣味ではなく仕事にしてしまおう」と決めたきっかけは何だったんでしょうか？

それは立花さんのブログを見たことが最初のきっかけですね（笑）。当時私はもちろん、まだ立花さんも会社員で、Twitterでたまたま見つけてフォローしたんです。

　2010年から11年頃はTwitterの全盛期でSNSといえばTwitterという感じでした。立花さんのブログやTwitterを「ああ、こんな面白い人がいるんだな」くらいの思いで眺めていたんですが、ある日突然「会社を辞めて独立します！」と投稿していたんです。

　その投稿を見て、会ったこともない人なのに「何だろうこの人！？　これから何やるんだろう！？」と自分の中にザワザワ感があって気になって仕方がなくて。

　立花さんが独立した半年後くらいに開催したセミナーに思い切って参加してみたんです。そしてセミナーに一緒に参加していた人たちとつながって刺激を受けたんですね。

　「こんな生き方、働き方、社会貢献の方法ってあるんだ」と、実感として感じられた瞬間でした。

私のセミナーで刺激を受け、ライフスタイルについて感じることがあって、そこから独立に至る経緯はどのようなものだったんでしょうか？

　会社員の傍ら栄養についてブログで発信するようになってはいたんですが、ずっとサラリーマンだった私にとって、お金というのは「会社からもらうもの」であって、個人の方からお金をもらって何かをするという行為に対してはブロックがあってなかなか踏み切れずにいました。

　「何から始めたらいいんだろうなぁ」と迷っているタイミングで、立花さんのセミナーで知り合った女性がレンタルキッチンをオープンしたんです。

　彼女も会社員から独立して新しい働き方を始ようとしていることをずっとブログやSNSで発信していて、私の一歩前を歩いているなぁと思って

8章　起業すれば人生は変わる

いたんですが、オープンしたレンタルキッチンが私の家の近所だったんです。

　そのときに、栄養学のセミナーと料理教室を合体させたイベントを、そのレンタルキッチンでやろうと思いつきました。私がやりたいこととして栄養学の話、簡単で栄養が取れる身体に良い食事を作ってみんなで食べることをセットにすることにしたんです。

　前半に分子栄養学の講義をして、その後にキッチンでお料理のデモンストレーションをしてみんなで食べるというイベントをしました。

　それが私にとって一番最初のイベントでした。そのとき集客が予想外にうまくいってすぐに満席になったんです。

　「これなら私にもできる」と思い、その後は以前から構想しつつできていなかった自宅での料理教室を定期的に開催するようになりました。

　それまでもいつか独立・起業したいという思いはずっとあったんですが、その「いつか」がズルズルと先延ばしになっていた感覚はあったんです。ブログのアフィリエイト収入だけでは独立するには足りなかったのもその理由なんですが、自分の中でイベントを主催して実績ができたことで自信となり、会社を辞めようと決めました。

　自分の中の思いが成熟して温まってきて、踏み出した一歩がレンタルキッチンでのイベントだったということです。

会社員時代と今で、ライフスタイルや価値観などはどう変わりましたか？

　ライフスタイルは真逆になりました。会社員時代は自分らしい働き方ができず、毎日定時に出社して残業して帰るの繰り返し。

　自分で自分の時間や働き方を選択することなんて、できないと思っていました。

　今は自分ですべてを決め自分をマネジメントして、仕事の内容も働く場所も自由に選ぶことができます。

　私は今のこの働き方が本当に合っていると思います。

　自分を活かす働き方をすると、社会が最適化して私もお客様も Win = Win、社会も Win の「三方良し」となると体感できています。内面的な部分もライフスタイルも、会社員時代とは本当に真逆になっています。今一番大事にしていることは「自分に忠実である」ことです。

　たとえば、お金のためにとやりたくないことをやったりはしない。

　自分のやりたいことに忠実にやっていくという点はずっとブレないですね。二番目に大事にしていることは、仕事柄「健康」がキーワードなので、人間の肉体が最適化する食事と運動を大切にしています。

起業してから一番嬉しかったことは何でしょう？

　1つを選ぶことはできないですね。

　毎日嬉しいを更新していく感じで、数え切れないですね。

　その中で1つ印象に残っていることをお話します。

　独立3年目で法人化したんですが、そのときにやりたいことをリストアップしました。

　私は自分の受講生にも言っているんですが、自分を活かして相手に貢献し、そして社会全体を良くしていくことが大切だと思っています。

　具体的にはじゃんじゃん稼いでじゃんじゃん寄付する、です。

8章　起業すれば人生は変わる

今法人4期目なんですが、個人時代も含め毎年まとまった金額を寄付してきていて、その金額を毎年どんどん大きくできているんです。

　去年はNPO法人を運営している方と知り合ってその法人にまとまった金額を寄付しました。そうやって、自分が決めたことが実行できていることが嬉しい、と思いましたね。

逆に独立して苦労したこと、大変だったことはありますか？

　大変という感覚はないんですよね。
　たとえば私が所属している勉強会のドクターから、かなりスケールの大きい内容の講師を指名されることがあります。
　そんなときは自分の完璧主義も手伝って、前夜は資料作りで朝の4時とか5時までかかったりということが年に何回かあります。完璧主義は良い面と悪い面がありますが、自分の仕事にOKを出すのは自分だけなので、自分と向き合って納得がいくまでやり遂げたいんです。

　ただ、自分としては終わったら達成感しかないので、大変という感覚はないんです。会社員を辞めて独立したときから、毎日楽しくてご機嫌で仕事し続けていましたね。

　売り上げ的にも独立前に「この金額は難しいんじゃないか」と想像していたハードルを楽々クリアすることができています。
　立花さんのセミナーで知り合った仲間たちが続々と楽しそうに独立していっていていて刺激になったし話もできたのも大きかったと思います。みんなが楽しそうだったので、私も自然とそうなっていったという感覚ですね。

これからの野望、野心、目標のようなものはありますか?

　これからも自分を活用していくことで、私の受講生や私を知った人たちみんなが稼ぐようになって、幸福度が上がって、それが巡り巡って人類の平和や地球の幸福度を上げる挑戦をしていきたいです。

　自分自身の体調不良やメンタル疾患などがきっかけで栄養療法の勉強会に入る方が多いです。病気や症状を通して、自分の人生そのものを見直すきっかけに迫られる方が多い。病気や症状はマイナスな出来事かもしれませんが、生き方を見直し、人生を再構築していく喜びがあるともいえます。
　居場所がなければ作ればいい。新しい時代の新しい生き方を選択肢の1つとして日本に広めていきたいです。

これから独立・起業を目指している人たちへの応援メッセージをお願いします。

　独立すると楽しいよ！！
　お金をもらうことは大変なこと、苦しいこと、嫌なことを我慢した代償ではありません！

　自分を自分らしく活用して、人にありがとうと感謝されて、「ああ毎日楽しいな！」と喜びつつちゃんとお金も回る世界があります。

　サクッと、サラッと独立してください（笑）。

　たとえば、「がん」は「頑張る（がんばる）」「頑固（がんこ）」「我慢（がまん）」の「がん」というように、自分の本質からずれると人は病気・症状を作ります。自分に忠実に、肩の力を抜けば、絶対に大丈夫ですよ！

「やりたいことをやるために」が
起業の原点

山村 聡

銀座有楽町内科院長・医師。専門は糖尿病。好奇心旺盛な性格から「世界中どこで
も暮らせるように」と医師を志し、ラ・サール高校から九州大学医学部に入学。国
家試験合格後、大学院での基礎研究、研修医を経て、医師としての専門性の修練と、
新規ビジネスの可能性を求めて上京した。大学病院での糖尿病・代謝・内分泌疾患
の診療、研究の傍ら、「予防できる病気を早期から予防したい」、「病院に行かなく
ても医師に相談できる仕組みを作りたい」という思いでヘルスケアIT企業の創業
に参画。

業種問わず様々な勉強会、交流会に参加する中で、著者のブログ塾に参加したのを
機に、ブログ、SNSで血糖値、糖尿病予防に関する情報発信を始める。持続血糖
測定器フリースタイルリブレを使った「血糖値日記」がきっかけとなりヘルスケア
関連企業、ITベンチャーなどからアドバイザリー業務の依頼を受けるようになり、
病院外での糖尿病予防、糖尿病合併症予防のための活動を広げる。2019年12月、
美容皮膚科クリニック・ル・ギンザに併設する形で、銀座有楽町内科を開業。内科
診療とともに、糖尿病患者の治療経験を踏まえたダイエット外来を開設し「予防の
ためのダイエット診療」を行う。院外に向けてYouTubeでの情報発信のほか、糖
尿病の予防・啓発のために講演、ワークショップなども積極的に行っている。

銀座有楽町内科 公式サイト
https://www.ginzanaika.jp/
やさしい内科医のY's TV
https://www.youtube.com/channel/UCz00ZA_kf1_MUXTBAo28VpA/

独立前と今のお仕事を教えていただけますか？

　私は今年（2022年）で医者になって10年です。

　九州の大学の医学部を出て大学院に行き、研修医として勤務しました。

　その後東京に出てきて大学病院の糖尿病内科で勤務医として働きました。

　そして、大学病院の人事によって群馬にある関連病院で1年働き、戻っ
てくるタイミングで退職して独立しました。実は、私は大学病院で働きな
がらベンチャー企業の立ち上げに携わっていたんです。

　「ドクターメイト株式会社」という介護事業所向け医療サービスの会社

なのですが、こちらの創業がうまく行き始めたので独立しようと考えたという要素もありました。

　ドクターメイトには今でも執行役員として経営に関わっています。その経営とは別に、半年ほどはフリーランスの医師としてあちこちのクリニックの糖尿病外来で診療する仕事をしていました。
　その後ご縁があって2019年12月に現在の銀座有楽町内科というクリニックを開業することになりました。

　もともと美容皮膚科のクリニックが開業していた場所に内科も併設したいというお話をいただき、理事長・院長として働いています。

　今は糖尿病や内科の保険診療も行いつつ、自由診療の完全会員制・紹介制のダイエット外来の診療も始めています。

大学病院のキャリアよりも独立を選んだ理由は何でしょうか？

　先ほどお話ししたベンチャーの立ち上げがうまくいったということもありました。後、大学病院のキャリアプランって決まってしまっているんですよ。
　私は在籍中に助教という肩書までいただいたんですが、その後は講師、准教授、教授と大学の中で偉くなっていくパターン。
　教授は1人しかなれませんから、途中で関連病院の内科部長のようなポストについてそのままキャリアを終える形なのです。

　もしくはどこかの地点で開業する形。私は実家が医者ではないのですが、ご実家を継がれる方もいますね。

8章　起業すれば人生は変わる

私はこのどのパターンもつまらないな、と思ったんです。

　開業するにしても保険診療だけだと自分の能力と関係なく診療費は一定に決まっていて、財政的にキツキツになってしまうし、給料も定額になってしまい、面白くないと感じたんです。

　医者という資格は持ちつつ、ビジネス的なことがしたいと思い、ドクターメイトのスタートアップにも参画し、病院を退職して独立することにしました。

　今はドクターメイトは軌道に乗ったので執行役員として関わってはいますが、銀座有楽町内科での仕事がメインとなっています。
　また私はユーチューバーとして「やさしい内科医のY's TV」というYouTubeチャンネルを運営しています。YouTubeは2020年7月から今のスタイルでやり始めて、2022年9月時点で登録者が4万7,000人を超えました。

医者としてのキャリアよりもビジネスをやりたいということで独立されましたが、今はクリニックで開業医になられている理由は何でしょう？

　やりたいことだけだったら医者をやりたい、というのが正確なところでしょうか。大学病院というところは、とにかく雑用が多いんです。

　研究もしないといけないし、上司からいろいろ仕事を振られるし、研修医の面倒も見ないといけないし、講義もしないといけない、研修会にも出ないといけない。

　そういう面倒なことがまったくなく、自分がやりたい糖尿病の患者の診療と糖尿病予防のための取り組みに全力を尽くしたかったのです。ですから、診療する場所としてのクリニック、そして「理事長・院長」という肩書があった方が活動しやすいと考えて今の仕事につきました。

　群馬の病院に勤務しているとき、医療系、ヘルスケアのコンサルとしてビジネスの監修や顧問などのお話をいただいていたんです。
　独立後にそういった仕事をやらせてもらうためには、院長という肩書があった方が大手企業からの信頼度も増して良いのではということもあって、今のスタイルを選びました。
　実際、今の仕事についた後にコンサル系のお仕事をいただくことができたり、メディアから取材を受ける機会などに恵まれているので、私が糖尿病予防や血糖値について発信するのに今の立場は役に立っていると思います。

　今は美容皮膚科の非常勤の医師やナース、コンシェルジュ、カウンセラーなどのスタッフ総勢10名で運営しています。

　仕組みを作ることが好きなので、病気の診療以外の予防の部分などはカウンセラーによるカウンセリングを行って最後に私が話をするというような形を構築し、私がすべてにおいて表に出なくてもビジネスが成立するような形にしています。

勤務医時代と起業された現在で、どのように価値観や考え方が変わりましたか？

　時間やお金の自由度がものすごく上がりました。
　時間でいうと、我々勤務医には必ず週に何回か当直がありました。

独立したことで、夜に当直の勤務をして日中も働いてという勤務から解放されました。

　今のクリニックを開業するときに、私自身が朝に弱いので診療時間は12時から20時までと決めました。

　開業医だと急患が来てダラダラと勤務時間が延びるということもありませんし、時間の自由度はとても大きくなりました。

　収入面でいっても大学病院時代の年収は400万円いくかいかないかだったので、アルバイトをして補っていました。

　今は自分の収入は年俸制にしてしっかりといただくように設定して、その分稼ぐようにしています。

　売り上げが上がった分はスタッフにボーナスという形でインセンティブになるようにできました。

　勤務医のときは常に病院から与えられた勤務時間や給与という枠に従って働くことしかできなかったのが、今は自分で時間もお金も自由に設定できるので、非常にやりやすいですね。

　もう以前の働き方には戻れないです。

起業がスムーズにできた理由は何だと思いますか？

　まず私の性格がとても楽観的で、勤務医を辞めてしまっても「何とかなるだろう」と考えていたことがあったと思います。

　医者をやっていると、たとえ今日お金を使い果たしたとしても、どこかの病院にアルバイトに行けば日銭は稼げるという感覚があります。なので

「何とかなるだろう」というスタンスで「やっちゃった」という感じでした。

　私の妻も楽観的な人で「何とかなるんなら、何とかなるよ」と理解してくれたのもありましたね。

　そして、私はやりたいことを「これをやる」とあちこちで喋るんです。
　口に出して話していると、現実がそうなっていくという側面があると思います。

　大学病院時代から、偉い人がいない飲み会などで同僚にはブログを書いていること、ベンチャーに関わっていること、それがうまくいったら大学病院を辞めて独立しようと思ってることなどを公言してきました。

　なので大学を辞めるときも、根回しが済んでいるというか、私が辞めるのは自然な流れという形で体制が整っていてスムーズに退職することができました。

　やりたいことを公言していると周囲も「あの人はそういうことをやろうとしてるんだ」と見てくれるようになるので、人を紹介してくれたりして、クリニックの仕事はもちろん、サプリの監修をさせてもらったりプロテインを作ったりという仕事にもつながっています。

　最近では、オーナーという形で、クリニック監修のバストアップサロンを2022年9月にオープンさせました。

　このサロンもあちこちで「バストアップサロンをやりたい」と話していたら、ゴッドハンドのエステティシャンの方をご紹介いただいて手伝ってもらえることになり、現場をマネジメントしてもらっています。

8章　起業すれば人生は変わる

すごいビジネス展開ですね！　医学部ではビジネスを学ばなかったと思うんですが、どうやってビジネスを学ばれたんですか？

　自分ではよく分からないんですが、新しいことやビジネスが好きなんだと思うんです。

　きっかけとしては立花さんのブログ塾でブログを書き始めて発信を続けたら顧問や監修の依頼をいただけるようになったことが大きかったです。

　「あ、医者って病院じゃないところでも働けるんだ。患者さんを診る以外の仕事ができるんだ」と気づいたんです。

　だったらいろいろやってみよう、と思ったんですよね。

では起業して苦しかったこと、大変だったことはありますか？

　なんといってもコロナです。

　2019年12月に開業して、その直後の2020年3月からコロナが来たことで一気にお客さんが来なくなって売り上げが激減してしまいました。

　幸い当院は過去の美容業界での実績があったので、銀行からかなり借り入れができて何とか生き延びましたが、あのときは大変でした。

　1年半くらいずっと純利益では赤字の状態が続いてしまいました。

　そんな中で当院では「コロナの診療は行わない」という方針を固めました。コロナの診療をするとほかの患者さんを診ることができなくなるので。当院には糖尿病の診察で毎月来られる患者さんがいらっしゃるので、その診察に支障が出ないようにしたのです。

　またオンライン診療が解禁されたのでオンライン診療にシフトしたり、ダイエット外来を始めたりと事業もシフトしていきました。

　オンライン診療自体が伸びたわけではないのですが、そのノウハウを活

用して今オンラインでパーソナルダイエットプログラムを開発し、売り上げの1つの柱になっています。

これからの夢、野望はありますか？

　今決めていることは、診療は医師免許を持っている人なら誰でもできるので、非常勤の医師に入ってもらって私が全部の診療を行う必要のない体制を作ることです。

　クリニックでの診療の部分では徐々にフェードアウトしていき、その分、糖尿病や糖尿病に起因する心筋梗塞や狭心症などの怖い病気の予防や、糖尿病の手前にある肥満を解消するためのダイエットを含む様々な予防のためのプロジェクトなどをもっともっと広げていきたいですね。

　その1つが今取り組んでいるYouTubeで、最初のきっかけはエンタメでも良いと思っていて、楽しく「血糖値って何？」という仕組みが分かるように発信しています。

　ダイエット外来も糖尿病の予防というコンセプトなんですが、「糖尿病予防のために病院に相談に来てください」と言っても誰も来ないので、「ダイエット外来」「オンライン パーソナルダイエット」というキャッチーな名前にして来てもらおうと考えました。

　これからは「糖尿病の予防の人」という周知のされ方をしたら良いなと思っています。

　病気になった後にその病気を治すために時間とお金を使うより、健康な状態で病気を予防してさらに健康になるために自己投資することの方がはるかに良いことなんですが、まだそういう考え方がなかなか浸透していないのです。そのために、本の出版、メディア出演なども積極的にしていきたいですね。

8章　起業すれば人生は変わる

457

おわりに

本書を最後まで読んでいただきありがとうございました。

ここまで読んでくださったあなたは既に起業家に必要な心構えを手に入れることができています。

もちろん起業する事業は人それぞれで、立ち上げに向けて必要な具体的な準備も千差万別です。「やり方」はご自身が立ち上げる事業に向けて進めてください。

一方「起業家のあり方」は事業の内容が異なっても不変です。

起業家のあり方は実際に起業した人間でないと分かりませんので、私自身の知識と経験を総動員して書き上げたのが、本書です。

振り返ってみると、私自身が独立・起業したときは、私には「起業するんだ」という意識はほとんどありませんでした。今考えると不思議なことなのですが、ごく当たり前にスルッと独立してしまったように思います。

むしろ大変だったのは、本文にも書きましたが退職の決断をすることでした。安定した給料、シニアマネージャー・業務統括という肩書、次期社長の約束などがなくなることへの不安と恐怖がものすごくて、決断するのに時間がかかりました。

しかし実際に独立してみたら、「こんなに世界は広かったんだ」と驚くことばかりでした。

自分が所属していた会社という組織がいかに世界の中では小さくて、その狭い価値観の中に自分を無理やり押し込めて生きていたのかとがく然としました。価値観の大転換が雪崩のように起きていきました。

この本を読んで起業に向け突き進む方がどんどん増えていくことを願ってやみません。世の中には起業に向く人、不向きな人がいるのは事実です。

ですから、起業したくない人が無理にする必要はありません。

しかし現代はかつてないほど独立・起業が簡単にできる時代です。

これだけ条件が整っている時代に、起業したいけれど踏み切れないというのは、あまりにももったいないと私は感じます。

やりたいことがある、やってみたいという湧き上がる情熱があるなら、絶対にチャレンジするべきです。

有名な言葉ですが多くの人は人生を終えるとき、やったことを後悔するのではなく、「やりたかったけれどやらなかったこと」を後悔するといいます。

私自身40歳のときに独立する決断をしたことを、人生最大の快挙だと思っています。私と同じように、ぜひ大海原に漕ぎ出してください。

そんなあなたを応援するために、本書の理解をさらに深めるための動画プレゼントを用意しました。プロフィール覧のQRコードからアクセスしてみてください。本書を読んでの感想を、ぜひTwitterやInstagramをはじめとするSNSにてハッシュタグ「#起業メンタル大全」をつけて投稿してください。

毎日チェックしていますので、読んでコメントさせてもらいます。

最後になりますが、本書が完成するまでにご尽力いただいたすべての方に感謝いたします。自由国民社の副編集長である三田智朗さん、長らく並走をありがとうございました。コラムに登場してくださった大杉潤さん、税所伸彦さん、廣島真智子さん、まごめじゅんさん、山村聡さん、ありがとうございます。この本を通じて一人でも多くの方がご自分の夢を叶えて飛躍されることを願って筆を置きたいと思います。

2022年11月

鎌倉・海街の自宅にて　立花岳志

参考文献一覧

『2分以内で仕事は決断しなさい』吉越浩一郎（かんき出版）

『25歳からのひとりコングロマリットという働き方　仕事も肩書きもひとつじゃなくていい』本田直之（大和書房）

『定年起業を始めるならこの1冊！　定年ひとり起業』大杉潤（自由国民社）

『定年後のお金の不安を解消するならこの1冊！　定年ひとり起業 マネー編』大杉潤（自由国民社）

『夢に日付を！』渡邉美樹（あさ出版）

『「朝4時起き」で、すべてがうまく回りだす！』池田千恵（マガジンハウス）

『フリーエージェント社会の到来　組織に雇われない新しい働き方』ダニエル・ピンク：著　玄田有史：序文　池村千秋：翻訳（ダイヤモンド社）

『稼ぎが10倍になる「自分」の見せ方・売り出し方』野呂エイシロウ（フォレスト出版）

『大切なことだけやりなさい』ブライアン・トレーシー：著　本田直之：監訳　片山奈緒美：訳（ディスカヴァー・トゥエンティワン）

『「週4時間」だけ働く。』ティモシー・フェリス：著　田中じゅん：翻訳（青志社）

『パーソナル・マーケティング』本田直之（ディスカヴァー・トゥエンティワン）

『7つの習慣』スティーヴン・R・コヴィー：著　フランクリン・コヴィー・ジャパン：訳（キングベアー出版）

『評価経済社会　ぼくらは世界の変わり目に立ち会っている』岡田斗司夫（ダイヤモンド社）

『人生の主導権を取り戻す「早起き」の技術』古川武士（大和書房）

『自由であり続けるために20代で捨てるべき50のこと』四角大輔（サンクチュアリ出版）

『走ることについて語るときに僕の語ること』村上春樹（文藝春秋）

『非常識な成功法則　お金と自由をもたらす8つの習慣』神田昌典（フォレスト出版）

『半径5メートルの野望』はあちゅう（講談社）

『ソース』マイク・マクマナス：著　ヒューイ陽子：翻訳（ヴォイス）

『決めた未来しか実現しない』本田健（サンマーク出版）

『無理なく続けられる　年収10倍アップ勉強法』勝間和代（ディスカヴァー・トゥエンティワン）

『つい「他人軸」になるあなたが7日間で自分らしい生き方を見つける方法』根本裕幸（あさ出版）

『ザ・ミッション 人生の目的の見つけ方』ドクター・ジョン・F・ディマティーニ：著　成瀬まゆみ：翻訳（ダイヤモンド社）

『アルフレッド・アドラー 人生に革命が起きる100の言葉』小倉広（ダイヤモンド社）

『大人の時間割を使えば、仕事が3倍速くなる! プロの時間術』上阪徹（方丈社）

『フリーランスのための一生仕事に困らない本』井ノ上陽一（ダイヤモンド社）

『ダン・S・ケネディの世界一ずる賢い価格戦略』ダン・S・ケネディ：著　ジェイソン・マーズ：著（ダイレクト出版）

『学びを結果に変える アウトプット大全』樺沢紫苑（サンクチュアリ出版）

『スタンフォード式 最高の睡眠』西野精治（サンマーク出版）

『自分を変えるノート術』安田修（明日香出版社）

『1日10分「じぶん会議」のすすめ』鈴木進介（WAVE出版）

『ずっとやりたかったことを、やりなさい。』ジュリア・キャメロン：著　菅靖彦：訳（サンマーク出版）

『脳を「見える化」する思考ノート』午堂登紀雄（ビジネス社）

『運命を変える 鏡の本。』鎌田聖菜（サンマーク出版）

『「好きなこと」だけして生きていく。』心屋仁之助（PHP研究所）

『なぜ春はこない？』神田昌典・來夢（実業之日本社）

『才能はゴミ箱の中に落ちている』金久保麻子（ビジネス社）

『朝時間が自分に革命をおこす 人生を変えるモーニングメソッド』ハル・エルロッド：著　鹿田昌美：翻訳（大和書房）

『鋼の自己肯定感 「最先端の研究結果×シリコンバレーの習慣」から開発された“二度と下がらない”方法』宮崎直子（かんき出版）

『FIRE 最強の早期リタイア術　最速でお金から自由になれる究極メソッド』クリスティー・シェン & ブライス・リャン：著　岩本正明：翻訳（ダイヤモンド社）

『ブレインダンプ 必ず成果が出る驚異の思考法』谷澤潤（東洋経済新報社）

『一流の達成力』原田隆史・柴山健太郎（フォレスト出版）

『世界のエグゼクティブを変えた 超一流の食事術』アイザック・H・ジョーンズ：著　白澤卓二：監修（サンマーク出版）

『「空腹」こそ最強のクスリ』青木厚（アスコム）

『おうちでカンタン! はじめる・稼げる「オンライン起業」の教科書』山口朋子（日本実業出版社）

『私らしさ120％！「満席講座」のつくりかた』加藤あい（同文館出版）

立花 岳志 _{（タチバナ タケシ）}

ひとりビジネス・情報発信・習慣化コンサルタント／ブロガー／心理カウンセラー。
あまてらす株式会社 代表取締役。

1969年東京都生まれ。
会社員の傍ら始めたブログが人気を博し2011年に「プロブロガー」として独立。
ブログ「No Second Life」は月間165万PV、年間1,000万PVを記録。

ブログを中核とした個人の情報発信を強みに、8冊の書籍の出版のほか雑誌掲載や
メディア出演も多数。独立・起業を目指す人々をサポートするセミナー・講座・個
人コンサルティングを開催し、受講者はのべ3,000人以上、独立・起業を達成した
り出版の夢を果たす人を多数育成。

24時間365日自由なライフスタイルの中で習慣化・時間効率化を追求し、自らの実
践を多くの人にシェアし続けている。また、自身の度重なる燃え尽き体験から実践
的心理療法を学び、心理カウンセラーとしても活動。

著書に「「好き」と「ネット」を接続すると、あなたに「お金」が降ってくる」（サ
ンマーク出版）、「サラリーマンだけが知らない 好きなことだけして食っていくた
めの29の方法」（大和書房）、「ノマドワーカーという生き方」（東洋経済新報社）、「ク
ラウド版デッドライン仕事術」（吉越浩一郎氏との共著・東洋経済新報社）など8冊。

趣味は筋トレとランニング・ウォーキング、料理、分子栄養学とスーパーエイジン
グ（アンチエイジング）、旅行、美味しいものを食べること、仲間と楽しい時間を
過ごすこと、今を生きること。

立花岳志の活動

本書をさらに
深く理解する
特典動画

読むほどに立ち上げたくなる! 立ち上がりたくなる!

起業メンタル大全

2022年12月30日　初版第1刷発行
2023年2月28日　初版第2刷発行

著者　立花岳志

カバー　小口翔平＋嵩あかり（tobufune）
イラスト・本文デザイン　有限会社中央制作社

発行者　石井悟
発行所　株式会社自由国民社
　　　　〒171-0033　東京都豊島区高田3丁目10番11号
　　　　電話　03-6233-0781（代表）
　　　　https://www.jiyu.co.jp/

印刷所　新灯印刷株式会社
製本所　新風製本株式会社
編集担当　三田智朗